ENLACES

EILEEN W. GLISAN
Indiana University of Pennsylvania

JUDITH L. SHRUM
Virginia Polytechnic Institute and State University

Heinle & Heinle Publishers · HH · Boston, Massachusetts 02116 U.S.A.

Publisher: Stanley J. Galek
Editorial Director: A. Marisa French
Assistant Editor: Erika Skantz
Production Editor: Mary Lemire
Production Supervisor: Patricia Jalbert
Manufacturing Coordinator: Lisa McLaughlin
Internal Design: Circa 86
Internal Layout: Jean Hammond
Cover Design: The Graphics Studio/Gerry Rosentswieg
Illustration: Len Shalansky

Manufactured in the United States of America.
ISBN 0-8384-2123-7 (Teacher's Edition)
ISBN 0-8384-1988-7 (Student's Edition)

Heinle & Heinle Publishers is a division of Wadsworth, Inc.

10 9 8 7 6 5 4 3 2 1

CONTENTS

ENLACES is an integrated Spanish program that is suitable for intermediate college courses and the third or fourth year of high school. *ENLACES* encourages students to communicate more effectively by linking together the four skills and integrating culture into everyday communication.

APPROACH

The functions and contexts found in authentic language are the basis of the *ENLACES* program. For example, students read magazine articles, menus and other materials written for and by native speakers. Students will listen to authentic dialogues and actual broadcasts from Spanish-speaking radio stations. Diverse learning strategies accompany all reading and listening segments like these to ensure students' grasp of the material.

Current research and experimentation continue to verify the advantages of comprehension-based methodologies like this one. The *ENLACES* program benefits students by using the receptive skills as a basis for the development of speaking and writing skills and by integrating closely the practice of productive and receptive skills: listening and reading with writing, listening and reading with speaking.

ENLACES' unique organization addresses the diversity of students' preparation in Spanish within the typical intermediate classroom. *EN-LACES* has two grammar sections for each chapter. The *¿Necesita repasar un poco?* section provides optional review of elementary-level grammatical structures for at-home study and is found at the end of every chapter. The *Gramática funcional* section presents the intermediate-level grammar that is necessary for understanding and producing the chapter's high-frequency communicative tasks.

ORGANIZATION OF *ENLACES*

The text is divided into ten chapters, each with three major sections (*Enlace inicial*, *Enlace principal* and *Enlace de todo*) that are organized around contextual themes. Each *Enlace* presents progressively longer and more challenging listening and reading selections with related vocabulary and grammar, thus building in stages the students' ability to interact with authentic text materials. Vocabulary and grammar are re-entered to accomplish linguistic tasks within related contexts of each chapter. The following chart explains the chapter progression.

SECTION	PURPOSE
ENLACE INICIAL	Introduces chapter functions via authentic materials
¡Escuchemos!	🔲 Unscripted conversation (on Teacher Tape) with pre- and post-listening exercises
¡Leamos!	Realia reading with pre-reading guidance
ENLACE PRINCIPAL	Presents and practices new vocabulary and grammar necessary for carrying out chapter functions. Builds on reading and listening skills presented in the *Enlace inicial*.
Cultura a lo vivo	Cultural presentation with visuals
Vocabulario y expresiones útiles	High-frequency words and expressions linked to chapter functions and theme
Gramática funcional	Presentation of grammar needed to perform the linguistic functions of the chapter
¡Practiquemos!	Practice of grammatical structures
¡Escuchemos un poco más!	🔲 Unscripted conversation (on Teacher Tape) with pre- and post-listening exercises
¡Leamos un poco!	Realia or short authentic reading with guided exercises before and after
ENLACE DE TODO	Synthesizes and provides practice of all four skills and culture
¡Imaginemos!	Interactive exercises integrating chapter vocabulary and functions
¡Leamos más!	Authentic reading with five-stage reading system
¡El gran premio!: ¿Puede Ud. hacerlo?	🔲 Authentic radio broadcast (on Teacher Tape) with five-stage listening system
VOCABULARIO	Thematic list of chapter vocabulary
¿NECESITA REPASAR UN POCO?	Students practice basic structures as a grammar review outside of class and complete self-correcting exercises in the Workbook/Laboratory Manual.

The *Chapter Opener* lists the *Objetivos funcionales* and *Objetivos culturales* that direct the chapter's content.

The *Enlace inicial* uses short listening and reading selections to introduce the functions and contexts of the chapter:

● *¡Escuchemos!* This unscripted listening selection on the Teacher Tape is highly recommended as a way to introduce the chapter's themes and functions. *¡Escuchemos!* passages feature a cast of characters who appear throughout the book using naturally ocurring language to discuss a variety of topics.

- *¡Leamos!* This brief realia reading selection with short, guided comprehension exercises integrates authentic cultural materials into the chapter's themes and functions.

[At this point students are referred to the *¿Necesita repasar un poco?* section at the end of the chapter to review basic grammatical structures presumed to have been learned previously. Students review the grammar presentation in the text and do the self-correcting follow-up exercises in the workbook at home.]

The *Enlace principal* presents and practices new vocabulary and grammar within the context and functions of the chapter. It builds on the reading and listening skills developed in the *Enlace inicial* section by using longer, more challenging segments and by integrating related cultural information. The sections of the *Enlace principal* include:

- *Cultura a lo vivo* This visual presentation of a cultural topic with brief questions in Spanish is designed to help students incorporate cultural literacy into their use of language.

- *Vocabulario y expresiones útiles* This section presents new words and expressions organized into contextual situations similar to those students will encounter in later reading and writing sections. Contextualized practice follows each vocabulary presentation and progresses from pre-communication through guided communication to personalized and more open-ended practice.

- *Gramática funcional* This section presents and practices two or more grammatical points students need to use the linguistic functions that are the thematic and contextual focus of the chapter. New grammar is practiced first in pre-communicative exercises, progressing through more guided practice and finally ending with personalized, open-ended activities. Exercises include opportunities for both speaking and writing.

- *¡Escuchemos un poco más!* and *¡Leamos un poco!* These two sections provide the bridge between their counterparts in the *Enlace inicial* (*¡Escuchemos!* and *¡Leamos!*) and the culminating listening and reading activities in the *Enlace de todo*. The *¡Escuchemos un poco más!* section is an unscripted listening selection. The *¡Leamos un poco!* section is an authentic realia piece or short newspaper or magazine article. In both cases, the student is encouraged to interact with the authentic passage first through pre-listening (*Antes de escuchar*) or pre-reading activities (*Antes de leer*) and then through post-listening (*Después de escuchar*) or post-reading (*Después de leer*) activities. Students then apply those skills and the section's content to personalized self-expression.

The *Enlace de todo* is the culmination of the chapter. It synthesizes and provides practice of all four skills, functions, vocabulary and culture.

- *¡Imaginemos!* This integration of grammar, vocabulary, and functions has students respond to situations through role plays, conversation, and two or three writing activities. These are integrative and interactive exercises that build on earlier chapter material and that require students to use all four skills in pairs or small groups.

- *¡Leamos más!* This is a longer authentic reading that deals with the chapter theme. Students develop reading strategies through a five-stage plan (Phillips, 1984): pre-reading, skimming and scanning, decoding, comprehension check, and discussion. The pre-reading, skimming and scanning, and decoding questions are done primarily in English, while the comprehension questions, personal questions, and composition / conversation themes are presented in Spanish.

- *¡El gran premio!: ¿Puede Ud. hacerlo?* This is an authentic listening segment taken from radio broadcasts that is paired with specific comprehension tasks for students. It represents the chapter's culminating exercise and builds on the themes of previous listening segments in the chapter. This should be done as the final in-class listening task after students have completed the vocabulary and grammar exercises. Students interact with the passage in five stages: *Antes de escuchar* (brainstorming to activate background knowledge); *Primer paso* (listening for general main-idea information); *Segundo paso* (listening to the passage again for more details and to answer questions); *Tercer paso* (listening to the passage a third time to tie information together and to write a brief summary in Spanish); and *¡Discutamos!* (exploring the content of the segment through personalized speaking exercises).

- *Vocabulario* This thematic presentation of vocabulary contains only words and expressions for which students are responsible. It includes only vocabulary presented in *Vocabulario y expresiones útiles.*

- *¿Necesita repasar un poco?* This separate section covers basic, introductory-level rules of grammar and examples in a concise format. Many students may have already learned this material in earlier exposure to Spanish, in which case the amount they need to review is up to them. Self-correcting exercises appear in the Workbook / Lab Manual: *CUADERNO DE PRÁCTICA* for students who need the extra practice outside of class.

An appendix at the end of the text includes a *Vocabulario básico* with review words and expressions for reference. Its sections are: *el alfabeto, los días de la semana, los meses del año, las fechas, el tiempo, las estaciones del año, la hora, la familia, las nacionalidades, los colores, la ropa, las partes del cuerpo, las cosas en el salón de clase, las preposiciones, las comidas y las bebidas y los números.*

PROGRAM COMPONENTS

The *ENLACES* program has the following components:

For the student:

1. The student textbook.
2. The annotated *CUADERNO DE PRÁCTICA* has additional listening, reading and writing exercises in addition to practice of the text's new and review grammar and vocabulary. The *CUADERNO DE PRÁCTICA* is designed for use outside the classroom and has annotations in the margins to direct the students.

For the laboratory:

3. The *Laboratory Tape Program* accompanies the *CUADERNO DE PRÁCTICA* and provides pronunciation exercises as well as two additional authentic listening segments per chapter.

For the teacher:

4. The *Teacher's Annotated Edition* of the student textbook has marginal notes to provide suggestions for managing and expanding each chapter section.
5. The *Teacher Tape* contains three listening segments for each chapter. Accompanying exercises appear in the textbook.
6. The *Teacher's Guide to Authentic Materials in ENLACES* provides guidance in presenting and working with the program's listening and reading segments. Tapescripts for the Laboratory Tape Program and the Teacher Tape are also included here along with the answer key for the *CUADERNO DE PRÁCTICA*.
7. The Testing Program evaluates all four skills. It includes ten chapter tests (as well as two midterm and two final exams) that evaluate students' vocabulary and grammar control and listening, reading, and writing skills. The tests also include an option to evaluate speaking. A Testing Tape provides listening input for all tests.

For purchase:

8. Heinle & Heinle's *SPANISH FROM WITHIN* video presents a wide variety of Hispanic cultures filmed on location. The videotape is 60 minutes in length. Correlations between the videotape and the *ENLACES* program appear in the *Teacher's Guide*. The *SPANISH FROM WITHIN VIDEO WORKBOOK* provides exercises to accompany the video segments. A video tapescript is also available upon request.

9. Heinle & Heinle's *AMÉRICA VIDEO LIBRARY* provides authentic news programs from Spanish-language television suitable for intermediate to advanced-level students. The *AMÉRICA VIDEO LIBRARY* collection is composed of 60-minute tapes, each containing six segments from the Spanish-language television news magazine, "América." Instructor's support material includes activity masters (comprehension exercises, vocabulary lists, and extension activities) as well as tapescripts for each segment.

10. Heinle & Heinle's *CARA A CARA* computer software program provides situational activities corresponding to the *ENLACES* program. The program, developed by Robert Ariew of the University of Arizona, consists of five double-sided diskettes with color graphics and is compatible with the Apple II family of computers.

In addition, you may find these related Heinle & Heinle titles of interest:

EN UN ACTO 3/e, by Frank Dauster and Leon Lyday

AHORA LEAMOS 2/e, by Jackie Jarest and Marsha Robinson

NUEVAS ALTURAS, by Angela Labarca and James M. Hendrickson

AUTORRETRATOS Y ESPEJOS 2e, by Gloria Durán and Miguel Durán

YOUR COMMENTS ARE IMPORTANT TO US

Let us know what you think about the *ENLACES* program. The most important information we receive about our textbooks comes from teachers who are using the materials in the classroom on a daily basis. We value your comments and suggestions about the *ENLACES* program. Please send them to us, care of Heinle & Heinle Publishers, 20 Park Plaza, Boston, Massachusetts, 02116, or call toll-free, 1-800-237-0053. Your ideas make a difference!

Eileen Glisan
Indiana University of Pennsylvania

Judith Shrum
Virginia Polytechnic Institute and State University

ACKNOWLEDGEMENTS

For a long time now this book has been the "apple of our eyes." We are grateful for the seeds of this apple planted by Kris Swanson, formerly of Heinle & Heinle, and the flowering of original ideas from Laura Martin (Cleveland State University). Marisa French, assisted by Erika Skantz, of Heinle & Heinle, gently guided our creative bursts throughout development. We thank the following people who contributed their talent and voices to the audio program: Rudy Heller, Mercedes Fernández Isla, Cathy Mains-Bradley, Carmen Martínez, Leo Ortiz, and Sergio Reyes. We owe special thanks to Professor Juan Cruz Mendizábal from Indiana University of Pennsylvania, who among other things, assisted in the search for authentic material and in obtaining permission for using taped segments from Spain.

The professional frankness, words of criticism and words of praise from our reviewers helped polish the concept. We are grateful to the following reviewers who were consulted at various stages in the development of this book:

Margaret Beeson, University of Kansas
Michael Brookshaw, Winston-Salem State University
Andrea Caro, Virginia Polytechnic Institute and State University
Janice Darias, Newton South High School
Elaine Fuller-Carter, Saint Cloud State University
Enrique Gronluck, Pennsylvania State University
Gail Guntermann, Arizona State University
Pedro Gutiérrez, University of Houston
Connie Kihyet, Saddleback College
Carol Klee, University of Minnesota
Dale Koike, University of Texas
Jan Macian, Independence High School
Doug Morgenstern, Massachusetts Institute of Technology
Judith Nemethy, Cornell University
Jim O'Neil, Saint Cloud State University
Raquel Pfaff, Simmons College
Nancy Schnurr, Washington University
Roger Smith, Indiana University of Pennsylvania
Greg Stone, Memphis State University
Toby Tamarkin, Manchester Community College
Bob Terry, University of Richmond
Maureen Weissenrider, Ohio University
Stan Whitley, West Virginia University

Production was smoothly guided by the expert hand of Mary Lemire of Heinle & Heinle. We are grateful for the contributions of Kris Swanson, copy editor, Carmen Helena Martínez and Rubi Borgia Pinger, native readers, Sheila McIntosh, Danielle Havens and Camilla Ayers.

And finally, as we offer this text to teachers and students, it is not without thankfulness for the dedication of our families whose loving patience provided the support we needed then and now: Roy and Nina Glisan, Mom and Elaine Wydo, Mom Glisan, Paul and Elaine Shrum and Alexander Cuthbert.

An integral part of the *ENLACES* program is the use of "authentic" listening and reading materials. "Authentic materials" are items originally created to be used and enjoyed by native speakers, as opposed to materials created specifically for teaching a foreign language. The taped segments in the *¡El Gran Premio!: ¿Puede Ud. hacerlo?* section, as well as all other readings and realia (advertisements, brochures, articles, etc.), have been gathered by the authors from throughout the Spanish-speaking world. Because we believe that you will learn to listen and read more effectively by working with real language, we have not tampered with the Spanish used in these materials. We have, however, designed guided activities to help you interact with the materials more easily, by building comprehension strategies that you can later use with new taped segments and readings you may encounter elsewhere.

As you work with the tapes and readings in *ENLACES*, it is important for you to remember these general principles:

Listening and reading are processes.

They both require several steps or stages in order for you to accomplish them successfully. Both listening and reading involve problem-solving, a process similar to putting together pieces of a puzzle. The activities that accompany each listening and reading text in *ENLACES* are designed to guide you through a series of steps as part of the solving process of each puzzle. Following each step will enable you to understand the content more easily.

You listen or read for a variety of purposes.

You may listen to a sports report to find out the final score of the baseball game or to hear how well a certain player performed. You may skim the front page of the newspaper to learn what key local events took place today, after which you might then read an article of interest in its entirety. In the *ENLACES* program, you will also be asked to listen and read for a variety of purposes, ranging from finding specific pieces of information to identifying main ideas to interacting with the text in more detail.

You are not expected to understand everything!

When you first work with the taped materials, readings, and realia, you may feel frustrated that you cannot immediately understand every word of what you are hearing or reading. But don't forget—you need only read or listen for the purpose outlined in the exercises: to identify the information requested! Since these are authentic materials, you can expect that there may be parts that you do not understand right away without some assistance from your instructor. However, as you progress through each chapter, you will feel more confident with the strategies you have developed, and soon you will be able to comprehend more of each piece with greater facility. In addition, your instructor may work with you to explore other parts of the texts in greater detail than is required in the accompanying activities.

In addition to following the procedures presented with each text, here are some general suggestions that will guide you to greater success in listening and reading:

- Begin the task by previewing the taped segment or reading in an effort to gain a preliminary understanding of the text. Read through the activity to be done so that you understand the scope of the comprehension task.

- Check your comprehension of shorter portions of the text as you listen or read. When listening at home or in the language laboratory, pause the tape from time to time in order to allow yourself time to think about the message and to process its meaning. When reading, summarize main ideas after every few paragraphs or sections. You may find it necessary to rewind the tape if you need to listen to the segment several times. In dealing with the reading selections, you will probably want to reread sections of the text as you proceed.

- Do not attempt word-for-word translation! That is not an effective listening or reading strategy, but rather a mechanical decoding process. New words that are important and necessary for comprehension in the readings are glossed with the English translation or a familiar Spanish translation. However, remember that total comprehension does not occur by simply assigning an English word for every word in Spanish — it occurs as a result of understanding main ideas and details and using contextual and cultural clues. Constant use of translation will only cause you frustration and will keep you from developing effective comprehension strategies.

- Use your own background knowledge together with contextual guessing to figure out meaning. In reading, examine photos and captions and think about how the language is used in the particular context of the material being read. In listening, use the meaning of key phrases and sentences to piece together parts of the message. Utilize your own experiences and knowledge of the topic in order to fill in missing pieces of information.

- In figuring out the meaning of key new words, try to determine whether they are related to a word you already know from the same word family. Identifying what part of speech a word is (verb, noun, adjective, etc.) and dividing it into the base and suffixes/prefixes can often be helpful in this process. For example, you read the word *rápidamente*: you know the word *rápido* that means quick and you recognize the adverbial ending *-mente*; you therefore guess the meaning to be **quickly**.

● Be cautious when using a bilingual dictionary. From time to time, you may need to use a dictionary in order to find the meaning of a key new word that you cannot recognize through contextual guessing. Since the dictionary lists a number of possible translations for each entry, you will still need to select the correct one. To choose the best translation most effectively, keep in mind **1.** the context in which the word is used (Does the translation make sense?), and **2.** what part of speech the word is, as it is used in the text (Is it a verb, noun, adjective, adverb, preposition?). Of course, it is always a good idea to double check the meaning of new words with your instructor.

Following these guidelines will lead you to success in working with the authentic taped segments and readings featured in the *ENLACES* program. We think you will enjoy listening to and reading the interesting materials presented to you and will continue to use the strategies and skills you develop in the *ENLACES* program in your future study of Spanish.

ENLACES CHARACTERS

Several North American and Spanish-speaking students meet at an American university. The main characters reappear throughout each chapter, as the circumstances of their lives, their origins, their families and interests provide a variety of points of view in contextualized conversations and activities. For some of the exercises students may wish to adopt the personality of one of the characters, maintaining and elaborating it throughout the course.

The following characters interact in the listening segments:

 Teresa Murillo is a sophomore university student from Guadalupe, a small town in Extremadura, Spain. Quiet, reserved, and very strong willed, she likes classical music and intellectual pursuits, detests sports, and becomes impatient easily.

 Roberto Sánchez Colón, a Colombian graduate student in architecture, is very athletic, a superb tennis and soccer player, and a great dancer. He's aggressive but not boisterous, sociable, calm, considerate, slow to anger, and very enthusiastic about his interests.

 Guillermo Salinas Bravo, nicknamed "Memo," is from Santiago, Chile, is 30 years old, and an undergraduate student majoring in music. He is concerned about political issues, not a very good student, and an expert violinist and guitarist.

 **Guadalupe Trujillo Nuñez**, nicknamed "Lupe," is from Mexico. She is reserved but sociable, a good student who must work hard for her grades, and is an international studies major.

 Fausto Arias Mendoza is a Mexican engineer who speaks Chinese, Spanish and English fluently. He is very shy but ambitious, hates social gatherings and works long hours. He is very dedicated to his family and spends as much time with them as possible.

Eliana Carrillo de Arias is Venezuelan, the wife of Fausto, and a part-time English and Spanish instructor at the University. She is very dedicated to her three children and, at this point in her life, is a model homemaker.

The additional characters appearing in exercises and activities include:

Profesora Ventura is a professor of English and Spanish from Puerto Rico. She takes an active interest in international students at the university and is animated, enterprising, confident, and very dedicated to her work.

Graciela Carvajal Johnson is a university student from Mexico. She attended high school in Pennsylvania, is an average student, and is very active in sports—especially jogging—as well as other extracurricular activities.

Rosario Ochoa Paz is an undergraduate biology student of Hispanic descent who was raised in the United States and thus is not a native Spanish speaker. She is energetic, talkative, artistic, hard-working, optimistic, and an active field hockey player, dancer, and member of her church choir.

Profesor Espinosa is a Spanish professor from Valencia, Spain. He is nervous, reserved, and introverted, more inclined to worry than to smile.

Jorge Carpio Merode is a Chilean university student whose mother, Micaela Rana Merode, is a university dean. He is a bit lazy, rather timid, somewhat pessimistic, and very unsure of himself.

1 ¿Cómo le va?

Objetivos funcionales

Cuando Ud. complete este capítulo, podrá hacer lo siguiente en español...

- saludar y despedirse de alguien
- presentarse y presentar a otros
- hablar de su vida académica y de sus actividades

Objetivos culturales

A través del capítulo, leerá y escuchará información sobre...

- los nombres
- la formalidad
- una boleta universitaria y una escolar
- los efectos de la televisión en la gente

Enlace inicial

Play your Teacher Tape at this time. If you are using a machine with a counter, you may want to do the following before class. Find the spot on the tape where the segment begins. Set the counter on zero. During class, play the segment. To return to the beginning of the segment, rewind the tape until you reach zero on the counter.

The initial listening segment is on the teacher tape. The conversation does not appear in print in the student text. It is strongly suggested that you play this segment for your students. You may, however, choose not to use the listening segments and instead begin with the ¡LEAMOS! section.

Tell students that Roberto and Lupe are among several main characters in the text who will reappear in various chapters throughout the text.

¡ESCUCHEMOS!

Ud. va a escuchar una conversación breve entre Roberto y Lupe, dos estudiantes que acaban de conocerse. Escuche la conversación y conteste las preguntas.

A. ¿Roberto o Lupe?   ¿Quién hace las siguientes cosas, Roberto (R) o Lupe (L)?

_____ **1.** Se especializa en estudios internacionales.

_____ **2.** Quiere obtener una maestría.

_____ **3.** Estudia arquitectura.

_____ **4.** Quiere saber quiénes son los profesores más fáciles.

_____ **5.** Tiene que escoger dos cursos electivos.

B. ¿Qué oye Ud.?   Escuche otra vez la conversación y escriba las expresiones que oye para...

1. saludar a una persona

2. presentarse

3. hacerle preguntas a alguien

Escriba otras expresiones que Ud. conoce para expresar las mismas tres ideas.

¡LEAMOS!   *Boleta universitaria.*

Lea la boleta universitaria y conteste las siguientes preguntas.

1. ¿De quién es esta boleta?

2. ¿De dónde es él?

3. ¿Cuántos años tiene?

4. ¿A qué universidad asistió? ¿A qué facultad?

5. ¿Qué lenguas estudió? ¿Qué tipo de literatura?

6. ¿Qué otros cursos siguió? ¿Salió bien o mal?

```
                                    RAMIRO  ALVEDAÑO  SALVAT

     UNIVERSIDAD DE SALAMANCA      nacido en GUADALUPE      en 6-4-52
     Facultad de Filosofía y Letras           (EXTREMADURA)

          SECRETARIA              PERIODO DE ESTUDIOS DE LA LICENCIATURA
```

Asignaturas	Calificaciones	Convocatoria: año y Universidad en que la aprobó

PRIMER CICLO

1.er Curso

Lengua Latina	Sobresaliente	Junio 1974-75 Salamanca
Lengua Española I	Matrícula de Honor	" " " "
Historia	Matrícula de Honor	" " " "
Lengua Inglesa	Sobresaliente	" " " "

2.º Curso

Literatura Española I	Sobresaliente	Junio 1975-76 Salamanca
Filosofía	Notable	" " " "
Lengua Española II	Notable	" " " "
Lengua II Inglesa	Sobresaliente	" " " "
Lengua I Francesa	Sobresaliente	" " " "

3.er Curso

Crítica Literaria	Sobresaliente	Junio 1976-77 Salamanca
Literatura Española II	Notable	" " " "
Lengua III Inglesa	Sobresaliente	" " " "
Lengua II Francesa	Notable	" " " "
Sociología	Sobresaliente	" " " "

boleta: *transcript, grade report*; 1er: primer; 2º: segundo

For new words, we will use synonyms in Spanish that students are likely to know. If this is not feasible, translations will be in English.

The review grammar is a brief explanation of various points designed to be compatible with the functional grammar of the lesson. It is an optional section that students can do independently outside of class. Accompanying exercises are found in the workbook. Assign this section for out-of-class review and practice in class as a follow-up if needed.

¿NECESITA REPASAR UN POCO?

At the end of this chapter, you will find a brief review of the following structures:

- la formación de los verbos regulares **-ar**, **-er**, **-ir** en el presente
- las frases negativas
- la formación de preguntas a responder con un **sí** o **no**.

Review the information as needed and complete the corresponding exercises in the workbook.

Enlace principal

CULTURA A LO VIVO

Profesor, ¿tiene Ud. horas de oficina hoy?

El uso de **tú** o **usted** depende principalmente de la distancia social que uno quiere mantener. A veces el uso también depende del nivel de formalidad o intimidad que una persona quiere mostrarle a otra persona. Hay mucha variación en el uso de los dos pronombres entre los países hispanos, y el uso depende en gran parte de cada contexto o situación. En general, se usa **usted** para indicar respeto o distancia social o socioeconómica. Los siguientes grupos de personas usan **usted**:

- los adultos que no se conocen bien
- los adultos que quieren mantener una relación formal, especialmente en el trabajo
- los niños tratando con los adultos

En general, se usa **tú** para indicar amistad o intimidad. En algunos países, como en España, se usa más el **tú** que en otros países, como Chile, donde se mantiene más distancia social. Sin embargo, en casi todas partes, después de conocer a una persona por un rato es común pedir permiso para **tutearse**, «¿Por qué no nos tuteamos?» *(Why don't we use*

¿Qué cuentas, Graciela?

the **tú** *form with each other?)* En general, los siguientes grupos de personas usan **tú**:

- los niños, amigos y jóvenes entre sí
- los adultos tratando con los niños
- los colegas y compañeros de clase o trabajo
- los parientes entre sí
- la gente a los animales
- la gente cuando habla con Dios

Si Ud. no está seguro/a si debe usar **tú** o **usted** con alguien, es mejor usar **usted** para no ofender a la otra persona.

1. ***¿Tú o Ud.?*** ¿Qué forma va a usar Ud. cuando habla con estas personas?

   a. la decana
   b. su mamá
   c. su profesora
   d. su médico
   e. su hermano
   f. su mejor amigo
   g. el hijo de su vecino
   h. la amiga de su madre a quien Ud. acaba de conocer

Some nicknames in Spanish refer to personal or physical attributes. Nicknames usually express affection and confirm the existence of an informal interpersonal relationship. Example: *gordito/a:* honey, cutie; *chato/a:* person with a wide, round face.

Aquí hay unos ejemplos de apodos, o sea, nombres cortos. Estos nombres muestran cariño o son nombres descriptivos.

Nombre	Apodo
Guillermo	Memo
Juan	Juanito
Francisco	Paco, Paquito
Enrique	Quique
Rafael	Rafa
Manuel	Manolo
Jesús	Chucho
Roberto	Beto
José	Pepe
Concepción	Concha
Guadalupe	Lupe
Dolores	Lola
Francisca	Paca, Paquita

HOLA MANOLO

The multiple-name pattern is not universal. Many Hispanics in the U.S. have adopted the Anglo style of using only the paternal name. However, it is important for students to become accustomed to calling someone by their paternal last name; for example, *El señor Sánchez* when addressing Roberto Sánchez Colón.

In general, married women do not normally have separate telephone listings unless they do so for professional reasons. In such cases, the name is alphabetized under the husband's name. Thus Eliana's listing would appear under Arias.

Use the realia and readings for additional practice of names.

2. ¿Tiene Ud. un apodo? ¿A Ud. le gusta o no? ¿Por qué? ¿Cuáles son algunos de los apodos que se utilizan en inglés?

La mayoría de los hispanos tiene dos apellidos. Los nombres generalmente se escriben en este orden: nombre, apellido paterno *(father's family name)* y apellido materno *(mother's family name).* Por ejemplo, el nombre completo de Roberto es: Roberto Sánchez (apellido paterno) Colón (apellido materno). El nombre completo de Rosario es: Rosario Ochoa (apellido paterno) Paz (apellido materno). Cuando una mujer se casa, usualmente deja de usar su apellido materno y añade la palabra **de** + el apellido paterno de su esposo. Por ejemplo, Eliana Carrillo Vargas se casa con Fausto Arias Mendoza; su nombre cambia a Eliana Carrillo de Arias.

3. En las guías telefónicas y otras listas de nombres, se ordenan los nombres según el apellido paterno y luego el materno. Aquí hay una lista de estudiantes y empleados que se encuentra en el directorio de la universidad. Ordene los nombres en el orden correcto, utilizando los números del 1 hasta el 6.

_____ Guillermo Salinas Bravo   _____ Fausto Arias Mendoza

_____ Eliana Carrillo de Arias   _____ Roberto Sánchez Colón

_____ Graciela Trujillo Núñez   _____ Rosario Ochoa Paz

4. ¿Cuál es su nombre completo al estilo hispano?

VOCABULARIO Y EXPRESIONES ÚTILES

Encourage students to create in their workbooks a personal vocabulary list of words supplied in class.

Many of the words and expressions in this first vocabulary presentation will be review for students.

You may want to call to students' attention the greeting *¿Qué hubo?* used in many countries.

PARA SALUDAR

Formal:*

—Buenos días. / Buenas tardes. / Buenas noches.

—Buenos días. ¿Cómo está? ¿Cómo le va? *(How are you?)*

—Bien, gracias. ¿Y Ud.?

Informal:

—¡Hola!

—¡Qué gusto de verte! *(How nice to see you!)*

—¿Cómo te va? / ¿Qué hay [de nuevo]? / ¿Qué hubo?
(What's happening?)

—¿Qué cuentas? *(What's new?)*

PARA DESPEDIRSE

Formal:

—Adiós. Que le vaya bien. *(Hope everything goes well.)*

—Igualmente. *(Likewise.)*

—Que pase un buen fin de semana. *(Have a nice weekend.)*

—Gracias. Hasta el lunes.

Informal:

—Bueno, ¡que lo pases muy bien!
(Have a nice time.)

—Chao. Nos vemos mañana.
(We'll see each other tomorrow.)

PARA PRESENTARSE

Formal:

—Permítame presentarme. Me llamo Graciela Trujillo Núñez.

—Mucho gusto. Soy Guillermo Salinas Bravo, para servirle / a sus órdenes *(at your service)*.

—El gusto es mío. *(The pleasure is mine.)*

*The dashes in the mini-conversations indicate a change of speaker in conversation.

Informal:

—Hola. Soy Rosario.

—Soy Jorge. Mucho gusto.

PARA PRESENTAR A OTRA PERSONA

Formal:

—Profesor Espinosa, quisiera presentarle a Lupe / le presento a... / quiero presentarle a... .

—Tanto gusto, profesor.

—El gusto es mío, señorita.

—Profesora Ventura, déjeme presentarle a Roberto Sánchez Colón.

—Encantado, profesora. / Qué gusto en conocerla. *(Pleased to meet you.)*

—Igualmente.

—Me da mucho placer... / tengo el gusto de... *(I'm pleased to...)* presentarles a la distinguida decana, Micaela Merode de Carpio, madre de Jorge.

Informal:

—Ah, Memo, aquí estás. Rosario, éste es mi amigo Memo a quien le tengo mucho cariño *(. . . for whom I have a lot of affection)*. Rosario, te presento a Memo.

—Mucho gusto. Soy Guillermo Salinas Bravo.

—Encantada. Soy Rosario Ochoa Paz.

A. *Los saludos y las despedidas.*   Hagan los saludos y las despedidas a continuación.

1. Salude a un/a compañero/a de clase por la mañana.

2. Salude al / a la profesor/a de español por la tarde.

3. Salude a un/a buen/a amigo/a en el centro estudiantil.

4. Despídase de un/a buen/a amigo/a en una fiesta.

5. Despídase de un/a secretario/a en la oficina del/de la decano/a.

B. *Las presentaciones.*   Hagan las presentaciones a continuación.

1. Preséntese a un/a estudiante en su clase.

2. Preséntele un/a compañero/a de clase a otro/a estudiante en la clase.

3. Preséntele un/a buen/a amigo/a al / a la profesor/a de español.

C. _Lectura._   Lea la siguiente tarjeta postal y conteste las preguntas a continuación.

In the ¡IMAGINEMOS! section later in the chapter, students will be asked to write a postcard from Lupe's mother in answer to this postcard.

> 28 de septiembre
> ¡Hola! ¿Qué tal por allá en el mundo del sol? Yo aquí trabajando como una loca -- muchas clases, poca diversión. Pero lo estoy pasando bastante bien porque las clases son muy estimulantes. Ojalá que todos estén bien. Tengo mil cosas que decirles cuando regrese en diciembre. Hasta pronto. Abrazos. Con cariño,
> Lupe

> Ana de Trujillo
> 40 Muñoz Rivera
> Caguas,
> Puerto Rico

1. Identifique el saludo y la despedida.
2. ¿Cómo es la relación entre Lupe y la persona que recibe la tarjeta? ¿Cómo se sabe esto?
3. ¿Cómo está Lupe? ¿Por qué?
4. Imagínese que Lupe le escribe a su consejero. ¿Cómo será diferente la tarjeta?

PARA HABLAR DE SU VIDA ACADÉMICA

Additional fields of study not provided in this listing because they are review or cognates are: _historia, biología, comunicación, inglés, español, francés, baile, teatro, geometría, matemáticas, trigonometría, ciencias naturales, ciencias sociales, el doctorado, educación primaria / secundaria / especial / física._

—¿Qué estudia? / ¿Qué cursos sigue? / ¿Qué carrera sigue?

—Estudio... / Me especializo en... / Mi carrera es...
Filosofía y Letras: literatura, psicología, religión, periodismo, derecho, lingüística
Lenguas: italiano, portugués, alemán, ruso, chino, japonés, latín
Bellas Artes: pintura, escultura, diseño
Matemáticas: álgebra, estadística, cálculo
Ciencias: física, química, geografía, computación, publicidad, ingeniería, arquitectura, mercadeo

—¿Qué título va a recibir?

—El bachillerato* *(high school diploma)* / la licenciatura *(the equivalent of a B.A. or B.S. degree plus one or two years of professional school)* / la maestría *(master's degree)*

EN LA UNIVERSIDAD

—**¿Qué tiene que hacer antes de empezar el semestre / trimestre?**

—Tengo que pagar la matrícula *(to pay tuition)*; matricularme *(to register)* / hacer cola *(to wait in line)* / conseguir un préstamo / o una beca *(to get a loan / or a scholarship)* / arreglar mi horario de clases *(to arrange my schedule)* / escoger *(to choose)* cursos electivos / requisitos; hablar con mi consejero/a *(adviser)* o el / la decano/a *(dean)*.

—**¿Cuáles son las actividades que va a hacer en la clase?**

Voy a asistir a clase

entregar la tarea

tomar apuntes

Point out the false cognate *lectura*; it does not mean **lecture**, but rather **reading**.

In this context *conferencia* is a false cognate, and does not mean **conference**, but rather **lecture**.

sacar buenas o
malas notas

escuchar
una conferencia

hablar de la lectura

*In some countries, *el bachiller* refers to a Bachelor's degree.

—¿**Adónde va después de la clase?**

—Voy a la residencia estudiantil *(dormitory)* / al centro estudiantil *(student union center)* / a la biblioteca *(library)* / a la librería *(bookstore)* / a la Facultad de Filosofía y Letras *(School of Humanities)* / a la Facultad de Bellas Artes *(School of Fine Arts)* / a la Facultad de Ciencias *(School of Science)* / a la Facultad de Educación *(School of Education)*.

—Voy a escribir un trabajo *(to write a paper)* / escribir a máquina *(to type)* / criticar la enseñanza del profesor / dejar una clase *(to drop a class)*.

Point out the false cognates *librería* and *facultad* to students. Tell them that **library** is *biblioteca* and **faculty** is *profesorado*.

Remind students of several ways to say **write a paper**: *escribir un trabajo / un informe / una composición*.

A. *Los cursos.* Conteste las siguientes preguntas.

1. ¿Qué cursos tiene Ud. este semestre / trimestre?
2. ¿En qué facultad está su especialidad?
3. ¿En qué clase escucha Ud. unas conferencias?
4. ¿En qué clase habla Ud. de las lecturas?
5. ¿En qué clase tiene que escribir un trabajo?
6. Para dejar una clase, ¿con quién tiene que hablar?

B. *El horario.* Hable con un/a compañero/a de clase sobre el horario que tiene él / ella. Después, comparta la información que Ud. recibió con los otros estudiantes.

C. *En la universidad*. Conteste las siguientes preguntas.

1. ¿A qué lugares de la universidad va Ud. con frecuencia? ¿Para qué?
2. ¿Cuáles son tres actividades que Ud. va a hacer este semestre / trimestre en la universidad?
3. ¿Qué hacen los estudiantes en el centro estudiantil?
4. ¿Va a dejar Ud. una clase este semestre / trimestre? ¿Cuál? ¿Por qué?
5. ¿Dónde vive Ud. este semestre / trimestre?
6. ¿Cómo es su residencia / apartamento / casa?
7. ¿Comparte una habitación con alguien?
8. ¿Quién paga su matrícula?

GRAMÁTICA FUNCIONAL

HABLAR EN EL PRESENTE

Point out to students that English uses the present progressive for events extending through the present: I'm studying French at the university. Generally, Spanish uses the present tense in these situations: *Estudio francés en la universidad.*

Spanish uses the present progressive to emphasize events that are happening right now: *Estoy leyendo* (I'm reading right now.)

The present tense also serves this function and it is used more frequently than the progressive. Encourage students to abandon their tendency to rely on the present progressive, which is typical of native speakers of English.

The *vosotros* forms will be presented throughout the text, but students will not be asked to produce them.

The present tense in Spanish is used to describe an action that occurs regularly, is occurring at the present time, has been occurring up to the present moment, or will occur in the near future:

Me levanto temprano los lunes. *(I get up early on Mondays.)*

Leo el periódico ahora. *(I'm reading the newspaper now.)*

Estudio español en la universidad. *(I'm studying [have been studying] Spanish at the university.)*

Lo hago mañana. *(I'll do it tomorrow.)*

In Spanish, the present progressive (**to be** + **-ing** form) is used only to draw attention to an activity being done at the moment of speaking: *Estoy leyendo* (I'm reading [right now].).

HABLAR MÁS EN EL PRESENTE: VERBOS DE CAMBIO RADICAL

The stems of some verbs in Spanish change in all forms of the present tense except the *nosotros* and *vosotros* forms. The endings for these verbs are regular. These verbs fall into three categories:

	$e \rightarrow ie$: *querer*	$o \rightarrow ue$: *dormir*	$e \rightarrow i$: *pedir*
(yo)	qu**ie**ro	d**ue**rmo	p**i**do
(tú)	qu**ie**res	d**ue**rmes	p**i**des
(él/ella, Ud.)	qu**ie**re	d**ue**rme	p**i**de
(nosotros/as)	queremos	dormimos	pedimos
(vosotros/as)	queréis	dormís	pedís
(ellos/as, Uds.)	qu**ie**ren	d**ue**rmen	p**i**den

Other verbs with the e → ie change:

pensar	Estoy nervioso cuando pienso en el examen.
entender	Gonzalo siempre entiende la gramática.
preferir	Ellos prefieren los idiomas y yo prefiero las matemáticas.

Other verbs with the o → ue change:

encontrar	No encuentro la sala de clase. ¿Me ayudas, por favor?
recordar	No recuerdo la fecha de mi cita con el decano.
jugar (u → ue)	Julia juega al béisbol con sus hermanos.

Other verbs with the e → i change:

vestirse   Uds. siempre se visten rápidamente por la mañana.

conseguir   Si no consigues una beca, puedes pedir un préstamo.

¡OJO!   The verbs *seguir* and *conseguir* drop the **-u** in the first person form *(sigo / consigo)*; the **-u** is used in the other forms in order to preserve the hard **-g** sound when the following vowel is **-e** or **-i**.

Other verbs have irregular *-yo* forms only:

salir: **Salgo** de la casa.

hacer: **Hago** la tarea.

traer: **Traigo** el cuaderno a clase.

poner: **Pongo** algo en la mesa.

ver: **Veo** la película.

saber: **Sé** hablar dos idiomas.

conocer: **Conozco** a una persona muy interesante.

Other irregular verbs in the present:

decir: **digo, dices, dice, decimos, decís, dicen** algo

tener: **tengo, tienes, tiene, tenemos, tenéis, tienen** tres clases

venir: **vengo, vienes, viene, venimos, venís, vienen** a clase

ser: **soy, eres, es, somos, sois, son** estudiante(s)

estar: **estoy, estás, está, estamos, estáis, están** en casa

oír: **oigo, oyes, oye, oímos, oís, oyen** la música

ir: **voy, vas, va, vamos, vais, van** al centro estudiantil

¡Practiquemos! ....

While doing the ¡PRACTI-QUEMOS! exercises in class, students should keep their books closed so that they are required to concentrate on remembering the verb formations instead of just reading the answers.

A. *¡Qué ocupados están!*   Lupe habla de todo lo que hacen ella y sus compañeros los lunes. ¿Qué dice ella?

Modelo: nosotros / ir a clase a las nueve
              Vamos a clase a las nueve.

1. yo / despertarse temprano
2. Teresa / vestirse rápidamente
3. nosotros / tener cuatro clases
4. muchos estudiantes / almorzar en la cafetería
5. yo / repetir muchas frases en el laboratorio de lenguas
6. nosotros / leer y pensar en la biblioteca
7. yo / volver a casa a las cinco

B. *Entrevista: ¿Cuándo...?* Entreviste a un/a compañero/a de clase. ¿Cuándo hace él / ella las actividades dadas? Tiempos posibles para las actividades son: hoy a las..., mañana, esta mañana / tarde / noche, ahora mismo, este fin de semana. Después comparta la información con la clase.

Modelo: cenar en el restaurante Quixote
—*¿Cuándo cenas en el restaurante Quixote?*
—*Ceno en el restaurante Quixote esta noche.*

1. salir con amigos
2. hacer la tarea
3. pedirle información a su consejero/a
4. dormir hasta muy tarde
5. encontrar un trabajo
6. servir cerveza en una fiesta

C. *¿Quién(es) hace(n) estas actividades?* Diga quién(es) hace(n) cada actividad a continuación en la Columna A. Escoja entre la(s) persona(s) de la Columna B y siga. Dé algún detalle con cada frase.

Modelo: conocer a alguien
Mi padre conoce a alguien que trabaja en la universidad.

1. pensar mucho en la filosofía   yo
2. volver a clase tarde   mis padres / mi madre / mi padre
3. jugar al fútbol norteamericano   mis hermanos / mi hermano/a
4. acostarse a medianoche todos los días _____ y yo
                                          mis amigos
5. ir de compras   ¿_____?
6. decir algo en español
7. poder jugar al tenis
8. seguir muchos cursos

D. *Los deberes y las preferencias.* Explíquele a un/a compañero/a de clase 5 cosas que Ud. tiene que hacer este fin de semana (use *tener que...*) y luego 3–5 cosas que Ud. prefiere hacer (use *preferir...*). Después, su compañero/a tiene que darle a Ud. la misma información. Compartan Uds. la información con los otros compañeros de clase.

E. *En parejas.* Pídale la siguiente información a un/a compañero/a de clase. Después, comparta la información con la clase.

1. how many classes he / she has this semester / trimester
2. where he / she is from

3. what he / she does in the evening
4. where he / she is going this weekend
5. what languages he / she knows
6. at what time he / she comes to campus
7. how often he / she sees movies at the movie theater

PEDIR INFORMACIÓN

Information questions—those that cannot be answered with a simple yes or no—are introduced by interrogatives or question words. The specific information requested determines the proper interrogative to use. Word order is:

INTERROGATIVE	VERB	SUBJECT or OTHER INFORMATION	
¿Cuándo	sales	(tú)	para México?

Here are some examples of common contexts for information questions that illustrate various Spanish interrogatives.

Making an acquaintance: **¿Cómo** se llama Ud.? **¿Cuál** es su nombre?

Greeting: **¿Cómo** está Ud.? **¿Qué** me cuenta?

Location: **¿Dónde** está Guillermo?

Destination: **¿Adónde** va?

Origin: **¿De dónde** es Ud.?

Time: **¿Qué** hora es? / **¿Cuándo** es la fiesta?

Time at which something is / was / will be done: **¿A qué hora** empieza la película?

Frequency / duration of time: **¿Con qué frecuencia** vas a España? **¿Cuánto** tiempo vas a estar en la biblioteca?

Quantity: **¿Cuántas** clases / **cuántos** cursos tienes?

Identification of people: **¿Quién** es? / **¿Quiénes** son? **¿De quién** es el reloj? / **¿A quién** llamas? / **¿Con quién** vas al cine?

Description / explanation: **¿Cómo** está tu primo? / **¿Cómo** se dice «loan» en español?

Definition / identification: **¿Qué** es esto? —Es mi horario.

¿Qué es un horario? —Es un papel que da las horas y los nombres de las clases.

Selection / choice: **¿Cuál** es tu clase favorita? / **¿Cuáles** de los cuadernos prefieres, los verdes o los azules?

Remind students that, in writing, all interrogatives have accents even when used in indirect questions: *No sé dónde vive ella.*

Remind students that all direct questions are preceded and followed by question marks: ¿ ?

Point out that the interrogative *¿cómo?* is used in some situations to ask someone to repeat or explain something that was not heard or understood.

Reason: ¿**Por qué** no vas a la fiesta? —**Porque** tengo que trabajar.

For what purpose?: ¿**Para qué** sirve esa máquina de escribir?

—Para escribir un trabajo.

¡OJO!   *¿Qué?* is frequently used before nouns to denote selection: *¿Qué libro te gusta más?*

¡Practiquemos! ....

A. *¿Qué dice Roberto?*   Roberto y Lupe hablan por un rato después de conocerse. Están en el centro estudiantil donde hay mucho ruido. Lupe no puede oír bien lo que dice Roberto. La información que le da Roberto está a continuación. ¿Qué preguntas le hace Lupe a Roberto para que él repita la información subrayada? Siga el modelo.

Modelo: Me llamo Roberto.
            — *¿Cómo se llama?*

1. Soy de Puerto Rico.
2. Estoy bien, gracias.
3. Hay cinco estudiantes en mi dormitorio.
4. Tengo que matricularme mañana.
5. No voy a la fiesta porque tengo mucho trabajo.
6. Me gusta más la clase de inglés.
7. Voy al concierto con un amigo.

B. *Para pedir información.*   Para su clase de periodismo, Ud. tiene que escribir la biografía de un/a compañero/a. ¿Qué preguntas le puede hacer a su compañero/a para obtener la siguiente información?

Modelo: su nombre   *¿Cómo te llamas?*

1. su edad
2. su dirección
3. el número de personas en su familia
4. los nombres de sus hermanos
5. los cursos que sigue
6. la hora de su primera clase los lunes
7. sus actividades preferidas y la razón por la cual le gustan

C. *Para conocer a un/a compañero/a de clase.* Entreviste a un/a compañero/a de clase para conocerlo/la mejor. Pídale la siguiente información. Después diga a la clase algo interesante sobre su compañero/a.

1. where he / she lives this semester
2. where he / she is from
3. if he / she has a job
4. what his / her major is
5. why he / she is majoring in that subject
6. how often he / she visits his / her family
7. when he / she plans to graduate
8. what he / she plans to do after this semester

D. *Actividad en parejas.* Imagínese que Ud. y su compañero/a de clase son periodistas. Van a entrevistar a las personas que aparecen en la lista a continuación. Háganles dos preguntas a cada persona. ¡Sean creativos!

1. el / la decano/a de la universidad
2. el presidente de los EE.UU.
3. el / la profesor/a de español
4. una cantante popular
5. un actor famoso
6. una actriz famosa
7. el presidente de un país hispano
8. el / la presidente de la universidad

¡ESCUCHEMOS UN POCO MÁS!

Ud. va a escuchar una conversación telefónica entre Teresa y Roberto. Hablan de sus planes para esta noche.

Antes de escuchar

In preparation for listening to this segment, answer the following questions in English.

1. How might Teresa and Roberto greet each other over the phone?
2. Name two possible activities that they might plan to do this evening.
3. With a partner, brainstorm a list of Spanish words and expressions you already know that you expect to hear in this selection.

Después de escuchar

¿Comprendió Ud.? Escuche la conversación y conteste las siguientes preguntas.

1. ¿Cómo saluda Roberto a Teresa?
2. ¿Qué quiere hacer Roberto esta noche?
3. ¿Qué prefiere hacer Teresa?
4. ¿Qué opina Roberto de la televisión? ¿Y Teresa?
5. ¿Está Ud. de acuerdo con Roberto?
6. ¿Con qué frecuencia mira Ud. la televisión?

¡LEAMOS UN POCO!   *La boleta escolar*

Antes de leer

Tutor means **guardian** here.

Skim the following item on p. 19 from an elementary school in Xalapa, Mexico. Then, answer the following questions in English.

1. What is this item?
2. Identify four courses being evaluated.
3. What is the grading scale? The minimum passing grade?
4. Name two other areas being graded in addition to coursework.
5. If *asistencia* refers to attendance, what do you think *faltas* and *retardos* mean?

Después de leer

A. *¿Comprendió Ud.?*   Conteste las siguientes preguntas.

1. ¿Cuántos períodos de evaluación hay en un año en esta escuela?
2. ¿A qué se refiere la abreviatura **C** en las áreas de clases representadas? ¿de la abreviatura **Educ.**? ¿de la **Educ. P**?
3. Además del progreso académico, ¿cuáles son otras categorías de evaluación?

B. *¡Discutamos!*   Conteste las siguientes preguntas.

1. ¿Qué cosa(s) le impresiona(n) del curso de estudio representado aquí?
2. ¿Qué diferencias nota Ud. entre esta tarjeta de evaluación y el sistema de educación que representa y lo que Ud. recuerda de su propia educación primaria?

DIRECCION GENERAL DE EDUCACION POPULAR
ESCUELA "PRACTICA ANEXA A LA NORMAL VERACRUZANA"
Av. Xalapa s/n
Clave:30EOPR2942U

GRADO:_____   GRUPO:_____

NOMBRE:_____

PERIODO ESCOLAR: 198 - 198 .

A R E A :	EVALUACIONES								Promedio Final
	I	II	III	IV	V	VI	VII	VIII	
ESPAÑOL									
MATEMATICAS									
C. NATURALES									
C. SOCIALES									
P R O M E D I O									
ECOLOGIA									
EDUC. TECNOLOGICA									
EDUC. ARTISTICA									
EDUC. P/LA SALUD									
EDUC. FISICA									

Escala de Evaluación: 4 a 10. Mínima Aprobatoria: 6

A S P E C T O S :	EVALUACIONES							
	I	II	III	IV	V	VI	VII	VIII
Ortografía								
Lectura								
Expresión Escrita								
Operaciones Aritméticas								
Resol. Probl.de Cálculo								

	I	II	III	IV
Inglés				

OBSERVACIONES DEL COMPORTAMIENTO

A S P E C T O S	EVALUACIONES			
	I	II	III	IV
1. Aseo				
2. Orden de útiles escolares				
3. Cumplimiento en tareas				
4. Disciplina				

ESCALA DE EVALUACION:
B = Bien   **R** = Regular   **M** = Mal

A S I S T E N C I A

M E S E S :	Sep.	Oct.	Nov.	Dic.	Ene.	Feb.	Mar.	Abr.	May.	Jun.	TOTAL
ASISTENCIA											
FALTAS											
RETARDOS											

APRECIACION GENERAL: PROMOVIDO ☐

PROFESOR(A) DEL GRUPO   DIRECTOR(A)DE LA ESCUELA

Padre/Tutor:_____

FIRMA DE ENTERADO:
Primera U.:_____
Segunda U.:_____
Tercera U.:_____
Cuarta U.:_____
Quinta U.:_____
Sexta U.:_____
Séptima U.:_____
Octava U.:_____

Equez., Ver., 30 de Junio de 198__.

promedio: *average*; aprobatoria: *passing*; comportamiento: *behavior*; aseo: *neatness*; útiles escolares: *school supplies*; cumplimiento: *performance*; asistencia: *attendance*; promovido: *passed (to next grade)*; apreciación general: *overall evaluation*; Primera U.: Primera unidad *(first grading period)*

3. Imagínese que Ud. es maestro/a de esta escuela primaria en Xalapa, México. Tiene que explicarles a unos padres porqué su hijo sale mal en el comportamiento. Describa lo que hace el niño (o lo que no hace) en la clase.

Enlace de todo

Para hacer esta sección, recuerde la gramática de repaso y la gramática funcional de este capítulo: la formación de los verbos regulares **-ar**, **-er**, **-ir** en el presente; las frases negativas; la formación de preguntas a responder con un **sí** o **no**; el uso del presente; y la formación de preguntas de información. También es buena idea repasar el vocabulario presentado al principio de este capítulo antes de empezar.

¡IMAGINEMOS!

These role plays may be prepared in advance (in written form) and/or presented spontaneously in class.

A. *Dramatizaciones.* Prepare las siguientes dramatizaciones según las instrucciones.

1. Ud. va a la cafetería con un/a estudiante nuevo/a que acaba de conocer. Salude a un grupo de sus amigos y presénteles a su nuevo/a amigo/a.

2. Preséntese a su consejero/a y pregúntele qué cursos necesita seguir el próximo semestre. No se olvide de decirle a su consejero/a que pase un buen fin de semana, y de despedirse de él / ella.

3. Presénteles su profesor/a de español a sus padres. En su presentación, incluya alguna información sobre el / la profesor/a y también sobre sus padres.

Remind students that **to get to know** is *conocer*.

4. Hable con un/a nuevo/a estudiante para conocerlo/la y para averiguar: su origen, su residencia este semestre, su especialización, su clase favorita y sus planes para esta noche.

B. *Tarjeta postal.* Repase la tarjeta postal que le escribió Lupe en la página 9. Escriba la respuesta que recibe Lupe en forma de otra tarjeta postal. Hable un poco de la familia y del tiempo.

C. *Una carta.* Ud. recibió el nombre de un/a posible amigo/a por correspondencia que vive en Puerto Rico. Escríbale una carta en que Ud. se presenta, se describe y habla de su vida académica y sus actividades.

D. *Una nota.* Ud. vive con otro/a amigo/a en la residencia. Como Ud. tiene que salir temprano esta mañana, necesita escribirle una nota a su compañero/a para decirle algo sobre sus planes para el día. Hable de lo que Ud. tiene que hacer hoy, a qué lugares tiene que ir y a qué hora regresa a la residencia esta tarde.

See exercises p. 23.   ¡LEAMOS MÁS!   *Televisión y tiempo libre*

Televisión y tiempo libre

Por Nelson Meléndez Brau

El consumo de los medios de comunicación masiva constituye una de las actividades de tiempo libre más importantes del hombre moderno. De todos los medios el que más arraigo ha adquirido en los últimos años es, sin lugar a dudas, la televisión.

A Tal arraigo se puede expresar con mayor elocuencia en términos de la cantidad de tiempo libre que ocupa. De acuerdo a un reciente estudio encomendado por el Departamento de Recreación y Deportes, ver televisión es la actividad recreativa preferida de los puertorriqueños y además es la actividad que más tiempo libre consume; aproximadamente unas seis horas diarias. Esto suma unas 2,190 horas al año lo que representa un 25.0 porciento del tiempo anual. Esta cantidad de horas supera a las dedicadas al trabajo formal remunerado; cerca de unas 1,900 anuales. Es decir que pasamos más tiempo frente al televisor que en el lugar de trabajo.

B En Puerto Rico se produce la primera transmisión de televisión en mayo de 1954, y el primer anuncio comercial transmitido fue de Coca Cola. Para el año 1970, Puerto Rico fue el país latinoamericano con más televisores por cada 1,000 habitantes. Estudios recientes indican que el 97 porciento de las familias puertorriqueñas tienen por lo menos un televisor.

C La propensión a ver televisión es inversamente proporcional a la educación, los ingresos y otros indicadores de condición social. Por ejemplo, en la encuesta realizada para el Departamento de Recreación y Deportes se demuestra que el 37.0 porciento de las personas que más televisión ven pertenecen al nivel socio-económico bajo, mientras que las estratas sociales más altas ven proporcionalmente menos televisión. Por otro lado, a medida que la edad aumenta, el porcentaje de sujetos que ven televisión también aumenta. Es decir, que las personas más jóvenes, con mayor escolaridad y medios, simplemente tienen mayores alternativas para utilizar su tiempo libre.

D Si bien se pensó en el potencial de la televisión como medio educativo, también se pensó en su potencial comercial. En otras palabras, la televisión puede proveer información sobre una gran cantidad de temas ampliando así nuestros conocimientos pero también puede persuadirnos, mediante la constante repetición de mensajes, a patrocinar ciertas empresas, comprar sus productos y tal. Es precisamente esto último lo que nos interesa, porque al mercadear algún producto también se crea un contexto en el cual se producen conductas que se relacionan directamente con el producto. Como discutiremos más adelante, el contenido de las transmisiones televisivas (actividades, conductas, roles, experiencias, etc.) sirven de patrón o modelo para el televidente. Si aceptamos esto, podemos entonces preguntarnos ¿qué promueve la televisión con relación al uso del tiempo libre? y particularmente ¿qué promueven los comerciales de televisión en este sentido?

E Con la intensión de contestar esta última interrogante, el Centro de Estudio del Tiempo Libre del American University of Puerto Rico acaba de conducir un novedoso estudio. El propósito fundamental del mismo fue identificar los elementos de recreación y tiempo libre (tales como actividades, roles y experiencias) que están presentes en los comerciales de la televisión y en qué grado de intesidad y frecuencia.

F Las 40 horas de grabación rindieron un total de 1,005 comerciales de los cuales 317 fueron distintos. Los productos anunciados con más frecuencia fueron; alimentos (26.7 porciento) y cosméticos (24.0 porciento), mientras que los servicios más anunciados fueron; espectáculos artísticos (13.1 porciento), agencias de gobierno (11.1 porciento) y servicios religiosos (11.1 porciento). En cuanto al entorno del comercial, el que más se presentó al exterior fue establecimiento comercial (34.9 porciento) y el lugar interior fue cocina (18.2 porciento). La actividad que más se difundió fue conversar (16.1 porciento) y de todas las actividades desarrolladas, el 45.2 porciento fueron de carácter recreativo. Finalmente, el 31.0 porciento de los mensajes emitidos por los comerciales se relacionaron directamente a la recreación y el tiempo libre.

G Lo anterior confirma, además, algo que se sospechaba hace ya bastante tiempo, esto es que los publicistas usan las actividades recreativas como instrumento dentro de sus estrategias para mercadear productos y servicios. Este hace manifiesto al menos tres fenómenos: Primero; el desarrollo actual de la recreación en el país provee un marco para el consumo; es decir que para llevar a cabo muchas de las actividades recreativas favoritas del momento es necesario invertir en equipo apropiado o pagar por el uso de facilidades o servicios. Segundo; los patrones de conducta de tiempo libre y de recreación son de carácter predominantemente consumerista y se manipulan en gran medida por la empresa publicitaria mediante la promoción selectiva de actividades que requieran algún tipo de gasto. Tercero; la recreación parece íntimamente ligada a los demás elementos de la vida cultural puertorriqueña y en particular a la cultura del consumo.

H Finalmente se puede afirmar que la recreación como actividad socialmente aceptada no solamente ha cobrado mayor importancia para el individuo, sino dicha importancia ha sido hábilmente traducida en instrumento de mercadeo por las empresas publicitarias. ■

EL MUNDO ■ *Puerto Rico Ilustrado domingo 20 de noviembre de 1988*

arraigo: *influence*; los ingresos: *income*; pertenecen: *belong to*; nivel: *level*; a medida que: *at the same time as*; sujetos: *individuals*; medios: *means (financial)*; proveer: *to provide*; mediante: *by means of*; patrocinar: *to patronize or shop at*; más adelante: *later on [in the article]*; patrón: *model*; promueve: *promotes* [promover]; grabación: *recording*; rindieron: *produced*; espectáculos: *shows*; se difundió: *was broadcast*; emitidos: *sent, broadcast*; hace manifiesto: *reveals*; llevar a cabo: *to carry out*; invertir: *invest*; patrones: *sponsors*; ligada: *tied to*; ha cobrado: *has acquired*; dicha: *the abovementioned*; hábilmente: *skillfully*; traducida: *converted to*

▶ *Pre-reading*

In preparation for reading this article, quickly skim over the title of the reading and the bold-face caption. Then answer the questions in English.

1. What do you think the reading is about?
2. What additional information does the caption provide?
3. What are some words in English relating to television that you might expect to find in an article like this? Relating to free time? What are some Spanish words you already know that you might expect to find in an article like this?
4. Since you will be reading about and discussing numbers and percentages, review the following in the appendix: numbers 1–20; 10–100 by tens; 100–1000 by hundreds.

▶ *Skimming/Scanning*

Each paragraph in the reading has a letter to the left of it for easy reference.

Quickly skim each paragraph and then match each topic with the letter of the appropriate paragraph to which it refers.

_____ 1. los efectos buenos y malos de mirar la televisión

_____ 2. la relación entre la televisión y las condiciones sociales

_____ 3. los resultados del estudio en forma de estadísticas

_____ 4. el resumen final del estudio

_____ 5. el tiempo que pasa la gente mirando la televisión

_____ 6. el significado de los resultados del estudio

_____ 7. el desarrollo de la televisión en Puerto Rico

Now, find the information requested below by scanning the appropriate paragraph listed. Answer in English or Spanish.

1. Paragraph A: Who recommended a study concerning the amount of time people spend watching television in Puerto Rico? How many hours daily do Puerto Ricans spend watching television?
2. Paragraph B: Why is the year 1954 significant?
3. Paragraph C: What do 37% of people who watch television have in common?
4. Paragraph D: In addition to providing educational information, what other kinds of information does television offer? Why is it important to discuss, as the rest of the article proposes, the portrayal of leisure time in television commercials?
5. Paragraph E: What did a recent study attempt to do?

6. Paragraph F: What did the study reveal about 45.2% of products advertised?

7. Paragraphs G–H: What did the results of the study confirm?

▶ *Decoding*

Answer the questions below dealing with grammatical structures and vocabulary that you will encounter when reading the entire article. This exercise will help you to understand the content more easily.

1. Paragraph A:

   a. Find the word that refers to a nationality.

   b. What word is a synonym of *cada día*?

2. Paragraph C: You can predict that the word *inversamente* is an adverb since it ends in the suffix **-mente**. This ending is equivalent to the English **-ly**. What does this adverb mean in English? Find the other two adverbs that end in the same suffix and tell what they mean.

3. Paragraph E: What is a more common word for *interrogante* as used here?

▶ *¿Comprendió Ud.?*

Después de leer todo el artículo, conteste las siguientes preguntas según la lectura.

1. ¿Cuál es la actividad preferida de los puertorriqueños en su tiempo libre?

2. ¿Cuántas horas al año miran la televisión?

3. ¿Qué porcentaje de las familias puertorriqueñas tiene televisor?

4. ¿Cuál es la relación entre la clase social y el mirar la televisión? ¿entre la edad y el mirar la televisión?

5. ¿Para qué usan la televisión las empresas?

6. ¿Qué productos fueron anunciados con más frecuencia según el estudio?

7. Haga un resumen en sus propias palabras de los tres fenómenos que reveló el estudio.

▶ *¡Discutamos!*

The following questions are designed to elicit personalized conversation.

Hable de las siguientes preguntas con un grupo de compañeros de clase.

1. ¿Cuántos televisores tiene su familia en casa? ¿Qué porcentaje de los estadounidenses tiene un televisor? ¿más de uno?

2. ¿Cuáles son algunas ventajas de mirar la televisión? ¿algunas desventajas?

3. ¿Qué tipos de programas son más estimulantes intelectualmente? ¿más entretenidos? ¿malos para los niños?

4. ¿Qué efecto tienen los anuncios comerciales en las compras que Ud. hace? ¿en las actividades en que participa Ud.?

These are suggested topics for optional written tasks or oral presentations.

Temas para composiciones / conversaciones

1. Las ventajas y las desventajas de la televisión
2. Los comerciales ideales
3. La televisión como medio educativo

☐ ¡EL GRAN PREMIO!: ¿Puede Ud. hacerlo?

This is an optional listening activity that may be done as the culminating listening task after students have completed the listening exercises in the Workbook / Laboratory Manual; it can be assigned for homework or conducted in class (individually or in groups).

Play your Teacher Tape at this time. Remember to find the beginning of the segment before class and set your counter at zero to facilitate rewinding. You may want to play the segment more than once, or pause the tape occasionally to allow students the opportunity to replay mentally what they have heard.

desempeño escolar: academic performance. This segment lends itself to discussion about the role television plays in students' lives.

Answers for EL GRAN PREMIO, Primer Paso: 1, b; 2, c.

Ud. va a escuchar un informe del Departamento de Agricultura (*Hispanic Information Service*) sobre los efectos de la televisión.

▶ *Antes de escuchar*

In preparation for listening to this segment, answer the following questions in English.

1. For what type of audience might this report be intended?
2. What type of information might you expect to hear?
3. Brainstorm a list of Spanish words and expressions you might expect to hear that are related to this topic.

▶ *Primer paso*

Escuche el informe por primera vez y escoja las respuestas a las siguientes preguntas.

1. ¿De qué trata este estudio?
   a. los exámenes y las notas
   b. la televisión y el progreso académico
   c. la televisión y la asistencia a la escuela
   d. el progreso académico y el nivel socioeconómico

2. ¿Cuáles son los dos grupos comparados en el estudio?
   a. los japoneses y los chinos
   b. los japoneses y los latinoamericanos
   c. los japoneses y los norteamericanos
   d. los japoneses y los españoles

▶ Segundo paso

Escuche el informe otra vez y conteste las siguientes preguntas.

1. ¿Cómo es el progreso académico de los alumnos japoneses en comparación al progreso académico de los norteamericanos?
2. ¿Quiénes dedican más tiempo a los estudios?
3. ¿Quiénes dedican más tiempo a mirar la tele?

▶ Tercer paso

Escuche el informe por última vez y escriba un resumen de por lo menos cuatro frases en español.

▶ ¡Discutamos!

Entreviste a dos compañeros/as para obtener la siguiente información:

1. cuánto tiempo dedican a los estudios cada día después de las clases
2. cuánto tiempo dedican a mirar la televisión cada día
3. cuáles son las actividades intelectualmente estimulantes que hacen cada día

Vocabulario

You are responsible for learning the following words and expressions. Add additional words that you learned or may need in your personal vocabulary list in the Workbook / Laboratory Manual.

Para saludar

¿Cómo te / le va? *How are you? (informal / formal)*
¿Qué cuentas? / ¿Qué hay de nuevo? *What's new?*

Para despedirse

Chao. *Goodbye.*
Que le vaya bien. *Hope everything goes well.*
Que pase un buen fin de semana. *Have a nice weekend.*
Igualmente. *Likewise (same to you).*

Para presentarse

Permítame presentarme. *Let me introduce myself.*
Mucho gusto / encantado(a). *Pleased to meet you.*
El gusto es mío. *The pleasure's mine.*
a sus órdenes / para servirle *at your service*

Para presentar a otra persona

Déjeme presentarle a... *Let me introduce. . .*
Me da mucho placer...
Tengo el gusto de presentarle a.../ *I'm very pleased to introduce. . .*
...a quien le tengo mucho cariño *for whom I have a lot of affection*

Para hablar de su vida académica

el alemán *German*
la arquitectura *architecture*
el bachiller *bachelor's degree (in some countries)*
el bachillerato *high school diploma*
la carrera *career*
la computación *computer science*
el derecho *law*
el diseño *design*
especializarse en *to major in*
la estadística *statistics*
la física *physics*
la ingeniería *engineering*
la licenciatura *bachelor's degree +*
la literatura *literature*
la maestría *master's degree*
el mercadeo *marketing*
el periodismo *journalism*
la psicología *psychology*
la química *chemistry*
el título *degree*

En la universidad

los apuntes *class notes*
arreglar *to arrange*
asistir a clase *to attend class*
la beca *scholarship*
la biblioteca *library*
el centro estudiantil *student union center*
la conferencia *lecture*
conseguir *to get / obtain*
el / la consejero/a *adviser*
criticar *to criticize*
los cursos electivos / requisitos *electives / required courses*
el / la decano/a *dean*
dejar una clase *to drop a class*
la enseñanza *teaching*
entregar *to hand in*
escoger *to choose*
la facultad *college (within a university)*
  Bellas Artes *College of Fine Arts*
  Ciencias *College of Science*
  Filosofía y letras *College of Humanities*
hacer cola *to wait in line*
el horario *schedule*
la lectura *reading*
la librería *bookstore*
la matrícula *tuition; registration*
matricularse *to register*
el préstamo *loan*
la residencia estudiantil *residence hall*
seguir *to continue, to take [a course]*

el trabajo / el informe / la composición *paper (for a class)*

Otras palabras y expresiones útiles

¿a qué hora? *at what time?*
acostarse *to go to bed*
almorzar *to have lunch*
cenar *to have dinner*
¿cómo? *how?*
¿con qué frecuencia? *how often?*
conocer *to be familiar with*
¿cuál? *which?*
¿cuándo? *when?*
¿cuánto/a(s)? *how much / many?*
desayunar *to have breakfast*
despertarse *to wake up*
¿dónde? / ¿adónde? / ¿de dónde? *where? / to where? from where?*
encontrar *to find*
¿para qué? *for what purpose?*
pedir *to ask for, to order*
pensar *to think; +inf. =to intend*
poder *to be able to*
poner *to put*
¿por qué? *why?*
preferir *to prefer*
¿qué? *what?*
¿quién(es)? / ¿de quién(es)? *who? / whose?*
recordar *to remember*
saber *to know*
traer *to bring*
vestirse *to get dressed*

¿NECESITA REPASAR UN POCO?

Verbos regulares: el presente

La formación de los verbos regulares -ar, -er, -ir en el presente

-ar	-er	-ir
hablo	leo	escribo
hablas	lees	escribes
habla	lee	escribe
hablamos	leemos	escribimos
habláis	leéis	escribís
hablan	leen	escriben

Subject pronouns are used only to avoid confusion or to show contrast. Examples:

Ella estudia biología. (as opposed to *él* o *Ud.*)

Luis vive en la ciudad y **yo** vivo en el campo. (contrasting *Luis* and *yo*)

Other regular verbs in the present:

estudiar	pagar	comer
conversar	mirar	beber
descansar	tomar	aprender
esperar	comprar	vivir
llamar	entrar	asistir
trabajar	ganar	deber
escuchar	sacar	vender
llegar	bajar	correr
enseñar	levantarse	recibir

Las frases negativas

To make a sentence negative, simply place *no* directly in front of the verb: *No quiero salir ahora.*
The following negative words often follow the verb: *nada, nadie, nunca, ninguno/a, ni...ni, tampoco*; the word *no* precedes the verb.

—¿Te gustaría algo de comer?
—No, **no** me gustaría **nada**.

—¿Alguien en su familia habla español?
—No, **no** habla español **nadie**.

—¿Ud. tiene alguna clase de literatura este semestre?
—No, **no** tengo **ninguna** clase de literatura.

—¿Prefieres la clase de historia o la clase de geografía?
—**No** prefiero **ni** la clase de historia **ni** la clase de geografía.

These negative words can also precede the verb; in this case, the word *no* does not appear. Compare the following:

No estudio diez horas **nunca**.
  Nunca estudio diez horas.
  (I never study ten hours.)
No voy de compras **tampoco**.
  Tampoco voy de compras.
  (I'm not going shopping either.)

La formación de preguntas a responder con un sí o no

One way to form yes / no questions in Spanish is to use a rising voice intonation at the end of a statement:

¿Ud. es estudiante?

¿Esa chica estudia en la universidad?

A second way is to place the verb before the subject while using a rising intonation at the end:

¿Es Ud. estudiante?

¿Estudia esa chica en la universidad?

If the subject is long, it may be placed at the end of the question:

¿Enseña español **el profesor de Peru?**

¡OJO!   Remember that there is no Spanish equivalent for **do / does**.

¡Descríbame cómo es...!

Objetivos funcionales

Cuando Ud. complete este capítulo podrá hacer lo siguiente en español...

- describirse
- describir a otros
- hablar de la familia

Objetivos culturales

A través del capítulo, leerá y escuchará información sobre...

- la familia hispana
- la fiesta de 15 años

Enlace inicial

 **¡ESCUCHEMOS!**

Ud. va a escuchar una conversación breve entre Lupe y Memo, que van en taxi a la boda de un amigo de Lupe. Escuche la conversación y conteste las preguntas.

A. ¿Comprendió Ud.?   Indique si las siguientes oraciones son verdaderas (V) o falsas (F) después de escuchar la selección. Si son falsas las oraciones, cámbielas para hacerlas verdaderas.

_____ **1.** Memo conoce bien al novio.

_____ **2.** Lupe piensa que Alberto y su novia hacen una pareja muy bonita.

_____ **3.** Lupe no sabe de dónde es la familia de la novia.

_____ **4.** Hace dos o tres años que las dos familias están aquí.

B. Comprensión.   Seleccione la mejor respuesta de las posibilidades dadas a continuación, y explique por qué la seleccionó.

1. Memo dice que quiere ir a la boda para...

   a. salir de la universidad un poco

   b. tomar fotografías

   c. conocer otro pueblo

   d. ver a sus amigos otra vez

2. Según Lupe, la novia de Alberto es...

   a. un poco fea pero inteligente

   b. mucho más encantadora que Alberto

   c. inteligente y bonita

   d. parecida a Alberto

3. Los miembros de cada familia...

   a. son de Chile

   b. viven muy lejos, unos de los otros

   c. piensan regresar a su tierra

   d. son muy unidos

¡LEAMOS! *Peluca*

Son muy populares los consejeros periodistas. Aquí sigue una carta de una joven muy preocupada.

CARTAS A MARIA REGINA

Querida María Regina:
Tengo 14 años y esto que le voy a decir es un poco tonto, pero a mí me tiene muy preocupada.
Mi papá es calvo y se ha comprado una peluca. El está de lo más contento, y se la compró para mi fiesta de 15. Mis amigas se van a reír de él. ¿Qué hago?

Preocupada

Estimada Preocupada:
Lo más importante es que tu papá se sienta bien, y por lo que me dices, está encantado con su peluquín.
Tus amigas se van a dar menos cuenta de lo que tú te imaginas. Pronto todos se acostumbrarán al nuevo peinado de tu papá.
Felicidades por tus 15 y no dejes que esto te arruine la fiesta.

peluca: *wig*; reír de: *laugh at*; se sienta: *feel*; peluquín: peluca; dar menos cuenta: *to pay less attention*; arruine: *ruin*

A. *¿Comprendió Ud.?* Indique quién hace lo siguiente: el padre (P), la hija (H) o los amigos (A).

_____ **1.** Van a reír

_____ **2.** Celebra una fiesta porque cumple 15 años

_____ **3.** Compró una peluca

_____ **4.** Está contento con su peinado

B. *Felicitaciones.* María Eugenia, una amiga de Rosario, recientemente cumplió los 15 años. Aquí sigue la nota que Rosario piensa mandarle, pero está incompleta. Ayude a Rosario a completarla con las palabras entre paréntesis.

Muy querida María Eugenia:

_____ (*Congratulations*) en la _____

(*party*) de tus _____ (*15 years*). Sé que estás

_____ (*very happy*), y que eres una verdadera

bendición para tus _____ (*parents*).

Con cariño,

Rosario

¿NECESITA REPASAR UN POCO?

At the end of this chapter, you will find a brief review of the following structures:

- las expresiones con **estar** y **tener** (estados y condiciones)
- la concordancia entre sustantivo y adjetivo
- los adjetivos posesivos

Review the information as needed and complete the corresponding exercises in the workbook.

Enlace principal

CULTURA A LO VIVO

Mire las fotos de las familias hispanas y haga una comparación con una familia estadounidense que Ud. conoce.

1. ¿Es grande o pequeña la familia?
2. ¿Es la foto de la familia inmediata o incluye a los parientes cercanos?
3. Describa a dos miembros de cada familia con el vocabulario que Ud. ya sabe.

Una familia venezolana

Una familia colombiana

VOCABULARIO Y EXPRESIONES ÚTILES

PARA DESCRIBIRSE

The following words may be familiar to students from their study in beginning Spanish: *madre / padre, hermano/a, abuelo/a, sobrino/a, primo/a, tío/a, abogado/a, policía, arquitecto/a, maestro/a, profesor/a, médico/a.*

The Appendix of the text contains maps and a list of nationalities. Refer to the Appendix if you want to provide practice of other nationalities.

—¿De dónde es Ud.?

—Soy de Santiago de Chile / una ciudad grande / un pueblo pequeño / las afueras *(the outskirts)* / el campo *(the country)*.

—¿Cuál es su nacionalidad?

—Soy chileno / mexicano / puertorriqueño / español / estadounidense.

—¿Cuántos años tiene Ud.? / ¿Qué edad tiene?

—Tengo 26 años.

—¿Dónde y cuándo nació Ud.?

—Nací en Santiago de Chile, el 15 de julio.

—¿Dónde vive Ud. ahora?

—Vivo en Tucson, Arizona, en la Calle Cuatro, Número 114.

—¿Es Ud. casado *(married)* o soltero *(single)*?

—Soy casado y tengo tres hijos.

—¿Qué hace Ud.?

—Soy comerciante.

PARA DESCRIBIR A OTRAS PERSONAS

These descriptions are of the characters that appear regularly in the text. On the tape students will hear the voices of Teresa, Roberto, Guillermo (Memo), Lupe, Fausto y Eliana.

You might present these descriptions with photos or drawings and use Total Physical Response techniques to help students internalize the vocabulary. Present 6–8 words at a time showing the pictures; then have students point to the picture you describe. After they can respond quickly by pointing to the right pictures, then ask them to describe the pictures in Spanish: *¿Tiene bigotes o barba? ¿Tiene cara ovalada o cuadrada? ¿Cómo es?*

Remind students that *largo* means **long** not **large**. It is also a noun that means **length**.

While *flaco/a* is a fairly common way to say **thin**, it carries some derogatory connotations. Better words to use are *esbelto/a* which is a cognate of the English word **svelt**, or *delgado/a*.

—¿Cómo es Lupe?

—Es morena *(brunette)*. Tiene cabello negro, rizado *(curly)* y largo. Lleva el cabello en una cola de caballo *(ponytail)*, a veces lo lleva en trenzas *(braids)* y con flequillo *(with bangs)*. Tiene los ojos castaños *(brown)*, un lunar en la mejilla *(beauty mark on the cheek)*, una cara rectangular y usa lentes de contacto. Es de estatura *(stature)* mediana, delgada y joven. Es sociable, extrovertida y activa.

—¿Cómo es el profesor Espinosa?

—Es calvo *(bald)* y un poco viejo. Tiene patillas *(side-burns)*, bigotes *(moustache)*, y arrugas *(wrinkles)* en las mejillas *(cheeks)*. Tiene ojos negros, una cara cuadrada *(square)* y lleva anteojos bifocales *(bifocal glasses)*. Es bajo, flaco y débil. Es nervioso, reservado e introvertido.

—¿Cómo es Rosario?

—Es pelirroja *(redhead)*. Tiene cabello lacio *(straight)* y de largo mediano con una raya *(with a part)*. Tiene la cara ovalada *(oval-shaped)* con pecas *(freckles)* y ojos verdes. Es alta y esbelta *(slender)*. Es artística, trabajadora, y optimista.

—¿Cómo es Memo?

—Es rubio. Tiene cabello rubio, corto y ondulado *(wavy)*. También tiene una barba *(beard)*. Tiene ojos azules y la cara redonda *(round)*. Le gusta llevar lentes de sol *(sunglasses)*. Es alto, atlético y fuerte *(strong)*. Es agresivo pero calmado y sociable.

—¿Cómo es Jorge?

—Tiene cabello castaño claro *(light brown)*, corto y rizado. Sus ojos son castaños. Tiene la cara rectangular y una cicatriz en la frente *(scar on the forehead)*. Es de tamaño mediano y gordo y lleva gafas *(glasses)*. Es un poco perezoso, tímido, pesimista, e inseguro de sí mismo *(unconfident / unsure of himself)*.

Note use of the diminutive **-ito/a** which may be an affectionate way of saying that Professor Ventura is plump.

—¿Cómo es la profesora Ventura?

—Tiene cabello rubio, de un largo mediano y ondulado con una raya. Tiene la cara redonda, ojos verdes y una nariz larga. Es de estatura mediana, gordita y de mediana edad *(middle-aged)*. Es emprendedora *(enterprising)*, segura de sí misma *(confident / sure of herself)* y dedicada a su profesión.

Students may find remembering the large quantity of vocabulary in this chapter easier if they practice with concrete cut out forms for features (sideburns, blond hair, etc.). Using commands such as *Póngale* and *Quítele* with a mannequin or paper doll enables students to manipulate the words in a concrete way.

A. *A describir a otras personas.* Describa a las siguientes personas. Incluya tantos detalles como pueda sobre sus apariencias físicas.

1. el presidente de un país de habla hispana
2. su cantante favorito/a
3. el hombre perfecto
4. la mujer perfecta
5. el/la abuelo/a perfecto/a

B. *A describirse.* Imagínese que Ud. va a estudiar por un año en España, y va a vivir con una familia española. Escríbales una carta en donde se describe a sí mismo. Incluya los siguientes datos:

1. su origen y nacionalidad
2. su edad
3. su estado civil
4. su domicilio
5. su profesión
6. sus características físicas e individuales
7. algunas características de su personalidad

Students may also describe preposterous monsters for their partners to draw.

C. *¿Es Ud. artista?* Con un/a compañero/a de clase, describa a una persona imaginaria. Mientras Ud. describe a la persona, su compañero/a debe hacer un dibujo de esa persona y comparar el dibujo con la descripción que Ud. ha hecho. Después su compañero/a debe describir a otra persona y Ud. debe ser el/la artista. Incluya muchos detalles.

PARA HABLAR DE LA FAMILIA

In Latin America, families often care for the homeless children of friends, relatives or even of domestic employees. These children are cared for and raised as members of the family though the legalities of adoption are seldom observed. Such children are called *hijo/a de crianza*.

The vocabulary for family members, professions, and life events will be re-entered for additional practice in Chapters 3, 4, and 8.

— **¿Cuántas personas hay en su familia?**

— Mis padres / padrastros (padrastro: *stepfather*; madrastra: *stepmother*); hermanastros (hermanastro: *stepbrother*; hermanastra: *stepsister*) / medio hermano *(half brother)* / media hermana *(half sister)* / hermano/a adoptivo/a *(adopted brother/sister)*; bisabuelos *(great-grandparents)* / tatarabuelos *(great-great-grandparents)*; mis nietos *(grandchildren)* y biznietos *(great-grandchildren)*.

— **¿Quiénes son sus parientes políticos?** *(in-laws)*

— Mis cuñados *(brother- and sister-in-law)*; mis suegros *(father- and mother-in-law)*; mis yernos *(sons-in-law)* y nueras *(daughters-in-law)*.

— **¿Y sus parientes del compadrazgo *(relationship between parents and godparents)*?**

— Mis ahijados (ahijado: *godson*; ahijada: *goddaughter*); mis padrinos (padrino: *godfather*; madrina: *godmother*); mi compadre *(relationship between father and godfather or godmother)* y mi comadre *(relationship between mother and godmother and/or godfather)*.

— **¿Qué hacen los miembros de su familia?**

— Mi padre / hermana / cuñado,... es comerciante *(businessman / business woman)* / vendedor/a *(salesperson)* / enfermero/a *(nurse)* / médico/a / cirujano/a *(surgeon)* / dibujante *(draftsperson)* / gerente de una compañía *(manager)* / dependiente *(sales clerk)* / contador/a *(accountant)* / periodista *(journalist)* / redactor/a *(editor)* / peluquero/a *(hairstylist)* / obrero/a *(laborer)* / corredor/a de la bolsa *(stockbroker)* / corredor/a de bienes raíces *(real estate agent)* / publicista *(public relations specialist)* / especialista en mercadeo *(marketing specialist)* / programador/a de computadoras *(computer programmer)*.

In some countries, when a person dies, his/her family and friends maintain a vigil, or a wake, for an afternoon or an evening.

— **¿Cuándo se reúne Ud. con toda la familia?**

— Para celebrar una quinceañera *(celebration in honor of a girl's 15th birthday)* / una boda *(wedding)* / un bautizo *(baptism)* / una primera comunión, un aniversario, un cumpleaños, una graduación, una jubilación *(retirement)* o cuando vamos a un funeral o a un velorio *(wake)*.

A. *El árbol genealógico.*   Dibuje su propio árbol genealógico. Incluya a cinco de las personas de la Columna A. Luego, con un/a compañero/a de clase hable del último evento familiar en el cual vio a esas personas. Incluya cuatro de los eventos de la Columna B.

personas	*eventos*	
parents	una jubilación	una boda
an aunt/an uncle	una graduación	un bautizo
godparents	un aniversario	un funeral
cousins	una fiesta de los 15 años	un velorio
nieces and nephews		
brother and sister-in-law		

B. *Entrevista.*   Entreviste a un/a compañero/a de clase para obtener la siguiente información sobre su familia. Después, su compañero/a va a hacerle las mismas preguntas a Ud., y después reportarán los resultados a otra persona en la clase.

1. sus padres y hermanos y sus parientes más cercanos
2. sus parientes políticos
3. sus padrinos y ahijados (si los tiene)
4. las profesiones que tienen sus padres y hermanos
5. alguna celebración reciente

For a follow-up activity, ask students to describe someone they know who has two jobs and to describe the jobs.

C. *Las profesiones.*   ¿Qué profesiones de la siguiente lista corresponden a las actividades de abajo? Ud. puede escoger más de una profesión para cada actividad.

comerciante	dibujante	corredor/a de bienes raíces
periodista	peluquero/a	policía
vendedor/a	corredor/a de la bolsa	gerente
contador/a	publicista	especialista en mercadeo
cirujano/a	redactor/a	obrero/a

1. ayuda a los enfermos
2. mantiene el orden público
3. sabe escribir bien
4. tiene mucha destreza con las manos
5. trabaja mucho con los números
6. sabe dirigir a otras personas
7. trabaja mucho con el público

GRAMÁTICA FUNCIONAL

LA DESCRIPCIÓN CON SER Y ESTAR

You have already learned several ways to describe people and things using *ser* and *estar*.

Ser is used to...

- identify persons, places, things:
  Ésta **es** mi cuñada, Lupe.

- identify origin or nationality:
  ¿De dónde **es** Ud.?

- identify physical characteristics and personality traits:
  Ella **es** esbelta, y tiene cabello castaño.

- identify professions or religions:
  Ellos **son** arquitectos.

Estar de is used to indicate that someone is performing duties that are normally not his or hers. *Hoy el profesor Espinosa* **está de** *decano porque la señora Merode está enferma.* Today Professor Espinosa is serving as dean because Mrs. Merode is ill.

¡OJO! *Ser* is used to identify the location and time of events, such as parties, weddings, conferences, baptisms, etc. The English equivalent is "to take place": *La fiesta* **es** *en la casa de Luisa.*

- identify time, date, possession:
  Ya **son** las dos y cuarto.
  Hoy **es** el primero de marzo.
  El libro **es** de Memo.

Note that the question *¿Cómo está hoy?*, normally used in greeting, generally elicits a generic response of *bien, mal, regular,* etc. If a speaker has indicated a willingness to speak more in detail about his/her health or condition, other follow-up questions may be used: *¿Qué tiene(s)? ¿Qué te/le pasa? ¿Cómo te/se siente(s)?* These questions all convey the non-formulaic idea, "How are you, really?"

Estar is used to...

- describe the location of people, places and things:
  Nuestros biznietos **están** en la oficina del cirujano.
  Los cuadernos **están** en la mesa.
  Mi apartamento **está** cerca de La Bolsa.

- describe physical conditions, feelings and emotions:
  Estamos ocupados porque tenemos que programar muchos programas en la computadora.
  —¿Cómo **estás** hoy? — **(Estoy)** Bien.

The use of *ser* and *estar* with past participles will be treated in an **¡Ojo!** in Chapter 7.

- describe a physical or perceived state or condition:
  El café no **está** caliente. *(The coffee isn't warm right [now].)*
  ¡Qué gordo **está** hoy! *(How fat he looks today!)*
  Su media hermana **está** alegre hoy. *(Your half-sister looks happy.)*
  El tomate **está** verde. *(The tomato is green [unripe—it will be red when it ripens].)*
  La ventana **está** abierta. *(The window is open [now].)*

Compare the following pairs:

Ese gerente **es** malo. *(The manager is bad.)*

Ese gerente **está** mal. *(The manager is sick.)*

La contadora **es** aburrida. *(The accountant is boring.)*

La contadora **está** aburrida. *(The accountant is bored.)*

Los dibujantes **son** listos. *(The draftspersons are clever.)*

Los dibujantes **están** listos. *(The draftspersons are ready.)*

¡Practiquemos! . . . .

A. ***La familia de Memo.*** Hable de la familia de Memo. Haga oraciones completas utilizando las formas adecuadas de *ser* o *estar*. Siga el modelo.

Modelo: La abuela / mediana y esbelta
La abuela es mediana y esbelta.

1. El padrino / bajo y gordito
2. Sus biznietas / católicas
3. Su casa / en la ciudad
4. Sus cuñados / de Perú
5. Su tatarabuelo / joven en las fotos
6. La boda de su hermana / en la iglesia
7. Su tío / obrero en una fábrica
8. Sus sobrinos / en clase ahora

B. ***Los parientes en la universidad.***   Es el fin de semana cuando los padres y parientes de los estudiantes de la Universidad del Acero vienen a visitarlos. Algunos de los familiares de Jorge han llegado y Jorge habla con uno de sus primos sobre los otros parientes. ¿Qué dice? Siga el modelo.

Modelo: su primo Juan: serio; hoy: alegre
Normalmente Juan es serio, pero hoy está alegre.

1. su abuela: delgado; hoy: gordito
2. su padre: alegre; hoy: triste
3. su tía: moreno; hoy: rubio, con cabello rizado
4. su tío Francisco: aburrido; hoy: animado
5. su hermano Jaime: perezoso; hoy: trabajador
6. su cuñado: optimista; hoy: preocupado

C. *Entrevista.* Ud. está muy emocionado/a porque sus padres y parientes llegan a la universidad mañana para el fin de semana de los parientes. Ud. quiere hablar con un/a compañero/a de clase sobre sus propios parientes y los parientes de él / ella. Pídale la siguiente información sobre dos miembros de la familia de él / ella:

1. nacionalidad / origen
2. profesión
3. dónde viven ahora
4. una descripción física
5. una descripción de sus personalidades

LA DESCRIPCIÓN CON CLÁUSULAS RELATIVAS

Relative pronouns (that, who, whom, which) are used to connect short sentences, thus avoiding unnecessary repetition and enabling speakers to make their sentences more interesting and descriptive. The following are common relative pronouns:

PERSONS	THINGS / IDEAS	USE
que	que	. . .as subject and direct object
a, de, en, con + quien(es)	a, de, en, con + que	. . .as object of preposition
cuyo(s/a/as)		. . .as possessive adjective whose; agrees with noun it modifies

¡OJO! *¿De quién(es)?* is used to mean **whose** in a question.

Mi hermana es psicóloga.
Mi hermana vive en Tejas.

Mi hermana **que vive en Tejas** es psicóloga.
My sister who lives in Texas is a psychologist.

Las clases son bastante difíciles.
Las clases son interesantes.

Las clases **que son interesantes** son bastante difíciles.
The classes that are interesting are rather difficult.

El estudiante vive en mi residencia.	El estudiante **a quien llamé ayer** vive en mi residencia.
Llamé al estudiante ayer.	*The student I called yesterday lives in my dorm.*
La profesora enseña inglés.	La profesora Ventura, **cuyas pinturas miramos,** enseña inglés.
Miramos las pinturas de la profesora Ventura.	*Professor Ventura, whose paintings we are looking at, teaches English.*

The pronouns *el / la / los / las que* or *el / la / los / las cual(es)* are used to emphasize or clarify to what or to whom one is referring. They are also common after prepositions other than *a, de, en* and *con.*

Tenemos dos nuevas secretarias. Una de ellas, **la que / la cual viene de Chicago**, sabe computación.

El estudiante **delante del cual estoy sentado** se especializa en el comercio.

¡Practiquemos! ....

A. *La familia de Lupe.* Combine cada par de frases, utilizando un pronombre relativo: *que, quien(es), cuyo/a(os/as), el/la/los/las que, el/la/los/las cual(es).*

Modelo: Su sobrino vive en Chile. Su sobrino tiene tres años.
Su sobrino que tiene tres años vive en Chile.

1. Su prima es de Puerto Rico. Su prima es maestra.
2. Su cuñado es muy atractivo. Conocí a su cuñado ayer.
3. Su padrino vive en Tejas. Su padrino es especialista en mercadeo.
4. La familia prefiere pasar tiempo juntos. La actividad favorita de la familia es dar un paseo.
5. Su sobrina es muy parecida a Lupe. Su sobrina nació hace un mes.
6. Su casa es muy bonita y tiene un patio grande. Su casa está cerca del centro.

B. *Unos estudiantes nuevos.* Graciela y Teresa hablan de varios estudiantes nuevos en la universidad. Saque información de cada columna para describir a los estudiantes nuevos, utilizando frases completas y cláusulas relativas según el modelo.

Modelo: *Fernando, cuya especialidad es la arquitectura, es muy guapo.*

Fernando	su especialidad es la arquitectura	es/son muy guapo/a(s)
Carmen y Margarita	se sienta(n) delante de Carmen	es / son bastante alto/a(s)
Leonor y Lupe	almuerza(n) con Marta	es / son emprendedor/a(es)(as)
Marta y Roberto	está(n) seguro/a(s) de sí mismo/a(s)	es / son redactor/a(es)(as)
Rafael	su tatarabuela compra un negocio nuevo	es / son atlético/a(s)
	tiene la cara ovalada	es / son amigo/a(s) de la familia de Teresa
	no tiene(n) novia	es / son de Puerto Rico
	tiene cabello corto, ondulado, y no muy rizado	es / son especialista(s) en mercadeo

C. *Describa a las siguientes personas.* Utilice una cláusula relativa en cada frase para describir a las personas indicadas.

Modelo: su mamá *Mi mamá, que tiene 40 años, es delgada y bonita.*

1. sus padres
2. su hermano/a
3. su novio/a
4. su abuelo/a
5. su cuñado/a

D. *Entrevista.* Con un/a compañero/a de clase, haga una entrevista entre un gerente de apartamentos y un posible cliente que quiere alquilar un apartamento. Tomando el papel del/de la gerente, Ud. le pide la siguiente información a su compañero/a:

- where he / she lives now
- where he / she is from
- which other family members will be living with him / her
- what profession he / she has

Tomando el papel del/de la cliente, su compañero/a le contesta y le pide a Ud. una descripción de las familias que viven en los otros apartamentos del edificio.

REFERIRSE A COSAS YA MENCIONADAS: LA NOMINALIZACIÓN

To avoid unnecessary repetition of a noun that has already been mentioned, use the definite article and the adjective (or adjectival clause beginning with *que*) describing it in place of the noun. This is called **nominalization** and it is used frequently in Spanish.

Tengo dos **hermanos**. **El hermano mayor** vive en Tejas.

El hermano que vive en Arizona trabaja en una fábrica.

ARTICLE + ADJECTIVE:

El mayor vive en Tejas.
The older one lives in Texas.

ARTICLE + QUE + CLAUSE:

El que vive en Arizona trabaja en una fábrica.
The one who lives in Arizona works in a factory.

Hay tres estudiantes chilenas aquí. **Las dos estudiantes de Valparaíso** estudian comercio.

ARTICLE + DE + NOUN:

Las de Valparaíso estudian comercio.
The two (females) from Valparaíso study commerce.

¡Practiquemos! . . . .

A. *La familia de Rosario.*   Rosario le explica a Teresa la información a continuación sobre su familia. Ayúdela con su explicación, pero sin repetir el sustantivo. Siga el modelo.

Modelo: Tiene dos cuñados. El cuñado de Tejas es cocinero.
El de Tejas es cocinero.

1. Tiene muchos primos. Los primos que viven en California son corredores de bienes raíces.
2. Tiene tres hermanos. El hermano menor asiste al colegio.
3. Tiene muchos tíos. Los tíos de Chile van a visitarla pronto.
4. Habla por teléfono con varios gerentes de negocios. El gerente que no está seguro de sí mismo no dice mucho.
5. En su familia hay cuatro sobrinas. A la sobrina gordita le gusta programar computadoras.
6. Tiene dos cuñadas. La cuñada boliviana tiene cabello lacio y es arquitecta.

B. *Ahora, le toca a Ud.*   Describa a su propia familia y a sus amigos, usando la nominalización según el modelo.

Modelo: Uno de sus abuelos/as
El mayor vive en San Juan, Puerto Rico.
Dos de sus tíos/as
La de Michigan es maestra. La de Ohio es ingeniera.

1. Uno/a de sus hermanos/as / hermanastros/as

2. Uno/a de sus primos/as

3. Uno/a de sus sobrinos/as

4. Uno/a de sus tíos/as

5. Dos de sus amigos/as

6. Uno/a de sus profesores/as

If students are unsure of information about classmates, let them conduct interviews again before doing exercise C.

C. *Ahora, sus compañeros.*   Ud. ya sabe bastante sobre sus compañeros de clase. Describa a seis compañeros utilizando la nominalización.

Modelo: *La rubia tiene tres hermanos y una hermana.*
El que está sentado a la izquierda tiene una hermana que vive en Tejas.

¡ESCUCHEMOS UN POCO MÁS!

Eliana y Fausto hablan del bautizo familiar que se va a celebrar pronto.

Antes de escuchar

In preparation for listening to this segment, answer the following questions in English.

1. What happy events involving children have you attended? What makes these occasions so special?

2. Which relatives gather together often in your family?

3. Brainstorm a list of Spanish words and expressions you already know that you expect to hear in this segment.

Después de escuchar

Play your Teacher Tape at this time. Remember to find the beginning of the segment before class and set your counter at zero to facilitate rewinding. You may want to play the segment more than once, or pause the tape occasionally to allow students the opportunity to replay mentally what they have heard.

A. **¿Comprendió Ud.?**   Escuche la conversación y conteste las siguientes preguntas.

1. ¿A quién van a bautizar?

2. ¿Cómo es el niño?

3. ¿Cómo es la familia de Fausto y Eliana?

4. ¿Quiénes se van a quedar con Fausto y Eliana?

B. ¡Discutamos!

1. ¿Hay un/a niño/a en su familia que sea muy especial a todos? Descríbalo/la.

2. ¿Para qué eventos se reúnen los miembros de su familia de vez en cuando?

¡LEAMOS UN POCO! *Celebran Bodas de Oro*

Celebran Bodas de Oro

Don Carlos M. García y doña Armonía Ramos, quienes contrajeron nupcias en 1938, cumplieron 50 años de casados el pasado 6 de enero. Son padres de tres hijos y siete nietos. Son sus hijos: Carlos, Francie y José Osvaldo. El primero es anestesiólogo y trabaja en el Hospital de Damas de Ponce. Francie es maestra de escuela elemental en Cayey, mientras que José Osvaldo es gerente de un supermercado. Don Carlos fue vendedor de empresas comerciales y, además soldado durante la II Guerra Mundial. Doña Armonía es maestra jubilada, desempeñándose por 10 años en la sala de clases y los últimos 20, como directora.

Antes de leer

desempeñándose: *performing her duties*

1. By looking at the photo and the title of the article, what do you think the article is about?

2. What part of the newspaper do you think it comes from?

Después de leer

A. ¿Comprendió Ud.? Ponga una **x** a la izquierda de cada punto de información que se encuentra en el artículo.

_____ **a.** anniversary date (day and month)

_____ **b.** where the couple was married

_____ **c.** names of their children

_____ **d.** professions of their children

_____ **e.** names of grandchildren

_____ **f.** former profession of the husband

_____ **g.** year the couple was married

_____ **h.** ages of the couple

_____ **i.** couple's place of residence

_____ **j.** number of years the wife has worked

B. *Las profesiones.* El artículo menciona varias profesiones. Para cada profesión en la Columna A, indique la letra de la Columna B que corresponda al nombre de la persona a quien se refiere. Ud. puede usar los nombres en la Columna B más de una vez.

_____ **1.** soldado   **a.** Don Carlos M. García

_____ **2.** anestesiólogo   **b.** Doña Armonía Ramos

_____ **3.** directora de escuela   **c.** Carlos

_____ **4.** maestra de escuela   **d.** Francie

_____ **5.** gerente   **e.** José Osvaldo

_____ **6.** vendedor de empresas

In the ¡IMAGINEMOS! section, students will write a society page article similar to this one.

C. *¡Discutamos!* Conteste las siguientes preguntas.

1. ¿Cuántos años de casados cumplieron los García? ¿En qué año se casaron?

2. ¿Cree Ud. que 50 años es mucho tiempo para estar casado? ¿Es muy común hoy en día estar casado por tanto tiempo?

3. ¿Qué características individuales son necesarias para estar casado por tanto tiempo?

Enlace de todo

Para hacer esta sección, recuerde la gramática de repaso y la gramática funcional en este capítulo: las expresiones con **estar** y **tener** (estados y condiciones), la concordancia entre sustantivo y adjetivo, los adjetivos posesivos, la descripción con **ser** y **estar**, las cláusulas relativas y la nominalización. También es buena idea repasar el vocabulario presentado al principio de este capítulo antes de empezar.

¡IMAGINEMOS!

A. *Dramatizaciones.* Prepare las siguientes dramatizaciones según las instrucciones.

1. Hable con un/a compañero/a de clase sobre las actividades que Ud. comparte con su familia y los eventos importantes a que asisten juntos. Pídale la misma información a él o ella.

2. Con un/a compañero/a, describa a dos personas en la clase. Use muchos detalles sobre la apariencia física y las cualidades individuales de cada uno. Después su compañero/a adivina quiénes son. Luego, su compañero/a describe a dos personas distintas y Ud. las adivina.

3. Hable con su consejero/a de la universidad sobre algunas profesiones que le interesan y por qué. Hable de las capacidades que Ud. tiene para trabajar en cada profesión. Su consejero/a tiene que darle información sobre lo que hacen las personas en cada profesión.

B. *Bodas de oro.*   Imagínese que estamos en el año 2050. Ud. y su esposo/a acaban de cumplir 50 años de casados, como los García. Escriba un artículo sobre su vida matrimonial para el periódico, utilizando el artículo de la sección *¡Leamos un poco!* como modelo. Incluya detalles sobre sí mismo/a, su esposo/a, sus hijos y nietos y sus profesiones.

C. *Concurso de belleza.*   Usted tiene que escribir un anuncio para un concurso de belleza. Utilice el anuncio en esta página como modelo. Incluya las características necesarias y los premios para la ganadora. Una alternativa: escribir el mismo anuncio para un concurso de hombres.

D. *¿Cómo lo / la voy a reconocer?*   Ud. escribe una carta de bienvenida a un/a nuevo/a estudiante que va a llegar mañana de México. Como Ud. va a recogerlo/la en el aeropuerto y no lo / la conoce, Ud. le da una descripción de sí mismo/a. Dele información también sobre su origen, domicilio y especialidad. Después, escriba la carta de respuesta que él / ella le escribe a Ud. con la misma información.

¡LEAMOS MÁS!   «Mami te quiero»

'Mami te quiero'

Carmen Rosado junto a sus "hijos" en su residencia en la calle Luna del Viejo San Juan.

A   La historia de Carmen Rosado no es sacada de novela alguna. Es real, tan real como el piso que la albergan a ella y sus niños en la Calle Luna del Viejo San Juan, y como la Iglesia San Francisco, en la calle del mismo nombre, donde ha bautizado gran parte de su "prole".

B   El mérito de esta madre puertorriqueña trasciende los límites de cualquier otro caso de amor filial, si tomamos en cuenta, que ni uno solo de los que llama "hijos", y por los que tanto se ha sacrificado, lleva una gota de su sangre.

C   La noticia de que nunca podría tener hijos, no pareció vencerla en su empeño de acunar un niño en sus brazos. Todavía recuerda con nostalgia el niño que le fue cedido hace 22 años atrás, al que con perseverancia y cuidados logró librar de la terrible tuberculosis. Seis años estuvo el infante con ésta; hasta aquel terrible día en que la verdadera madre lo llevó consigo. Nunca más le ha vuelto a ver.

D   "Pero Dios según da la llaga, da el remedio", dice resignada Carmen, al señalar que dos años después le fue entregada Ana Iris, quien todavía hoy, a los 20 años de edad, casada, y con un niño de dos años, vive con ella y los "hermanitos" que fluctúan entre los cinco y trece años de edad.

E   Sí, poco a poco fue recogiendo la noble mujer todos aquellos niños de los que por una u otra ciscunstancia se

desprendían sus verdaderos padres, los que según dice, no se ocupan de éstos.

F   "Nadie por aquí te puede decir 'los hijos de Carmen están hasta las once de las noche en la calle', 'los hijos de Carmen van a hacer asignaciones a mi casa', no, los hijos de Carmen hacen sus cosas, aquí, en su propia casa, que yo les esté mirando", sostiene orgullosa Carmen destacando la disciplina existente en su hogar.

G   Dos eventos especiales recuerda con cariño especial. Aquel 31 de mayo de 1987, día en que bautizó en una misma ceremonia, 7 de sus hijos; y el 7 de junio del próximo año, cuando cuatro de ellos hicieron al mismo tiempo la primera comunión. A pesar de que los intensos preparativos para esta última festividad, la hicieron víctima de un grave ataque cardíaco, una bella experiencia sacó la madre de lo sucedido.

H   "La mayor satisfacción que he tenido fue cuando estuve en el hospital, cuando ya me podía mover en la cama, llamé aquí, y era muy bonito oírlos uno a uno 'mami vuelve te queremos", 'te necesitamos', dice conmovida.

I   Hoy día, Carmen resuelve con los $442 que entran mensualmente al hogar del Programa de Asistencia Nutricional y los escasos $152 del cheque de Bienestar Social. Esto es, complementado con $100 adicionales que aporta al hogar el esposo de ésta, quien a pesar de la separación, sigue siendo el apoyo moral y económico de la familia.

J   "No hay razón de que un matrimonio tenga dos, y tres hijos y se vea tan enreda'o", enfatiza Carmen, quien ha advertido a su hijos lo importante de conformarse "con lo que sí pueden tener".

K "Mi mayor anhelo sería tener una casa grande, con un patio, con buenos cuartos, donde estos niños pudieran jugar y si hubiera niños abandonados yo pudiera recojerlos. Otra cosa es que aquí Servicios Sociales no brega bien porque $152 mensuales no es dinero para diez niños", denuncia la abnegada madre.

---

albergan: *they house*; prole: *offspring*; gota: *drop*; vencerla: *to defeat her*; empeño: *determination*; acunar: *to cradle*; cedido: *handed over*; logró: *succeeded*; llaga: *wound, injury*; recogiendo: *collecting*; a pesar de que: *in spite of the fact that*; de lo sucedido: *of what had happened*; conmovido: con emoción; resuelve con: *survives with*; escasos: *scarce, few*; aporta: *supports*; apoyo: *support*; enreda'o (enredado) *tangled up*; anhelo: *desire*; recogerlos: *to take them in*; brega: *works hard*; abnegada: *self-sacrificing*.

▶ Pre-reading

This reading and all other authentic materials throughout ENLACES have not been altered. You may find original typographical errors. See: paragraph E: *circunstancia;* paragraph F: *la noche* and paragraph H: *llamé.*

In preparation for reading this article, quickly skim over the title of the reading, the picture and caption. Then answer the questions in English.

1. What is the reading about?
2. What additional information does the caption provide? Why do you think the word *hijos* is in quotation marks?
3. What are some words in English that you might expect to find as they relate to this article about a mother and her children? What are some of these words that you already know in Spanish?

▶ Skimming/Scanning

Quickly skim through each paragraph and then match the letter of the appropriate paragraph with each main idea listed below.

_____ 1. Los eventos memorables que la madre ha tenido con sus hijos
_____ 2. El apoyo monetario que recibe la madre
_____ 3. La disciplina que tiene Carmen con sus hijos
_____ 4. Los deseos de Carmen
_____ 5. Lo que hicieron sus niños cuando ella fue al hospital

Now find the information requested below by scanning the appropriate paragraph listed. Answer in English or Spanish.

1. Paragraph A: Where do Carmen and her family live?
2. Paragraph B: What is the amazing fact about her ten children?
3. Paragraph C: What happened to one of the children who had been with her for six years?
4. Paragraph F: How does Carmen provide discipline for the children?

5. Paragraph G: What are some of the special events that Carmen and her children celebrated together?

6. Paragraph I: What type of monetary support does Carmen receive?

▶ *Decoding*

Answer the questions below dealing with grammatical structures and vocabulary that you will encounter when reading the entire article.

1. Paragraph A: Guess which words have the following meanings:

   a. **sheltering** or **lodging**

   b. **income**

2. Paragraph D: What do you think the following expression means: *Pero Dios según da la llaga, da el remedio*?

3. Paragraph E: Which expression means **little by little**?

4. Paragraph F: Why is the verb *están* used in the first sentence?

5. Paragraph I: Can you find the relative pronoun meaning **who**? To whom does it refer?

▶ *¿Comprendió Ud.?*

Después de leer todo el artículo, conteste las siguientes preguntas según la lectura.

1. ¿Cómo puede pagar su humilde piso Carmen Rosado? ¿Cuánto dinero recibe al mes?

3. ¿A cuántos niños cobija ella? ¿Son todos sus hijos de sangre?

4. ¿Tiene Carmen buena salud? Explique.

5. ¿Qué enfermedad tenía el hijo que le fue cedido hace 22 años?

6. ¿Qué le pasó a la hija de Carmen, Ana Iris?

7. ¿De dónde vienen estos niños que recoge Carmen?

8. ¿Cuáles son los dos eventos muy especiales que celebró Carmen con sus hijos? ¿Qué le pasó a Carmen al hacer los preparativos para la segunda celebración? ¿Qué satisfacción recibió ella en el hospital?

9. ¿De dónde viene el dinero que recibe ella? ¿Qué papel tiene su esposo en su vida?

10. ¿A Carmen qué cosas le gustaría tener?

▶ *¡Discutamos!*

Hable de las siguientes preguntas con un grupo de compañeros de clase.

1. ¿Qué tipo de persona debe de ser Carmen Rosado? ¿Cómo se sabe esto?

2. ¿Por qué cree Ud. que ella recoge tantos niños ya que no tiene mucho dinero?

3. ¿Podría Ud. cuidar a estos niños bajo las mismas circunstancias? Explique.

4. ¿Cómo debe ayudar mejor nuestra sociedad a los niños abandonados?

5. ¿Está Ud. de acuerdo con lo que hace Carmen? Explique.

Temas para composiciones / conversaciones

1. La definición de **madre**
2. El papel del dinero en la vida familiar
3. Cómo se define nuestro concepto de familia

¡EL GRAN PREMIO!: ¿Puede Ud. hacerlo?

Ud. va a escuchar un anuncio y una parte de una entrevista en la radio con una mujer especialista en las dietas.

▶ Antes de escuchar

This segment consists of a commercial dealing with the Cambridge Plan diet, followed by a brief interview with the National Sales Director, María de Bonilla. You might enter into some discussion about successful and unsuccessful diets students have tried or heard about.

In preparation for listening to the segment, answer the following questions in English.

1. How does the media portray a good physique?
2. How are you affected by these descriptions?
3. What words do you anticipate hearing in a segment dealing with dieting? Brainstorm a list of Spanish words and expressions you already know that might be heard in this selection.

▶ Primer paso

Play your Teacher Tape at this time. Remember to find the beginning of the segment before class and set your counter at zero to facilitate rewinding. You may want to play the segment more than once, or pause the tape occasionally to allow students the opportunity to replay mentally what they have heard.

Primer paso: 1. d   2. c

Escuche el anuncio y la entrevista por primera vez y escoja las respuestas correctas.

1. Cambridge Plan le ofrece...

   a. una garantía
   b. un régimen de ejercicio
   c. consejos de médicos
   d. atención personalizada

2. La invitada es...

   a. María Debonila
   b. María de Vainilla
   c. María de Bonilla
   d. María Devonvilla

▶ *Segundo paso*

Segundo paso: 1. Directora Nacional de Ventas del Cambridge Plan 2. activa, emprendedora, experta, profesional (en el mundo comercial), entusiasta (de los productos Cambridge) 3. debe llamar a la oficina Central de Madrid, 457-25-26.

Escuche el anuncio y la entrevista otra vez y conteste las siguientes preguntas.

1. ¿Cuál es la profesión de María?
2. ¿Cuáles son unas características que menciona la entrevistadora al describir a María?
3. ¿Qué debe hacer uno si no conoce a un distribuidor de Cambridge Plan?

▶ *Tercer paso*

Escuche el anuncio y la entrevista por última vez y escriba un resumen de por lo menos tres frases en español.

▶ *¡Discutamos!*

Use su imaginación para contestar las siguientes preguntas.

1. ¿Cuáles son otras características que debe tener María en su profesión?
2. ¿En qué otras profesiones cree Ud. que podría trabajar María? ¿Por qué?
3. ¿Cree Ud. que son buenos los programas como Cambridge? ¿Por qué?
4. ¿Por qué sigue dietas la gente? ¿Cómo son el hombre y la mujer ideales, según la radio y la tele? ¿Y en realidad?

Vocabulario

Para describir a otras personas

los anteojos bifocales *bifocals*
las arrugas *wrinkles*
la barba *beard*
los bigotes *moustache*
el cabello *hair of the head, people only*
calvo/a *bald*
casado/a *married*
castaño/a *brown, chestnut*
claro/a *light (in color)*
la cicatriz (las cicatrices) *scar(s)*
la cola de caballo *ponytail*
cuadrado/a *square*
emprendedor/a/es/as *enterprising*
esbelto/a *slender*
la estatura *stature (height)*
el flequillo *bangs*
la frente *forehead*
fuerte *strong*
las gafas *glasses*
(in)seguro/a de sí mismo/a *(un)confident/(un)sure of himself/herself*
lacio/a *straight (cabello lacio)*

largo *length (la largura)*
los lentes de sol *sunglasses*
el lunar *beauty mark*
mediano/a *average*
de mediana edad *middle-aged*
la mejilla *cheek*
moreno/a *brunette*
ondulado/a *wavy*
ovalado/a *oval-shaped*
las patillas *sideburns*
las pecas *freckles*
pelirrojo/a *red haired*
la raya *part (for hair)*
redondo/a *round*
rizado/a *curly*
rubio/a *blond haired; or to have a fair complexion*
soltero/a *not married, single*
trabajador/a *hard-working*
las trenzas *braids*

Para hablar de la familia

el / la ahijado/a *godson/ goddaughter*
el / la bisabuelo/a *great-grandfather / great-grandmother*
el / la biznieto/a *great-grandson / great-granddaughter*
la comadre *relationship between mother, godmother and / or godfather*
el compadre *relationship between father, godfather and / or godmother*
el / la cuñado/a *brother / sister-in-law*

el / la hermano/a adoptivo/a *adopted brother / sister*
el / la hermanastro/a *stepbrother / stepsister*
la madrina *godmother*
el / la medio/a hermano/a *half brother / sister*
el / la nieto/a *grandson / granddaughter*
la nuera *daughter-in-law*
el / la padrastro / madrasta *stepfather / stepmother*
el padrino *godfather*
el / la suegro/a *father- / mother-in-law*
el / la tatarabuelo/a *great-great-grandfather / great-great-grandmother*
el yerno *son-in-law*

Las profesiones

el / la cirujano/a *surgeon*
el / la comerciante *businessman / business woman*
el / la contador/a *accountant*
el / la corredor/a de la bolsa *stockbroker*
el / la corredor/a de bienes raíces *real estate agent*
el / la dependiente *sales clerk*
el / la dibujante *draftsperson*
el / la enfermero/a *nurse*
el / la especialista en mercadeo *marketing specialist*
el / la gerente de una compañía *manager*

el / la obrero/a *laborer*
el / la peluquero/a *hairstylist*
el / la periodista *journalist*
el / la programador/a de computadoras *computer programmer*
el / la publicista *public relations specialist*
el / la redactor/a *editor*
el / la vendedor/a *salesperson*

Las reuniones de familia

el aniversario *anniversary*
la boda *wedding*
el bautizo *baptism*
la jubilación *retirement*
la primera comunión *first communion*
la quinceañera *celebration in honor of a girl's 15th birthday*
el velorio *wake*

Otras palabras y expresiones útiles

a *to, at, on, by, for*
a quien(es) *to whom*
las afueras *the outskirts*
el campo *the country*
con *with*
cuyo/a *whose*
de *from, of, about*
en *in, on, into*
que *that, which*

¿NECESITA REPASAR UN POCO?

Las expresiones con estar y tener (estados y condiciones)

To describe how we feel in Spanish, we use many expressions with *estar* and *tener*. Since these are used very frequently, it is important to be able to use them appropriately.

Adjectives with *estar*:

Estoy **contenta / alegre / triste / preocupada** porque acabo de hablar con mi familia.

Están **aburridos / cansados / ocupados** porque el gerente no está en la oficina hoy.

¡OJO! All adjectives used with *estar* must agree in number and gender with the subject.

Expressions with *tener*:

Vamos a la cafetería porque tenemos **hambre / sed**.

Cuando sube la temperatura, **tengo calor**; cuando baja, **tengo frío**.

Corre a la clase porque empieza en dos minutos. **Tiene prisa**.

Cuando nos levantamos muy temprano, a veces **tenemos sueño**.

Es peligroso caminar por las calles por la noche. Ana **tiene miedo** de ir sola a clase por la noche.

Ernesto **tiene vergüenza** porque no supo contestar las preguntas del profesor.

¡OJO! Since the words following *tener* are nouns, there is no number / gender agreement with the subject.

La concordancia entre sustantivo y adjetivo

As you already know, Spanish nouns all belong to one of two gender classes, masculine or feminine and articles and adjectives must agree with them. The following are general guidelines for assigning gender to an adjective or for determining the gender of a noun you do not recognize:

Gender of nouns: Nouns ending in **-o, -l, -n, -r**, and **-s** are usually masculine (take articles *el, los, un, unos*); examples: *sobrino, español, alemán, profesor, paraguas*. Nouns ending in **-a, -dad/-tad, -ción/-ión, -ez** and **-is** are usually feminine (take articles *la, las, una, unas*); examples: *cuñada, ciudad, facultad, relación, palidez, crisis*. Nouns ending in **-ma** are usually masculine *(el problema, el tema, el drama)*. Of nouns ending in **e**, about 60% are masculine and 40% are feminine. Some nouns used frequently do not follow these general rules: *el día, la mano, el mapa*. It is helpful to memorize the gender of each new noun as you learn it and, through practice, you will be able to remember the gender more easily.

¡OJO! Feminine nouns that begin with a stressed **a-** take the masculine singular definite article *el* in order to avoid pronouncing two identical stressed vowels: *el agua*— but *las aguas*; *el ama de casa*— but *las amas de casa* and *una ama de casa*. Adjectives used with these nouns maintain their feminine gender agreement: *el agua fría; el ama bonita*.

Gender of adjectives: Most adjectives have forms that end in **-o** to agree with masculine singular nouns, **-os** for masculine plural nouns, in **-a** to agree with feminine nouns and **-as** for feminine plural nouns. Adjectives that end in **-e, -l** and **-s** have only one singular form for both masculine and feminine nouns and end in **-es** in the plural forms. Adjectives that end in **-ista** and **-asta** have only one singular form for both masculine and feminine nouns and end in **-s** in the plural: *pesimista(s), optimista(s), entusiasta(s), idealista(s).*

Los adjetivos posesivos

Possessive adjectives are usually placed before the noun and agree with it in number and gender.

Possessor	possessive adjective + noun
yo	**mi** hermano
	mis hermanos
tú	**tu** hijo
	tus hijas
Ud., él, ella	**su** pariente
	sus parientes
nosotros/as	**nuestro** tío
	nuestra tía
	nuestros tíos
	nuestras tías
vosotros/as	**vuestro** primo
	vuestra prima
	vuestros primos
	vuestras primas
Uds., ellos, ellas	**su** sobrino
	sus sobrinos

3

El trabajo y el tiempo libre: ¿Qué le gusta hacer?

Objetivos funcionales

Cuando Ud. complete este capítulo, podrá hacer lo siguiente en español...

- expresar sus gustos personales, sus sentimientos y sus reacciones con respecto a las diversiones y al trabajo

Objetivos culturales

A través del capítulo, leerá y escuchará información sobre...

- las mujeres en las profesiones
- un golfista de España
- los pasatiempos
- el trabajo: su valor, señales de peligro en el trabajo, una buena presencia en el trabajo
- los deportes más difíciles del mundo

Enlace inicial

¡ESCUCHEMOS!

Ud. va a escuchar una conversación breve entre Lupe y Teresa, dos amigas que hablan de sus actividades en su tiempo libre. Escuche la conversación y conteste las preguntas.

A. *¿Comprendió Ud.?* Indique cuáles de las siguientes actividades le gustan a Lupe o a Teresa. Ponga una **x** a la izquierda de cada una.

_____ planchar la ropa, _____ ir a la playa, _____ trabajar en el jardín, _____ leer un libro, _____ hacer ejercicios, _____ limpiar las ventanas, _____ estar afuera, _____ ver la tele, _____ visitar a la familia, _____ limpiar el horno.

B. *El tiempo libre.* Trate de encontrar a alguien en la clase de español a quien le guste hacer algunas de las actividades de arriba en su tiempo libre. Puede hacer las siguientes preguntas:
En tu tiempo libre, ¿te gusta...?
Cuando no tienes que estudiar, ¿te gusta...?

¡LEAMOS!   Las «declaraciones íntimas»

DECLARACIONES INTIMAS
SEVERIANO BALLESTEROS

- Rasgo principal de mi carácter *LA FUERZA DE VOLUNTAD*
- Cualidad que prefiero en el hombre *INTELIGENCIA Y LEALTAD*
- Cualidad que prefiero en la mujer *DISCRECIÓN Y ELEGANCIA*
- Mi principal defecto *EXIGIR LA PERFECCIÓN A LOS DEMÁS*
- Ocupación que prefiero en mis ratos libres *PESCA, CAZA Y AJEDRED*
- Mi sueño dorado *GANAR EL GRAN SLAM*
- Para estar en forma necesito dormir *OCHO HORAS*
- Mis escritores favoritos *TODOS LOS QUE TENGAN ALGO INTERESANTE QUE CONTAR*

pesca: *fishing*; caza: *hunting*; ajedrez: *chess*

To clarify Ballesteros' handwriting, his answers are: *la fuerza de voluntad; inteligencia y lealtad; discreción y elegancia; exigir la perfección a los demás; pesca, caza y ajedrez; ganar el gran slam; ocho horas; todos los que tengan algo interesante que contar.*

In the ¡IMAGINEMOS! sections students will answer the questions on the form from their own point of view.

Lea las «declaraciones íntimas» del golfista español, Severiano Ballesteros, y conteste las siguientes preguntas.

1. ¿Por qué es famoso Severiano Ballesteros?
2. ¿Qué le gusta hacer en su tiempo libre?
3. ¿Qué tiene que hacer para jugar bien al golf?
4. ¿Qué escritores le gustan?

¿NECESITA REPASAR UN POCO?

At the end of this chapter, you will find a brief review of the following structures:

- el verbo *gustar*
- los complementos indirectos pronominales
- los adverbios de tiempo y de frecuencia

Review the information as needed and complete the corresponding exercises in the workbook.

Severiano Ballesteros

Enlace principal

CULTURA A LO VIVO

En una planta nuclear en Laguna Verde, Mexico.

Las mujeres hispanas tienen muchas oportunidades profesionales hoy en día. Este cambio del papel de la mujer se ve en los títulos profesionales que se usan.

No hay mucho acuerdo en el mundo hispano sobre los títulos que se deben usar; es decir, el uso o la tradición local varía de un país a otro. En muchos casos, se usa la forma femenina del título: **la médica, la consejera**. Generalmente, se usa el artículo **la** con los títulos que terminan en **-ista: la dentista, la periodista**. A veces se usa la palabra **mujer** con el título: **la mujer soldado** o **la mujer de negocios**, o se usa sólo el artículo **la: la piloto**. En el caso de otros nombres profesionales, hay más variación entre países: **la juez / la jueza, la dependiente / la dependienta, la jefe / la jefa**, entre otros. Esto de los títulos profesionales muestra que el idioma sigue cambiando para reflejar las realidades de la vida.

1. ¿En qué campos cree Ud. que empiezan a trabajar más mujeres hispanas?
2. ¿Cómo está cambiando el español para reflejar los cambios en las profesiones? ¿Y el inglés?

VOCABULARIO Y EXPRESIONES ÚTILES

PARA EXPRESAR LOS GUSTOS PERSONALES

—¿Qué le gusta hacer en su tiempo libre / en sus ratos libres?

—Me gusta toda clase de deportes *(sports)* / actividades físicas.

—Soy aficionado/a al *(I'm a fan of)*...

You might try a TPR activity using pictures of sports. Have students look at pictures while you describe them in Spanish. Students can then point to pictures you describe and later describe them in Spanish.

el badminton

levantar pesas

el windsurf

patinar a ruedas

patinar sobre hielo

bucear   el tiro con arco   el tiro con disco

—Me gusta mucho...

el esquí acuático *(water skiing)*

el esquí en las montañas *(snow skiing)*

el esquí en tabla *(surfing)*

la caza *(hunting)*

la pesca *(fishing)*

la lucha libre *(wrestling)*

el atletismo *(track)*

—Me gustaría *(I would like)* aprender a...

andar en bicicleta *(ride a bicycle)*

montar a caballo *(ride horseback)*

acampar *(go camping)*

correr un maratón *(run a marathon)*

hacer ejercicio aeróbico *(do aerobics)*

jugar al ajedrez *(play chess)*

jugar a las damas *(play checkers)*

jugar a los naipes *(play cards)*

—¿Dónde se divierte *(have fun)* **Ud.?**

—Voy al gimnasio *(gym)* / a un lugar de temporada para turistas *(tourist resort)* / al lago *(lake)* / a la piscina municipal *(municipal swimming pool)* / al salón de entrenamiento *(fitness salon)* / a un salón de recreo *(recreation hall)*.

—¿Qué más hace para relajarse *(to relax)* en sus horas de ocio? *(leisure)*?

—Leer una novela gótica *(romance novel)*, policíaca *(police / spy novel)* o de aventuras *(adventure novel)* / lavar el coche *(wash the car)* / dormir un ratito *(take a nap)* / platicar con amigos *(chat with friends)* / cuidar mis plantas *(care for my plants)* / llevar a pasear al perro *(walk the dog)*.

Ask students about other sports they already know, for example, *rugby, vólibol, béisbol, fútbol, tenis,* etc.

1. Ask students to brainstorm other places they already know where they can go for fun, for example: *al parque, a las montañas, a la playa, al teatro.* 2. This might be a good place to show the students a map of Spain, Puerto Rico, Mexico or Chile (see Appendix of the text) and point out the recreation areas. For example, the Sierra Nevada in Spain is a favorite fishing, hunting, and ski locale for Europeans. In Chile, Portillo is a famous Andean ski resort an hour's drive from the capital, Santiago.

Point out to students that *charlar* is sometimes used for **to chat** if the conversation is idle and without purpose. *Platicar,* in some regions of Mexico, conveys the idea of sociable conversation with an acceptable purpose such as the maintenance of friendships. In other regions of the same country, and in some other countries, *platicar* means flirtatious conversation.

Point out ways to talk about short periods of time: *el rato, el ratito, por la mañana..., entre las 8 hasta las 11...,* etc.

A. *Clasificación de deportes.*   Haga una lista de los deportes que se clasifican en las siguientes categorías.

Deportes acuáticos

Deportes que se practican bajo techo

Deportes que se practican afuera

Deportes que no requieren mucha energía física

B. *¿Y Ud.?*   ¿Con qué frecuencia hace Ud. las siguientes actividades?

¿a menudo?   *¿a veces?*   *¿nunca?*

1. jugar al badminton

2. patinar a ruedas

3. levantar pesas

4. hacer ejercicio aeróbico

5. esquiar en las montañas

6. dormir una siesta

7. platicar con amigos

8. jugar a las damas

C. *Entrevista.*   Pídale a un/a compañero/a de clase la siguiente información sobre lo que hace en sus ratos libres. Después, haga una lista de los pasatiempos favoritos (número 1) y los menos favoritos (número 5) de los miembros de la clase.

1. su deporte o pasatiempo favorito

2. dónde charla con amigos

3. qué le gusta leer

4. el deporte o pasatiempo que más le gustaría aprender

5. el deporte o pasatiempo menos favorito

6. el deporte que le gusta mirar

PARA HABLAR SOBRE EL TRABAJO

—**¿Qué es lo que Ud. necesita para conseguir un empleo** *(to get a job)?*

—Lo que *(What)* necesito es aprender la materia *(material)* / conseguir los conocimientos *(knowledge)* / recibir el entrenamiento *(training)* / tener iniciativa *(initiative)* / aprender a hablar con personas desconocidas *(strangers)* / llevarme bien *(to get along well)* con la gente / dar una conferencia / llenar una solicitud *(to fill out an application)* / escribir el currículum vitae *(to write the résumé)* / conseguir las cartas de recomendación / leer los anuncios de empleo *(job announcements)* / ir a la agencia de empleos *(employment agency)* / conseguir una entrevista *(interview).*

—Hay muchos trámites *(red tape)*, ¿no?

—**¿Qué clase de trabajo le interesa a Ud.?**

—Me interesa la enseñanza / el comercio *(business)* / la administración *(management)* / la publicidad / la contabilidad *(accounting)* / la ingeniería / la medicina *(medicine)* / el derecho / la construcción *(construction)* / la computación / la moda *(fashion)* / el periodismo / el mercadeo / la bolsa *(stock market).*

—Me interesan las ventas *(sales)* / las finanzas *(finance)* / las relaciones públicas *(public relations).*

—Me importa *(It's important to me)* / Me molesta *(It bothers me)* trabajar a jornada completa *(full time)* / a jornada parcial *(part-time)* / por mi propia cuenta *(self-employed).*

—Esto de no recibir buen sueldo *(a good salary)* no es importante, pero esto de recibir buenas prestaciones sociales *(employee benefits)* es muy necesario. Lo que tengo que hacer es solicitar *(to apply for)* un empleo / un puesto *(a job / a position).* Lo de tener buena presencia *(a good appearance)* es esencial.

—**¿Por qué le gusta hacer eso?**

—Me encanta *(I love)* trabajar con la gente / el lucro *(profit).* / Es una expresión de mi filosofía moral. / Creo en su valor *(value).* / Es mejor que otras cosas. / Es posible que tenga oportunidades de ascenso *(promotion)* en el futuro.

Students have already been introduced to the academic majors: *derecho, ingeniería, enseñanza, el mercadeo, la publicidad, la computación,* and *el periodismo* in Chapter 1; they are re-entered here as professions. These words do not appear at the end of the chapter vocabulary list since students already learned them in Chapter 1.

Other terms meaning **full time** and **part time** (**work**) are *tiempo completo* and *medio tiempo.*

Point out the difference between *un puesto* (a salaried position usually requiring specialized training, and therefore implying a better post) and *un empleo* (a job). All *puestos* are *empleos* but not all *empleos* are *puestos.*

A. *Para obtener empleo.* Cuando uno se prepara para buscar empleo, es necesario hacer varias cosas. Ponga las siguientes cosas en su orden lógico.

_____ solicitar el empleo

_____ leer los anuncios en el periódico o ir a la agencia de empleos

_____ conseguir los conocimientos

_____ escribir el currículum vitae

_____ aceptar el puesto / empleo

_____ conseguir una entrevista

_____ hablar sobre el sueldo

B. *Los trabajos.* ¿Por qué le interesan las siguientes carreras a la gente? Para cada carrera en la Columna A, escoja una razón lógica en la Columna B. Esté preparado/a para defender sus selecciones.

¡OJO! Puede haber más de una razón por cada carrera.

1. _____ la medicina	**a.** le gusta ser creativo/a
2. _____ la bolsa	**b.** es una expresión de su filosofía moral
3. _____ las ventas	
4. _____ la computación	**c.** se lleva bien con la gente
5. _____ la administración	**d.** le gusta buscar información y conocimientos
6. _____ el periodismo	
7. _____ el mercadeo	**e.** le importa ganar mucho dinero
8. _____ el derecho	**f.** puede convencer a otros muy fácilmente
	g. prefiere ser jefe/a
	h. le fascinan las máquinas

C. *Lo que le importa.* Para conseguir el empleo perfecto, hay que pensar en lo importante de un empleo. Escriba una frase que indique sus sentimientos y explique por qué.

Modelo: recibir un buen sueldo
Me importa mucho recibir un buen sueldo porque tenemos una familia grande.

Unas expresiones que se pueden usar son: **me gusta, me encanta, (no) me importa (nada), me importa un poco**.

1. trabajar una jornada parcial

2. llevarme bien con la gente

3. tener oportunidades de ascenso

4. expresar una filosofía moral

5. trabajar en un ambiente agradable

6. usar mis habilidades en el español

7. trabajar horas adicionales

D. *Entrevista.* Entreviste a un/a compañero/a de clase sobre el trabajo. Pídale la información de la lista abajo. Después, su compañero/a tiene que pedirle a Ud. la misma información. Luego compartan la información con la clase.

1. in what profession he / she wants to work

2. why he / she prefers that profession

3. what skills he / she needs for that job

4. what personal qualities he / she needs for that job

5. how and when he / she is going to look for a job

GRAMÁTICA FUNCIONAL

EXPRESAR REACCIONES: OTROS VERBOS COMO GUSTAR

If students seem unsure of how to use *gustar*, you may wish to refer them to the grammatical explanation at the end of the chapter and ask them to do the exercises there in preparation for this section.

1. It is advisable to use *caer bien / mal* or *no caer bien / mal* instead of *gustar* if the subject is a person, since *gustar* may have a sexual connotation in some regions. 2. Give other examples of *parecer* + adjective or adverb as a way to give an opinion or impression of something or someone.

You have already learned to use the verb *gustar* when expressing likes and dislikes. Similarly, to express reactions, the following verbs are used: *encantar, interesar, fascinar, importar, faltar, doler, molestar, aburrir, parecer, caer bien / mal.* As with *gustar,* indirect object pronouns *(me, te, le, nos, os, les)* are used with the verb to indicate the person who is affected. The verb indicates the type of effect (to fascinate, to interest, to bore, etc.). The verb also agrees with the person, action, or thing that causes the reaction (third person singular or plural). In this construction, the subject follows the verb:

Me encantan (*verb*) los esquís nuevos de Federico (*subject*).
(*I love Fred's new skis. Literally: Fred's new skis enchant me.*)

¿Te interesa (*verb*) el trabajo social (*subject*)?
(*Are you interested in social work? Literally: Social work interests you?*)

¿Te cae (*verb*) bien el nuevo administrador (*subject*)?
(*Do you like the new administrator? Literally: Does the new administrator please you?*)

¿Qué te parece (*verb*) la nueva profesora (*subject*)?
(*What do you think of the new professor? Literally: How does the new professor seem to you?*)

¡Practiquemos! ....

A. *¿Qué les interesa?* A Graciela le encanta hablar de los intereses de sus amigos y de sus parientes. Aquí, ella describe a cada uno. Siga el modelo.

Modelo: A Rafael / encantar / el trabajo
           A Rafael le encanta el trabajo.

1. A la Señora Rivera / fascinar / vivir en la Casa Hispana
2. A mis padres / caer bien / mis amigos
3. A Fausto / interesar / ser corredor de bolsa
4. A doña Eliana y a sus hijos / importar / el lucro de una profesión
5. A Memo / molestar / conseguir las cartas de recomendación
6. A nosotras / doler / las piernas después de bucear
7. A Roberto / no aburrir / dar una conferencia
8. A Eliana y a Fausto / parecer / bueno / ese sueldo

B. *¿Qué hacer durante el fin de semana?* Teresa está decidiendo qué hacer durante el fin de semana, y Lupe la ayuda con algunas preguntas. ¿Qué preguntas puede hacer Lupe? Siga el modelo.

Modelo: interesar / leer una novela policíaca
           ¿Te interesa leer una novela policíaca?

As a follow-up, have students give their own responses to the questions.

1. encantar   esquiar en las montañas
2. fascinar   jugar al ajedrez
3. doler   las piernas cuando patinas a ruedas
4. aburrir   la lucha libre
5. importar   pasar tiempo al aire libre
6. molestar   hacer ejercicios aeróbicos
7. gustar   esquiar en tabla
8. faltar   los esquís acuáticos

C. *En parejas.* Pídale a un/a compañero/a de clase la siguiente información sobre sus pasatiempos e intereses. Después, comuníquele la información a la clase.

1. qué pasatiempos le encantan
2. en qué lugares le interesa pasar los ratos libres
3. para qué actividades le falta bastante dinero
4. qué actividades le molestan

D. ¿Y Ud.?   Describa lo siguiente.

1. dos cosas que le aburren
2. dos cosas que le faltan y que
   le gustaría tener
3. una actividad que le interesa
4. una cosa que le importa
5. dos cosas que le molestan
6. cómo le parecen sus clases este
   semestre / trimestre
7. dos personas famosas que
   le caen bien y dos que no
   le caen bien

EXPRESAR LAS PERCEPCIONES: EL PRESENTE DEL SUBJUNTIVO CON EXPRESIONES IMPERSONALES

Cómo se forma el presente del subjuntivo

You have been using verbs in the present tense to talk about events, people, and things. You used the present **indicative** to express those actions, indicating that they are in the realm of reality. Sometimes we want to express actions that are subjectively perceived, still to happen, unreal, or in other ways less concrete than others. The present **subjunctive** is used to express such actions. To form it, start with the *yo* form of the present indicative, drop the **-o** and add the following endings.

Note that **-ar** verbs use the opposite ending vowel **-e**, while **-er**, **-ir** verbs use the opposite vowel **-a**.

-ar verbs		*-er and -ir verbs*	
-e	**-emos**	**-a**	**-amos**
-es	**-éis**	**-as**	**-áis**
-e	**-en**	**-a**	**-an**

Es importante que Teresa decida su especialización.
*(It's important for Teresa to decide on her major, or,
It's important that Teresa decide on her major.)*

Es posible que Memo **compre** una guitarra nueva.
(It's possible that Memo might buy a new guitar.)

No es posible que **vengan** los tatarabuelos.
(It's not possible that the great-great-grandparents are coming.)

Note that the English translation of verbs expressed in the subjunctive is variable, but shows the probability or 'not yet fact' nature of the action.

¡OJO!   It's very important to remember to use the *yo* form of the verb as a base for the present subjunctive, particularly since there are many verbs that are irregular in the *yo* form; for example:

Present indicative	*Present subjunctive*
tengo	**tenga**, tengas, tenga...
hago	**haga**, hagas, haga...
conozco	**conozca**, conozcas, conozca...

Several irregular verbs do not follow the regular rule as explained above for the present subjunctive. Here are their conjugations:

dar	*estar*	*ir*	*ser*	*saber*
dé	esté	vaya	sea	sepa
des	estés	vayas	seas	sepas
dé	esté	vaya	sea	sepa
demos	estemos	vayamos	seamos	sepamos
deis	estéis	vayáis	seáis	sepáis
den	estén	vayan	sean	sepan

Certain stem-changing verbs (**-ar** and **-er**. but not **-ir**) in the indicative maintain the same patterns in the subjunctive, that is, the *nosotros* and *vosotros* vowel is the same as that of the infinitive: *juegue, juegues, juegue, juguemos, jugéis, jueguen.*

¡OJO!   There is an orthographic (spelling) change for verbs ending in **-car**, **-gar**, and **-zar** in order to preserve the original pronunciation.

buscar	bus**que**	jugar	jue**gue**
tocar	to**que**	empezar	empie**ce**
pagar	pa**gue**	almorzar	almuer**ce**

Cómo se usa el presente del subjuntivo

The present subjunctive is used to talk about subjective perceptions, emotions, or events / actions that are not (yet) reality. One way to express commonly held subjective perceptions or probable situations is to use **impersonal** expressions: *es* + **adjective**. When a specific person(s) is / are mentioned, the verb that follows is introduced by *que* and is in the subjunctive mood. If no person is mentioned, the infinitive follows.

Es posible que levantemos pesas esta mañana. (*It is possible that we might lift weights this morning.*)

No es probable que Julio Iglesias corra el maratón de Bostón. (*It is not probable that Julio Iglesias will run the Boston Marathon.*)

Es necesario saber nadar para bucear. (*It's necessary to know how to swim in order to scuba dive.*)

Other common impersonal expressions that take the subjunctive in the affirmative, negative, and interrogative are:

Es imposible *(It's impossible)*

Es necesario / preciso *(It's necessary)*

Es esencial *(It's essential)*

Es increíble *(It's unbelievable)*

Es recomendable *(It's advisable)*

Es bueno / malo / triste / una lástima *(It's good / bad / sad / a shame)*

No es necesario que llegues muy temprano.

Es esencial que estudien esta noche.

Impersonal expressions that denote truth or reality take the indicative:

Es verdad que Memo toca la guitarra.

Es cierto que Teresa monta a caballo como experta.

¡OJO!   Remember that these same expressions take the subjunctive when they are used in the negative, and in questions when a negative reply is expected, since truth or reality is no longer apparent.

¿Es verdad que Memo toque la guitarra? (speaker incredulous)

No es cierto que Teresa sea aficionada al tiro con disco.
(contrary to fact)

¡Practiquemos! ....

A. *Es posible que...*   Jorge a veces exagera un poco, y lo que dice no es siempre cierto, sino posible. Aquí Fausto le ayuda a aclarar la situación. Diga lo que dice Fausto. Siga el modelo.

Modelo: Memo limpia el suelo. / Es posible
          Es posible que Memo limpie el suelo.

1. Graciela es aficionada al rugby. / Es posible
2. Teresa y Graciela van a bucear mañana. / Es cierto
3. Memo tiene que aprender toda la materia. / Es imposible
4. Lupe y Memo van a solicitar un empleo. / Es recomendable
5. Nosotros buscamos empleo también. / Es preciso
6. La señora Rivera le ofrece el puesto. / Es increíble
7. El profesor Espinosa da una conferencia. / Es verdad
8. El campeón de tiro con disco continúa su entrenamiento. / Es bueno

B. *Buscando empleo*.   Memo busca empleo para ganar un poco de dinero de extra. ¿Qué tiene que hacer? Combine las frases de cada columna para ayudar a Memo. Siga el modelo.

Modelo: *Es necesario que tú aprendas a hablar con personas*
          desconocidas.

Es necesario		aprender la materia
Es probable		hablar con el / la jefe/a
Es importante		llenar una solicitud
Es cierto		conseguir los conocimientos
Es verdad	que tú	escribir el currículum vitae
Es preciso		buscar los anuncios en el periódico
Es increíble		hablar con personas desconocidas
Es posible		vestirse bien

C. *A Ud. le toca*.   Ahora, diga tres cosas que Ud. necesita hacer para conseguir empleo. También, diga tres cosas que probablemente no vaya a hacer. Siga el modelo.

Modelo: *Necesito leer los anuncios de trabajo.*
          No es probable que vaya a una agencia de empleos.

This exercise is especially good for teaching students not to translate word for word, but to translate the idea.

D. *Entrevista*.   Entreviste a un/a compañero/a de clase. Pídale la siguiente información, y después, comparta la información con la clase.

1. if it's possible that he / she will go out with friends this weekend
2. if it's important for him / her to get a job right after graduation
3. if it's necessary for him / her to have a job this semester / trimester
4. if it's true that he / she has five classes this semester / trimester
5. if it's certain that he / she will graduate next year
6. if it's recommended that he / she take another Spanish course

REFERIRSE A COSAS YA MENCIONADAS: LA NOMINALIZACIÓN

You have already learned in Chapter 2 how to use nominalization for variation and for economy of speech. Here are four more expressions you can use to talk about abstract ideas or general topics: ***lo que, lo de, eso de***, and ***esto de***.

All four of these expressions refer to an abstract idea or concept that has no identifiable gender. Thus, these expressions are among the few neuter forms in Spanish.

Note that *lo que* is always followed by a conjugated verb or verbal expression, which may be singular or plural, depending on the context:

Other meanings of *lo que me gusta...* include **that which I like . . ., the thing I like . . .**

Lo que me gusta es platicar con mis amigos.
(What I like to do is chat with my friends.)

Lo que me encantan son los empleos en el extranjero.
(What I really like are jobs abroad.)

Point out that an infinitive is the noun form of a verb.

Note that *lo de, eso de* and *esto de* can be followed by an infinitive or by a noun or noun clause:

Other meanings of *lo de* include **all the stuff about . . ., the topic of . . ., the business about . . .**

Lo de la solicitud me molesta.
(The business about the application bothers me.)

Para mí, es muy difícil **lo de hablar con personas desconocidas.**
(For me, the business of talking with strangers is very difficult.)

Eso de viajar me parece ridículo.
(That business about traveling seems ridiculous to me.)

Es importante **esto del entrenamiento.**
(It's important, this stuff about training.)

¡Practiquemos! . . . .

This exercise continues on page 72. Students do not have to refer to these ads to complete the exercise but should read them beforehand. Activities involving these ads follow in the ¡IMAGINEMOS! section on p. 77.

A. *A seleccionar un trabajo.* Memo busca empleo y lee los anuncios en la sección La Bolsa del Trabajo del periódico. Rosario lo ayuda, pero Memo no está muy entusiasmado con las posibilidades. Complete sus respuestas a las preguntas de Rosario según el modelo en la próxima página.

CAJEROS/AS EXCLUSIVAMENTE con experiencia bancaria. Curriculum con fotografía y teléfono de contacto a KAX-15. Casilla 13-D.

157 Asesoras del Hogar

HONORABLE FAMILIA NECESITA PA-ra Suiza, cocinera internacional, óptimas recomendaciones comprobadas, edad 38 a 48 años, buena presencia, mínimo que haya trabajado 4 años en alguna residencia, presentarse lunes 24 entre 12.45 hrs. a 15.00 hrs. (Moneda 1040 Of. 1104), favor respetar horario.

153 Institutrices, Enfermeras y Auxiliares

CLINICA MORALES SAN MARTIN NE-cesita auxiliar paramedico. Avenida Gabriela Oriente s/n paradero 37 Camilo Henriquez.
NECESITAMOS AUXILIARES ENFER-mería párvulos. 731201.

SECRETARIA PARA EMPRESA RE-lacionada con minería y construcción, enviar curriculum con fotografía reciente, indicando pretensiones de sueldo. Providencia 545 oficina 12.

ADMINISTRADOR AGRICOLA, INGE-niero agrónomo o persona con estudios o experiencia equivalente, requiere empresa agrícola, cercana a Santiago, experiencia mínima 6 años, principalmente en fruticultura. Enviar antecedentes antes del 30 de agosto Admiagro—23, Casilla 13-D, Stgo.

cajero: *cashier*

Modelo: Pues, Memo, ¿por qué no te gusta el empleo de secretario?
escribir a máquina   *Lo de escribir a máquina no me gusta.*

1. ¿Por qué no te interesa el trabajo de administrador agrícola?
experiencia mínima de 6 años

2. Bueno, ¿por qué no te parece buena idea el puesto de cajero?
experiencia bancaria

3. Pues, ¿por qué no te interesa el trabajo de cocinero internacional?
presentarse el lunes, 24 de agosto entre las 12.45 y las 15.00 horas

4. Ahora bien, ¿por qué no te gusta el empleo en la Clínica Morales?
ser paramédico

B. *En cambio...* Memo se mostró muy pesimista en la conversación
anterior, y ahora trata de presentar un punto de vista un poco más
optimista. Ayúdelo con sus expresiones, según el modelo.

Modelo: escribir a máquina: ser secretario
*No me gusta lo de escribir a máquina, pero eso de ser secretario
sí me gusta.*

1. experiencia mínima de 6 años: aprender la fruticultura
2. buena presencia: trabajar de cocinero internacional
3. presentarse el lunes, 24 de agosto entre las 12.45 y las 15.00 horas:
trabajar 25 horas a la semana
4. ser paramédico: ayudar a los enfermos

C. *Lo bueno y lo malo de una profesión.* Fausto y su mujer Eliana
están hablando sobre lo que les gusta y lo que les molesta de sus
responsabilidades. Seleccione una expresión de cada columna para formar
unas frases lógicas. Siga el modelo.

Modelo: *Lo que me encanta es trabajar en una oficina.*

| lo que | me te nos | encanta(n) gusta(n) molesta(n) interesa(n) parece(n) bueno parece(n) malo | es son | las horas flexibles trabajar en una oficina hacer los cálculos no poder hacer el atletismo durante el almuerzo no tener bastante tiempo ¿_____? |

D. ¿*Y Ud.?* Complete las frases a continuación, según sus propias
opiniones.

1. Me encanta eso de _____ .
2. No me gusta esto de _____ .

3. Necesito lo de _____ .

4. Nos interesa lo que _____ .

5. No me parece bueno eso de _____ .

6. Me importa lo que _____ .

7. No me aburre esto de _____ .

8. Siempre me encanta lo de _____ .

📼 **¡ESCUCHEMOS UN POCO MÁS!**

Ud. va a escuchar una conversación entre Memo y Fausto sobre las carreras.

Antes de escuchar

In preparation for listening to this segment, answer the following questions in English.

1. Why is getting a job important to you?

2. Why is your leisure time important?

3. Brainstorm a list of Spanish words and expressions you already know that you expect to hear in this selection.

Después de escuchar

Play your Teacher Tape at this time. Remember to find the beginning of the segment before class and set your counter at zero to facilitate rewinding. You may want to play the segment more than once, or pause the tape occasionally to allow students the opportunity to replay mentally what they have heard.

A. ¿Comprendió Ud.? Escuche la conversación y conteste las siguientes preguntas.

1. ¿Por qué piensa Memo cambiar de empleo?

2. ¿A qué se va a dedicar Memo?

3. Según Fausto, ¿por qué es bueno que Memo cambie de empleo?

4. ¿Cómo se siente Fausto en su trabajo?

B. ¡Discutamos!   Conteste las siguientes preguntas.

1. En su opinión, ¿cuál es el valor del trabajo?
2. ¿Piensa Ud. hacer algo en la carrera que sea divertido a la vez?
3. ¿Es posible lograr un buen equilibrio entre el trabajo y la diversión? ¿Cómo?

¡LEAMOS UN POCO!   *Señales de peligro*

Antes de leer

Skim the magazine article on p. 75 dealing with four warning signs on the job that all employees should recognize. Then answer the following questions in English.

Which warning sign (#1, #2, #3, #4) . . .

a. mentions the danger of getting a fancy title?
b. mentions the danger of not having authority?
c. mentions the danger of not getting a salary increase in a new position?
d. mentions the danger of many people having had the same position before?

Después de leer

A. ¿Comprendió Ud.?   Lea el artículo y conteste las siguientes preguntas en español.

1. ¿Qué es imprescindible que un ascenso lleve adjunto (señal #1)?
2. ¿Qué tres cosas tendrá uno que recibir con un ascenso en el empleo (señal #2)?
3. ¿De qué es una señal si muchas personas diferentes pasan por la misma posición (señal #3)?
4. ¿Por qué es necesario tener bastante autoridad en un puesto (señal #4)?
5. Haga un resumen en sus propias palabras sobre las cuatro señales de peligro en cuanto a un ascenso en el trabajo.

B. ¡Discutamos!   ¿Puede Ud. hablar sobre otras señales de peligro en el trabajo no mencionadas en el artículo? En un grupo pequeño, discutan otros síntomas de un empleo o puesto en peligro. Después, compartan sus ideas con la clase entera.

SEÑALES DE PELIGRO

Señales lumínicas de precaución deberían ponerse a funcionar de inmediato cuando vemos estas banderillas rojas unidas a un ascenso o nuevo trabajo.

● **Obtienes un nuevo título, pero sin aumento de sueldo.** No agradezcas tanto el que te hayan dado la oportunidad de desempeñarte en una nueva posición de más responsabilidad y más acaparadora de tu tiempo, esfuerzo y energía, si no te la van a remunerar de la forma que corresponde. Es imprescindible que cualquier ascenso lleve adjunto el salario que merece. Ten presente que "un empleo no es un regalo", y que todo el mundo da para de la misma forma poder recibir. Después de todo, tú estás prestando un servicio con tu trabajo.

● **Te dan un título rimbombante y el trabajo es minúsculo.** Un título de altos kilates, no tiene ningún significado a la larga, si el trabajo que tienes que desempeñar es mínimo y sin importancia. Si en realidad estás dando un paso de avance con el título, tendrás que recibir más dinero, más responsabilidades y más autoridad.

● **Ponte en guardia si muchas personas han pasado ya por la misma posición.** Ten cuidado con las "misiones imposibles", si no quieres destruirte a ti misma. Cuando veas que por una misma posición pasan diferentes personas, y que una tras otra todas fallan y son despedidas o se van, es que algo anda mal.

Pon ojo al asunto y estudia bien qué es lo que no funciona. Si encuentras las causas de los fallos que existen, expónlo ante quienes te estén ofreciendo el puesto y pide como condición para aceptarlo que pueda solucionarse el asunto según lo que tú estipules. No te dejes coaccionar, y si tienes que decir "no", dilo sin pena y rechaza el ofrecimiento.

● **Te harán responsable de resultados que tú no puedes controlar.** Hacerse responsable de situaciones, tanto profesionales como personales, sin tener autoridad para rechazar ni exigir, es algo así como una gran locura. Si no nos dan la autoridad necesaria para actuar, no debemos aceptar ciertos trabajos que a la larga nos perjudicarán. Ya que toda la gloria será de otro y las culpas de los fracasos, tuyas.

---

desempeñarte: *to carry out, perform*; imprescindible: *imperative*; rimbombante: *ostentatious, resounding*; fallos: *errors*; rechazar: *to reject*; exigir: *to demand*; locura: *craziness*; culpas: *faults*; fracasos: *failures*

Enlace de todo

Para hacer esta sección, recuerde la gramática de repaso y la gramática funcional de este capítulo: el verbo **gustar**, los complementos indirectos pronominales, los adverbios de tiempo y de frecuencia, otros verbos como gustar, la formación del presente del subjuntivo y su uso con expresiones impersonales, y la nominalización. También es buena idea repasar el vocabulario presentado al principio de este capítulo antes de empezar.

¡IMAGINEMOS!

A. *Dramatizaciones.* Prepare las siguientes dramatizaciones según las instrucciones.

1. Ud. acaba de conocer a un/a nuevo/a estudiante. Hable de sus actividades preferidas en su tiempo libre y de lo que va a hacer este fin de semana.

2. Ud. hace planes para una semana de vacaciones con un grupo de amigos. Hable de lo que le encanta hacer durante las vacaciones y de lo que no le gusta hacer por nada. También mencione algunos lugares favoritos donde prefiere pasar el tiempo libre.

3. Ud. solicita un empleo en su campo de _____. Ahora tiene una entrevista. Hable de sus habilidades profesionales, sus características personales, su experiencia, y por qué le gustaría tener ese trabajo.

B. *Un artículo sobre su compañero/a de clase.* Entreviste a un/a compañero/a de clase para obtener la misma información que da Ballesteros en *¡Leamos!*, en la página 57. Pídale la siguiente información y escriba sus respuestas en la misma forma que el reporte sobre Ballesteros.

1. ocupación que prefiere en sus ratos libres
2. su sueño dorado
3. sus escritores favoritos
4. rasgo principal de su carácter
5. cualidad que prefiere en el hombre / la mujer
6. su deporte favorito

Todos se divierten en «Fantislandia», Santiago, Chile. ¿Hay diversiones únicas en su ciudad?

C. ¿Qué oportunidades hay? Repase los anuncios del periódico que están en la página 71. En una hoja de papel, identifique tres empleos y la siguiente información sobre cada uno: **descripción del empleo, experiencia / educación que se necesita, y lo que tiene que hacer para solicitar el empleo.**

D. ¿Qué empleo desea? Haga una lista de los empleos anunciados en la página 71. Dé una razón lógica por la cual Ud. desea o no desea cada empleo.

¡LEAMOS MÁS!   *Los cinco deportes más difíciles del mundo*

PATINAJE ARTISTICO

A   En el centro de la NASA situado en Colorado Springs (EE. UU.), el patinador Ronald Robertson realiza una exhibición controlada por cámaras y distintos aparatos de medición. Tras el calentamiento, comienza a girar sobre sí mismo con los brazos en cruz, y luego, cada vez más rápido, con los brazos pegados al cuerpo. Pronto resulta imposible seguirle con el ojo humano. El estudio de la grabación videoscópica posterior establecerá que Robertson había alcanzado una velocidad de nueve vueltas por segundo; es decir, casi 540 revoluciones por minuto, algo así como el motor de un automóvil en punto muerto.

BILLAR ARTISTICO

B   El número de personas que dominan este deporte no pasa de cuarenta en todo el mundo. Y ninguno de ellos es capaz de ejecutar todas las disciplinas existentes. «En teoría, es posible conseguir 500 puntos», dice Gerd Tiedtke, el mejor jugador de la República Federal de Alemania, «pero eso sólo en teoría. El récord mundial está en 390.» En el billar artístico, las bolas son impulsadas con un palo —el taco— de aproximadamente un metro y medio de longitud. La energía del impacto puede ser de varios cientos de kilopondios. La mesa de juego tiene una extensión de 284,5 centímetros de largo por 142,25 de ancho, y está rodeada por un zócalo de goma de 37 milímetros de altura. En las competiciones profesionales se utilizan tres bolas, fabricadas con marfil. Giran mejor y no se rompen tanto como las bolas de plástico. El marfil más estimado es el

originario de Zanzíbar, y todas las bolas proceden del mismo colmillo, cuyo nervio debe atravesar exactamente el centro de la bola, para que al jugar no se produzcan efectos erróneos. Las bolas se almacenan a una temperatura de 24 grados centígrados, con una humedad del aire relativamente alta. Las mesas de juego están calentadas eléctricamente a treinta grados.

C   Para aprender las jugadas básicas, es necesaria una práctica constante, que llega a las tres horas diarias en el caso de los profesionales. Y ni aun así se puede estar seguro de lograr la concentración precisa en el momento de golpear. La dificultad de este deporte radica en la calidad de cada jugada y no en la fuerza. Las dudas y distracciones no están permitidas.

SALTO CON PERTIGA

D   Praga, 23 de junio de 1987. En el estadio de deportes, un hombre apoya sobre su hombro derecho un palo de 520 centímetros, fabricado en fibra de vidrio. A 45 metros delante suyo hay un listón situado a 603 centímetros de altura. En el recinto puede oírse el vuelo de una mosca: Sergey Bubka, el mejor saltador de pértiga del mundo, intenta superar su propio récord.

E   En el momento del salto, el atleta debe estirarse por completo, lo cual es extremadamente difícil. El cuerpo percibe el movimiento de elevación como una si-

tuación de peligro, y tiende a aproximar las extremidades, pero Bubka ya sabe que no debe cometer ese error. Con los brazos extendidos, se dobla en una ele mientras sube. Al llegar a los tres metros de altura, brazos y piernas se hallan ya por encima de su cabeza. En el último instante, Bubka se mantiene en vertical, con el extremo de la pértiga sobre una mano. Cuando al fin la suelta, ésta ya ha dejado de doblarse y Sergey gana más altura por el impulso, que emplea para volar en forma de arco sobre el listón. 6,03 metros. Nuevo récord mundial. Tras caer, Sergey Bubka se levanta y alza los brazos en triunfo: este hombre, de quien su entrenador ha dicho que algún día rozará el cielo, ha vuelto a demostrar que es el número uno.

FUTBOL AMERICANO

F   «Cuando ves a esos monstruos frente a ti, ya sabes que la única idea que tienen en la cabeza es destruirte. Tío, te confieso que se te mete el miedo en el cuerpo. Te lo aseguro, chico, eso es lo único que quieren.» Son palabras de Tony Dorsett, jugador de ataque en el fútbol americano. Y ese miedo del que habla no está motivado por su debilidad física. Es uno de los mejores: fuerte como un toro, rápido como un caballo de carreras y ágil como una liebre. Si no fuera así, no podría sobrevivir en el deporte más rápido y brutal del mundo. En Estados Unidos, país donde nació esta competición, mueren unos cincuenta jugadores cada año, y el número de heridos, principalmente por fracturas de hueso, se eleva a miles.

G   El fútbol americano ha sido considerado como una continuación de la guerra. Para algunos, es una actualización de las antiguas luchas de gladiadores en el Coliseo romano. Para otros, un pararrayos donde millones de mirones descargan su agresividad. Su práctica requiere una violencia extrema, pero también una gran velocidad de reacción, inteligencia y capacidad de análisis. Los mejores entrenadores utilizan tácticas bélicas y no es casual que muchos jugadores de primera división hayan pasado por academias militares.

GOLF

H   Jack Nicklaus confiesa estar tan poco concentrado algunas veces que no sería capaz ni de darle a un balón de fútbol con el palo de golf. Está considerado como uno de los mejores jugadores del mundo, y aun así en ocasiones comete errores en jugadas que sólo una semana antes creía tener dominadas por completo.

I   Nicklaus no es el único; lo cierto es que le pasa a todos los grandes. Desde el punto de vista psicológico, es posible que no haya ningún deporte tan difícil como éste. Aparte de la armonía entre cuerpo y cerebro, se dice que el músculo más importante para jugar al golf está ¡entre las orejas! Se exige de la mente un rendimiento límite. El momento decisivo dura sólo fracciones de segundo, y es el instante en que el palo golpea la bola a una velocidad superior a los 200 kilómetros por hora.

realiza: *performs*; aparatos de medición: *measuring devices;* girar: *to turn*; pegados: *tight against*; grabación: *taping;* había alcanzado: *had reached*; no pasa de: *doesn't exceed*; palo: *stick, pole*; taco; *billiard cue*; marfil: *marble*; se almacenan: *are stored*; listón: *crossbar*; recinto: *area*; mosca: *fly;* estirarse: *to stretch out*; se hallan: *are found*; suelta: *release;* rozará: *will brush up against in passing*; liebre: *hare*; pararrayos: *lightning rod*; bélicas: *warlike*; se exige: *is required;* rendimiento: *performance*

▶ Pre-reading

In preparation for reading this article, quickly skim over the title and subtitles. Then answer the questions in English.

1. What is the reading about?
2. How many of the sports, listed in subtitles, do you recognize?
3. Brainstorm a list of words in English you might expect to find as they relate to this reading. Which of these words do you already know in Spanish?

▶ Skimming / Scanning

Quickly skim through each paragraph and then match each main idea below with the letter of the appropriate paragraph to which it refers.

_____ 1. Cómo se aprende a jugar al billar
_____ 2. Los comentarios del jugador Niklaus
_____ 3. La velocidad del patinador Robertson
_____ 4. Los movimientos de los saltadores
_____ 5. La descripción de las bolas en el billar artístico
_____ 6. El miedo que tienen los futbolistas
_____ 7. La altura del palo y del listón
_____ 8. La concentración y el golf
_____ 9. Comparación a un juego militar

Now find the information requested below by scanning the appropriate paragraph listed. Answer in English or Spanish.

1. Paragraph A: What speed did the skater Robertson attain in turns per second and revolutions per minute? To what can we compare his speed in revolutions per minute?
2. Paragraph B: How many people in the world truly master pool? Of what are the balls made?
3. Paragraph C: What must one do in order to learn to play pool? What must be avoided when playing?
4. Paragraph E: Who is the best polevault jumper in the world?
5. Paragraph G: What capabilities does football require?
6. Paragraph I: Why is it possible that golf could be the most difficult sport?

▶ *Decoding*

Answer the questions below dealing with grammatical structures and vocabulary that you will encounter when reading the entire article.

1. Paragraph A: a. If *patinar* means **to skate**, what is the word for **skater**? For **skating**? b. In the last sentence, the article compares the skater's revolutions per minute to that of a car's motor *en punto muerto*. What do you think this phrase means?

2. Paragraph B: The word *caliente* means **warm**. What is the word for **heated**?

3. Paragraph F: What is the neuter nominalized expression used? To what does it refer?

4. Paragraph I: a. What are the two nominalized expressions? To what do they refer? b. Why is the subjunctive used in the second sentence: *haya...*?

▶ *¿Comprendió Ud.?*

Después de leer todo el artículo, conteste las siguientes preguntas, según la lectura.

1. ¿Cómo comienza a girar el patinador?

2. ¿Cuál es el récord mundial del número de puntos conseguidos en el billar?

3. ¿Por qué son mejores las bolas de marfil que las de plástico?

4. ¿A qué temperatura se almacenan las bolas? ¿Las mesas?

5. ¿Cuál es el récord mundial de Sergey Bubka?

6. ¿Qué cosas necesita uno para hacer el salto con pértiga? ¿Qué acciones físicas tiene que tomar?

7. ¿Cómo se caracteriza el fútbol americano? ¿A qué se compara?

8. ¿Cómo se considera a Jack Nicklaus?

▶ *¡Discutamos!*

Hable de las siguientes preguntas con un grupo de compañeros.

1. De los cinco deportes, ¿cuál piensa Ud. que es el más difícil? Explique.

2. ¿Cuál es el más peligroso? ¿más violento? ¿menos peligroso? ¿más interesante de mirar? ¿más emocionante?

3. ¿A qué deporte le gustaría aprender a Ud.? ¿Por qué?

4. ¿Cree Ud. que hay otros deportes que son difíciles también? ¿Cuáles son y por qué?

Temas para composiciones / conversaciones

1. Las ventajas y lo peligroso de jugar a un deporte
2. Mis deportes favoritos de jugar o mirar

🔊 ¡EL GRAN PREMIO!: ¿Puede Ud. hacerlo?

Ud. va a escuchar una entrevista que salió en la radio entre un reportero y una autora especialista en el mundo del trabajo de los jóvenes.

▶ Antes de escuchar

In preparation for listening to this segment, answer the following questions in English.

1. How many people in your Spanish class are employed?
2. What do you think it means to "have good appearance"?
3. Brainstorm a list of Spanish words and expressions you already know that might be heard in this selection.

▶ Primer paso

Escuche la entrevista por primera vez y escoja las respuestas correctas.

1. Hoy día los jóvenes piensan más en...
   a. el pasado
   b. el futuro
   c. la diversión
   d. la familia
2. A los jóvenes de hoy se les exigen...
   a. más consciencia
   b. más conocimientos y una buena presencia
   c. más educación y más títulos
   d. menos presencia pero más conocimientos

▶ Segundo paso

Escuche la entrevista otra vez y conteste las siguientes preguntas.

1. En la opinión de la autora, ¿cómo son diferentes los jóvenes de hoy y los de antaño?
2. Según la autora, si van dos jóvenes con los mismos conocimientos a buscar trabajo, ¿a cuál se elige?

Play your Teacher Tape at this time. Remember to find the beginning of the segment before class and set your counter at zero to facilitate rewinding. You may want to play the segment more than once, or pause the tape occasionally to allow students the opportunity to replay mentally what they have heard.

Answers for EL GRAN PREMIO, Primer Paso: 1, b; 2, b.

On tape: se les exigen (*demand, require*); antaño (*long ago*); se elige (*choose*).

Answers for EL GRAN PREMIO, Segundo Paso: 1. A los jóvenes de hoy se les exigen muchos más conocimientos y una buena presencia. 2. Se elige al que tiene mayor presencia.

▶ *Tercer paso*

Escuche la entrevista por última vez y escriba un resumen de por lo menos tres frases en español.

▶ *¡Discutamos!*

Hágale a un/a compañero/a de clase una serie de preguntas para averiguar sus intereses con respecto al trabajo. Tiene que conseguir la información siguiente:

- si le interesa trabajar con las personas o solo/a
- si le interesan las máquinas, las computadoras, o los números
- si le importa el lucro de su empleo
- si le molesta vestirse de cierto modo
- si le interesa trabajar con las manos, al aire libre, en una oficina, en la ciudad o en el campo
- ¿otra información?

This activity works nicely if students are in groups of 3: one is assigned the role of *reportero* (asking the questions), another the role of *entrevistado/a* (answering the questions), and the third student the role of *cuentista* (taking notes on the responses). After the groups have conducted their interviews, hold the students responsible for their work by asking the *cuentistas* to share their findings with the class.

Vocabulario

Para expresar los gustos personales

acampar *to go camping*
aficionado/a *fan*
andar en bicicleta *to ride a bicycle*
el atletismo *track*
bucear *to skin dive or scuba dive*
la caza *hunting*
correr un maratón *to run a marathon*
cuidar mis plantas *to take care of my plants*
el deporte *sport*
divertirse *to have fun*
dormir un ratito *to take a nap*
el ejercicio aeróbico *aerobics*

el esquí acuático *water skiing*
el esquí en las montañas *snow skiing*
el esquí en tabla *surfing*
jugar al ajedrez *to play chess*
  a las damas *checkers*
  a los naipes *cards*
levantar pesas *to lift weights*
la lucha libre *wrestling*
el lugar de temporada para turistas *a tourist resort*
llevar a pasear al perro *to walk the dog*
montar a caballo *to ride horseback*
la novela de aventuras *adventure novel*

gótica *romance novel*
policíaca *police / spy novel*
el ocio *leisure*
patinar a ruedas *to roller skate*
  sobre hielo *to ice skate*
la pesca *fishing*
la piscina municipal *the municipal swimming pool*
platicar con amigos *to chat with friends*
un rato *a while*
relajarse *to relax*
el salón de entrenamiento *fitness salon*
el salón de recreo *a recreation hall*
el tiempo libre *free time*
el tiro con arco *archery*
  con disco *discus throwing*

Para hablar sobre el trabajo

la agencia de empleos *employment agency*
los anuncios de empleo *job ads*
el ascenso *promotion*
el buen sueldo *good salary*
la buena presencia *good appearance*
escribir el currículum vitae *to write the résumé*
los conocimientos *knowledge*
conseguir el empleo *to get the job*
el entrenamiento *training*
la entrevista *interview*
la iniciativa *initiative*
el lucro *profit*
llenar una solicitud *to fill out an application*
llevarse bien con *to get along well with*
la materia *the material, the course subject*
la persona desconocida *stranger*
las prestaciones sociales *employee benefits*

solicitar un empleo / puesto *to apply for a job*
los trámites *red tape*
el valor *value*

Clases de trabajo

a jornada completa / parcial *full time / part time*
la administración *management*
la bolsa *stock market*
el comercio *business*
la construcción *construction*
la contabilidad *accounting*
el mercadeo *marketing*
las finanzas *finance*
la medicina *medicine*
la moda *fashion*
por mi propia cuenta *self-employed*
las relaciones públicas *public relations*
las ventas *sales*

Otras palabras y expresiones útiles:

aburrir *to bore*

caer bien / mal *to (dis)like someone*
doler *to hurt*
encantar *to delight, enchant*
Es bueno / malo *It's good / bad*
Es cierto *It's certain*
Es esencial *It's essential*
Es imposible *It's impossible*
Es increíble *It's incredible*
Es una lástima *It's a shame*
Es necesario *It's necessary*
Es preciso *It's necessary*
Es recomendable *It's advisable*
eso de *that business of*
esto de *this business of*
fascinar *to fascinate*
faltar *to need, to miss*
importar *to be important*
interesar *to interest*
lo de *the business about*
lo que *that which*
me gusta / gustaría *I like / would like*
molestar *to bother*
parecer *to seem*

¿NECESITA REPASAR UN POCO?

El verbo gustar

The verb *gustar* in the present tense means literally that "something pleases somebody." The person who is pleased is indicated by the indirect object pronoun *(me, te, le, nos, os, les)*. *Gustar* is normally used in the third person singular and plural forms of any tense and agrees with the subject (nouns and infinitives that indicate what is pleasing). The usual word order is:

INDIRECT OBJ.	*GUSTAR*	SUBJECT
Person who is pleased **Me** **Te**	*gusta / gustan* **gusta** **gustan**	That which is pleasing **esquiar.** **los deportes.**

Nos gustaba ir a la playa cuando éramos niños.

Les va a gustar el concierto.

For clarification of the indirect object pronoun (the person who is pleased), or for emphasis, a prepositional phrase *(a + noun)* can be added.

A mis padres no les gusta viajar.

A mí me gusta patinar sobre hielo, pero **a ti** no te gusta, ¿verdad?

Los complementos indirectos pronominales

The same indirect object pronouns used above with *gustar* are used in other contexts to relate **to whom** or **for whom** an action is done. In Spanish, these pronouns are used even when the indirect object noun appears in the sentence.

Le di las entradas **a Graciela**. *(I gave the tickets to Graciela.)*

Indirect object pronouns precede conjugated verbs and negative commands.

Les escribió una carta a sus padres. *(He wrote a letter to his parents.)*

¡No **nos** digas mentiras! *(Don't tell us lies!)*

These pronouns are attached to affirmative commands.

De**le** a la secretaria su solicitud. *(Give the secretary your application.)*

They can either be attached to present participles and infinitives or can precede the entire verb phrase.

Estoy escribiéndo**le** una carta. / **Le** estoy escribiendo una carta. *(I'm writing you a letter.)*

Voy a decir**les** la verdad. / **Les** voy a decir la verdad. *(I'm going to tell you the truth.)*

When pronouns are attached to infinitives, present participles, or affirmative commands that have more than one syllable, place a written accent on the vowel of the syllable where the stress fell before the pronoun(s) was (were) attached.

Escríba**me** en español.

As in the case of *gustar*, the prepositional phrase *(a + noun)* can be added for clarity or emphasis, and it is most commonly used to clarify the pronouns *le* and *les*.

Le hice muchas preguntas **al jefe**.
(I asked the boss a lot of questions.)

Los adverbios de tiempo y de frecuencia
Some adverbs in Spanish are expressions of time:

pasado mañana	*the day after tomorrow*
anteayer	*the day before yesterday*
ahora mismo	*right now*
la semana próxima	*next week*
el mes / año próximo	*next month/year*
lunes, martes próximo, etc.	*next Monday, Tuesday, etc.*

Other adverbs describe frequency, or how often something is done:

de vez en cuando	*from time to time*
a menudo	*often*
muy a menudo	*very often*
raras veces poco/pocas veces	*seldom*
a veces	*at times*
nunca	*never*
con frecuencia	*frequently*
todos los días	*every day*
todo el tiempo	*all the time*
casi siempre	*almost always*
siempre	*always*
una vez al mes	*one time per month*
dos veces al año	*two times per year*

Día tras día — ahora y antes

Objetivos funcionales

Cuando Ud. complete este capítulo podrá hacer lo siguiente en español...

- hablar de la niñez y de otros eventos del pasado

Objetivos culturales

A través del capítulo, leerá y escuchará información sobre...

- algunas celebraciones y eventos de la niñez, de la adolescencia y de la vida adulta de los hispanos

Enlace inicial

Play your Teacher Tape at
this time. If you are using
a machine with a counter,
you may want to do the
following before class.
Find the spot on the tape
where the segment be-
gins. Set the counter on
zero. During class, play
the segment. To return to
the beginning of the seg-
ment, rewind the tape until
you reach zero on the
counter.

Since the Posadas of
Mexico are mentioned on
the tape, you may wish to
use this explanation. See
page 93 for information
about other traditional holidays. The Posadas are a
Mexican custom that rep-
resent the journey of Mary
and Joseph to Bethlehem
and their lodging in a stable. Each night Dec. 16–
24, neighborhood children
gather together and visit a
selected home of some-
one in the community,
asking for a place to stay
the night (una posada).
The manger (el pesebre)
is carried in procession to
the door of the house. The
youngsters standing out-
side sing verses asking for
lodging while the older
people respond to the
verses from inside the
house. On the ninth night,
they are finally received
into the home, as Mary
and Joseph were received
into the stable. The children celebrate with piña-
tas filled with goodies,
firecrackers, games, and
songs. On the last night of

¡ESCUCHEMOS!

Ud. va a escuchar una conversación entre Memo y Lupe, quienes hablan de lo que hacían en la época de la Navidad cuando eran niños y de algunas cosas interesantes que les pasaron.

A. ¿Lupe o Memo?   ¿Quién tuvo las siguientes experiencias, Lupe (L) o Memo (M)?

_____ **1.** Celebraba la Navidad en Chile.

_____ **2.** Recuerda algunas costumbres mexicanas.

_____ **3.** Ponía una caja llena de hierba debajo de la cama.

_____ **4.** Se iba a la cama muy temprano el día 24.

_____ **5.** Celebraba el Día de Reyes en Puerto Rico.

B. ¿Comprendió Ud.? Escoja las respuestas correctas para completar las siguientes frases.

1. Lupe recuerda bien...

   a. la feria.

   b. las posadas.

   c. los regalos.

   d. las piñatas.

2. De niña muy joven, Lupe celebraba la Navidad en...

   a. México.

   b. España.

   c. Chile.

   d. Puerto Rico.

3. Durante las posadas, la gente...

   a. lleva un pesebre de casa a casa.

   c. se queda en casa.

   b. pone una caja debajo de las camas.

   d. pone hierba en las piñatas.

4. Para Lupe y Memo una tradición importante era la celebración...

   a. con cohetes.

   c. de la Misa de Gallo.

   b. con piñatas y dulces.

   d. de las posadas.

¡LEAMOS!   *Un anuncio de nacimiento.*

Lea el anuncio y conteste las siguientes preguntas en español.

Gilda Lizette

Nací en la Ciudad de Jalapa, Ver., el día 26 de Agosto de 1986 y fui bautizada en la Parroquia de Nuestra Señora de Guadalupe Emperatriz de América el 6 de Diciembre de 1987.

Mis Padres
Gildardo Morales Nájera
Victoria Hernández de Morales

Mis Padrinos
Rubén Romero Peña
Edith Maldonado de Romero

---

parroquia: *parish*; emperatriz: *empress*

1. ¿Qué evento anuncia esta tarjeta?

2. ¿Quién habla en este anuncio?

3. ¿Dónde nació? ¿Cuándo?

4. ¿Dónde y cuándo fue bautizada?

5. ¿Cuál es el nombre completo de Gilda Lizette?

6. ¿Quiénes son los padrinos?

At the end of this chapter, you will find a brief review of the following structures:

- la formación del pretérito (verbos regulares)
- la formación del imperfecto
- los verbos que indican la acción reflexiva

Review the information as needed and complete the corresponding exercises in the workbook.

Enlace principal

CULTURA A LO VIVO

Note the use of *de* as a part of certain given names (Elisa del Carmen). Other similar names: María del Carmen, María de Jesús, María del Rosario. Often "María" is abbreviated as "Mª", for example, "María del Carmen" would be "Mª del Carmen".

La fiesta de los quince años, la quinceañera, se celebra entre familia y amigos íntimos cuando una chica cumple la edad de quince años.

Luis R. Escribano F.
Luz del Carmen Delfín de E.

Tienen el honor de invitar a usted y a su apreciable familia a La Misa de Acción de Gracias que con motivo del XV aniversario del natalicio de su hija

Elisa del Carmen

Se celebrará el 6 del presente a las 18:00 horas en la Iglesia Divina Providencia -: Primitivo R. Valencia :-

Sus Padrinos
Dr. Luis David Iglesias D.
Georgina R. del Rasario de I.

Angel R. Cabada, Ver., Febrero de 1982

Ver.: Veracruz

Invitan a toda la familia y a los mejores amigos a esta fiesta que empieza con una misa y después continúa con un grupo musical, un baile, mucha comida y regalos para la hija. No importa la situación económica de la familia, tratan de celebrarla con una linda fiesta para la chica, que ya se considera más madura.

Lea la invitación a la quinceañera de Elisa del Carmen y conteste las siguientes preguntas:

1. ¿Cómo se llaman el padre, la madre y los padrinos de Elisa?

2. ¿A quiénes se incluyen en la expresión **su apreciable**?

3. ¿En qué mes se celebra? ¿Cuándo llega la invitación? ¿Cómo lo sabe Ud.?

4. En los nombres siguientes, ¿a qué se refiere la parte subrayada?

   Luz del Carmen Delfín <u>de E</u>.

   Georgina R. del Rosario <u>de I</u>.

5. ¿Cómo se dice **nacimiento** de una manera más sofisticada y refinada?

Point out that the invitation must have arrived somewhere around the 1st of February since the event will be celebrated *el 6 del presente (mes)*.

VOCABULARIO Y EXPRESIONES ÚTILES

PARA HABLAR DE LOS EVENTOS DIARIOS EN EL PASADO

—¿Qué hizo Ud. *(did you do)* ayer?

Me levanté muy temprano y me duché *(showered)*. Desayuné pan tostado y café. Arreglé *(straightened up)* la casa y salí de la casa a las siete. Fui a la universidad, asistí a *(attended)* cuatro clases, estudié en la biblioteca por dos horas, trabajé en la oficina por tres horas y regresé a casa a las seis. Cené con mi familia, leí el periódico, miré las noticias *(news)* en la televisión. Entonces, me acosté a las once y media.

—¿Qué actividades hizo Ud. con su familia?

—Fuimos a una quinceañera donde bailamos y comimos mucho.

—Celebramos el aniversario de bodas de mis tíos. Sacamos muchas fotos de la familia y mis tíos nos contaron muchos chistes *(told jokes)*.

—Fuimos a la iglesia para asistir a la boda de mi prima. La boda fue maravillosa y todos lloramos *(cried)* durante la misa.

—Celebramos el bautizo de mi sobrino. Sacamos muchas fotos del bebé y de sus padrinos.

—Celebramos la jubilación *(retirement)* de mi tío con una fiesta sorpresa *(surprise party)*. Mi tío se sorprendió *(surprised)* mucho cuando entró a casa y le gritamos *(shouted)* «¡Sorpresa!».

—Celebramos los días feriados (*holidays*).

In Hispanic countries, these are the names for the holidays around Halloween: October 31—La Víspera de los Santos; November 1—Día de (Todos) los Santos; November 2—Día de los Difuntos. In Mexico, these holidays represent a mixing of Aztec and Mayan customs and those beliefs brought by the Catholic *conquistadores*. For example, November 2 is celebrated by attending special masses during which prayers are offered for the souls of departed loved ones. During this time, children often receive little cakes in the shape of skulls, decorated with candies for eyes, nose and mouth.

In Mexico around Lake Pátzcuaro, the people prepare a special meal of *Pan del Muerto* and wine. Their belief is that the loved one will share these precious gifts of food with them as they keep a watch at the grave site all night on October 31. If a large air pocket between the crust of the bread and the loaf itself formed during baking, the belief is that the dead person was very hungry. The bread and wine are taken to the grave of the departed loved one and sprinkled over the grave. If it is absorbed quickly, the loved one was thirsty.

Felices Pascuas means **Merry Christmas** and can also mean **Happy Easter**; when contextual clues are absent, *La Pascua Florida* refers specifically to **Easter**.

LOS DÍAS FERIADOS	EE.UU.
El Día de Año Nuevo	1 de enero
El Día de San Valentín	14 de febrero
La Semana Santa	24 de marzo - 30 marzo
La Pascua de los Hebreos	30 de marzo
La Pascua	31 de marzo
El Día de las Madres	12 de mayo
El Día de los Padres	16 de junio
El Día de la Independencia	4 de julio
El Día de Acción de Gracias	28 de noviembre
Hanukkah	2 de diciembre
La Nochebuena	24 de diciembre
La Navidad	25 de diciembre
1991	

A. ¿Qué hizo Lupe?   Ayer fue un día normal para Lupe. Ponga en el orden lógico las actividades que hizo Lupe ayer.

_____ **a.** Almorzó en la cafetería.

_____ **b.** Se despertó a las seis.

_____ **c.** Estudió por la noche y luego se acostó a medianoche.

_____ **d.** Asistió a una clase a las diez de la mañana.

_____ **e.** Regresó a casa a las cinco y preparó la cena.

_____ **f.** Se levantó unos minutos después.

_____ **g.** Tomó un café y habló con unos amigos por la tarde.

_____ **h.** Se vistió, y luego leyó el periódico.

B. ¿Qué hizo Ud. ayer?   Describa cinco cosas que Ud. hizo ayer.

C. Los días feriados.   Describa lo que hizo Ud. para celebrar los últimos días feriados:

1. La Navidad, la Nochebuena o el Hanukkah
2. El Día de Acción de Gracias
3. El Año Nuevo, la Noche Vieja
4. El Día de la Independencia
5. El Día de las Madres, y el Día de los Padres
6. El Día de San Valentín
7. La Pascua Florida o la Pascua de los Hebreos

D. *Entrevista: Los eventos familiares.* Hable con un/a compañero/a de clase sobre un evento reciente que celebraron en la familia de él / ella (una fiesta de cumpleaños, una boda, un bautizo, una graduación, una jubilación, etc.). Pídale la siguiente información. Después, permita que su compañero/a lo / la entreviste a Ud.

¿Cuándo fue el evento?   ¿Quiénes vinieron?

¿Dónde fue el evento?   ¿Qué pasó?

¿Quiénes fueron los invitados?   ¿Cuándo terminó el evento?

PARA HABLAR DE LA NIÑEZ

—**¿Cómo era Ud. cuando tenía seis años, Eliana?**

—Era baja y no muy gorda, tenía cabello corto y muy rizado, mis padres me llamaban «la gordita» y me decían que era mona *(cute)*.

—**¿Cómo era Ud. cuando tenía seis años, Fausto?**

—Era gordito, mocoso *(grubby)* y un poco travieso *(mischievous)*.

—**¿Qué le gustaba hacer cuando era niño/a?**

—Me gustaba mirar los dibujos animados *(cartoons)* en la televisión; leer las tiras cómicas *(comic strips)* y los cuentos de hadas *(fairy tales)*; saltar a la cuerda *(to jump rope)*; subir a los árboles *(to climb trees)*; jugar con mis amigos, mi perro, mis muñecas *(dolls)* y mis camiones *(trucks)*; jugar a la rayuela *(to play hopscotch)* y a la goma *(to jump the rubber band)*; pelear *(to fight)* con mi hermano/a.

This is a good place to re-enter vocabulary from Chapter 2, asking students to describe themselves as children.

Hispanic parents often affectionately refer to their babies and to each other as *el / la gordito/a*, saying things like *Y Mami, ¿qué hizo la gordita hoy?* or *Hola, gordito, ¿cómo te fue hoy?*. The phrase has nothing to do with the person's weight, only the affectionate relationship shared with the speaker.

See Chapter 1, page 6, for more information on nicknames.

Point out that *mocoso* refers to an ill-bred child, and is roughly the equivalent of the English "snotty nosed little kid".

La goma is a child's game for 3 to 5 players that uses a large rubber band about 6' in diameter. The children who are not "it" stand inside the band, with their ankles stretching it taut in the shape of a triangle or polygon. The child who is "it" jumps in and out of the band, straddling it at times. Students may know a similar game called "Chinese jumprope."

Other children's games include: *paco ladrón* (cops and robbers), *escondite* (hide-and-seek), *marro* (tag)

—¿**Cómo era Ud. cuando era adolescente, Roberto?**

—Era alto, delgado y tenía el cabello de un largo mediano, lacio, lentes, armaduras *(braces)* en los dientes, y granos *(pimples)* en la cara.

—¿**Qué hacía Ud. cuando tenía quince años, Fausto?**

—Asistía al colegio / estudiaba mucho / salía al cine o a los bailes con mis amigos / jugaba al básquetbol con un equipo *(team)* / iba a la playa y a las montañas / daba paseos *(took walks or rides)* con mi familia. Mi hermano y yo no nos llevábamos bien *(didn't get along well)*.

In Spain, **basketball** is *baloncesto*.

A. ¿*Cómo era Ud. de niño/a?* Descríbale a un/a compañero/a de clase cómo era Ud. de niño/a mientras que su compañero/a hace un dibujo, según su descripción. Después, su compañero/a tiene que describirse a sí mismo/a mientras que Ud. hace el dibujo. Luego Uds. tendrán que mostrarle los dibujos a la clase y hacer las descripciones en forma oral.

Point out the use of *ser* to describe characteristics. The exercise can be done in the imperfect or present, but be certain they describe themselves as children.

Be sure students only talk about things they used to do with regularity.

B. ¿*Qué hacía Ud. de niño?* Haga una lista de cinco cosas que Ud. hacía (o no hacía) de niño y con qué frecuencia las hacía.

Modelo: *Jugaba con mi perro todos los días.*

Ask students to describe someone in the class using the suggestions in Exercise B and have the class guess who it is.

C. *Entrevista: La adolescencia.* Entreviste a un/a compañero/a de clase sobre su vida cuando tenía 16 años. Pídale la información a continuación. Luego comparta la información con toda la clase.

1. what he or she looked like
2. where he or she lived
3. what his or her house / neighborhood was like
4. what his or her family was like
5. what he or she did during the week and on weekends
6. what games he or she played with her friends
7. what he or she did on holidays
8. how well he or she got along with parents, friends, siblings

GRAMÁTICA FUNCIONAL

NARRAR EN EL PASADO: LOS VERBOS IRREGULARES EN EL PRETÉRITO

This same change occurs in the *nosotros* and *vosotros* forms of the present subjunctive.

The **-ir** verbs that have a vowel change in the stem of the present tense (**e → ie; e → i; o → ue**) also have a vowel change in the stem of the third person singular and plural forms of the preterite. In these **-ir** verbs, the **e** or the **o** in the stem changes to **i** or **u** in the *él / ella / Ud.* and *ellos / ellas / Uds.* forms.

	divertirse	*dormir*
yo	me divertí	dormí
tú	te divertiste	dormiste
él / ella / Ud.	se div**i**rtió	d**u**rmió
nosotros/as	nos divertimos	dormimos
vosotros/as	os divertisteis	dormisteis
ellos / ellas / Uds.	se div**i**rtieron	d**u**rmieron

Other verbs with the **e → i** change:

despedirse	se desp**i**dió, se desp**i**dieron
mentir	m**i**ntió, m**i**ntieron
pedir	p**i**dió, p**i**dieron
preferir	pref**i**rió, pref**i**rieron
repetir	rep**i**tió, rep**i**tieron
seguir	s**i**guió, s**i**guieron
sentir(se)	(se) s**i**ntió, (se) s**i**ntieron
sugerir	sug**i**rió, sug**i**rieron
vestirse	se v**i**stió, se v**i**stieron

Another verb with the **o → u** change:

morir	m**u**rió, m**u**rieron

¡OJO! **-ar** and **-er** verbs do not have this change in the preterite.

Many verbs in the preterite have irregular stems to which the following endings are added: **-e, -iste, -o, -imos, -isteis, -ieron**. These verbs do not have a final stressed vowel in the first and third persons singular as regular verbs do.

For example:

poder

yo	pu**de**
tú	pu**diste**
él / ella / Ud.	pu**do**
nosotros/as	pu**dimos**
vosotros/as	pu**disteis**
ellos / ellas / Uds.	pu**dieron**

There are no written accents on these verbs.

Other irregular verb stems are:

andar	**anduv-**	querer	**quis-**
estar	**estuv-**	saber	**sup-**
hacer	**hic-** (**hiz-** in *él / ella / Ud.* form)	tener	**tuv-**
poner	**pus-**	venir	**vin-**

The following verbs take the same set of endings as above, except they use **-eron** (rather than **-ieron**) in the third person plural form:

conducir	**conduj-**	conduj**eron**
decir	**dij-**	dij**eron**
traducir	**traduj-**	traduj**eron**
traer	**traj-**	traj**eron**

The verb *dar* takes the regular **-er / -ir** verb endings:
di, diste, dio, dimos, disteis, dieron.

Contextual clues will help you determine whether the meaning of these forms is **was/were** or **went**.

The verbs *ir* and *ser* have the same preterite forms:
fui, fuiste, fue, fuimos, fuisteis, fueron.

¡Practiquemos! . . . .

A. ***Las actividades de Lupe y de su familia.***   Lupe habla con Rosario sobre las cosas que hicieron ella y los miembros de su familia ayer. Describa sus actividades según el modelo.

Modelo: Yo / venir a la universidad
    Vine a la universidad.

1. Yo / traer los libros a la clase
2. Mi hermana / poner la mesa
3. Mis padres / divertirse en una fiesta
4. Mi hermanito / dormir una siesta

5. La familia / dar un paseo

6. Yo / tener un examen

7. Mis parientes / conducir al trabajo

B. *Asistir a un bautizo*. Utilice las claves dadas para relatar una historia en el pasado, usando el pretérito.

Modelo: recibir una invitación a un bautizo
Recibí una invitación a un bautizo.

1. pedir ayuda a mis amigos con la compra del regalo para el bebé

2. trabajar mucho antes de ir al bautizo

3. el día del bautizo tener que salir temprano para llegar a tiempo

4. esa mañana dormir demasiado

5. conducir mi coche muy rápidamente

6. llegar a tiempo a la ceremonia

7. después de la ceremonia ir a hablar con la pareja

C. *¿Con quién?* ¿Con quién(es) y cuándo hizo Ud. las siguientes actividades?

Modelo: limpiar el cuarto
Mi compañero/a de cuarto y yo limpiamos el cuarto la semana pasada.

1. divertirse en una fiesta

2. preparar la cena

3. dar un paseo

4. traer comida a la fiesta

5. andar por el campus

6. pedir un libro en la biblioteca

D. *Una encuesta*. Entreviste a un/a compañero/a de clase para obtener la siguiente información. Tome buenos apuntes porque luego tendrá que darle la información a toda la clase.

1. whether he or she had a mid-afternoon snack yesterday

2. where he or she went last night

3. how he or she enjoyed himself / herself last night

4. if he or she was able to study last night

5. if he or she got along well with her brothers / sisters or friends yesterday

6. how many hours he or she slept last night

NARRAR EN EL PASADO: LOS USOS DEL PRETÉRITO Y DEL IMPERFECTO

Speakers of Spanish make choices about which past tense to use depending upon the meaning they wish to convey to their listeners. Selection of the preterite indicates that the speakers wish to emphasize the beginning and ending aspects of events about which they are speaking. By contrast, selection of the imperfect tense indicates that the speakers wish to emphasize the continuing or habitual aspects of the event(s).

Preterite: Focus on beginning / ending aspects

Contextual clues such as *ayer, esta mañana, el lunes a las tres,* may accompany the preterite in these circumstances.

> Anoche **preparé** la comida, **cené**, **hice** la tarea, y **me acosté** temprano.
>
> Lupe **trabajó** en la oficina por dos años.
>
> Su madre **estuvo** en casa el lunes por la mañana.

Imperfect: Focus on continuing / habitual aspects

Contextual clues such as *todos los días, siempre, generalmente, cada verano* often accompany the imperfect in these circumstances.

> Todos los días, **jugábamos** a la goma.
>
> Generalmente, mis hermanos no **peleaban** los domingos.

Since the imperfect sets the stage, it is also typically used to describe time, age, and weather, since this is background information.

> Cuando Jorge **tenía** once años, su familia **vivía** en Tejas. Jorge **pensaba** que **hacía** mucho calor allí.

Preterite and imperfect used together

Compare how the preterite and imperfect tenses are used to clarify aspects in the following sentences. Note that the imperfect describes an action / condition in progress or gives background information, while the preterite focuses on the beginning or ending aspects of actions.

> **Era** la una cuando **llegué**.
>
> **Tenía** cuatro años cuando **nos mudamos**.

Estar may also be used with adjectives denoting conditions resulting from some prior action, e.g. *La silla estaba rota.*

Because of the different focus on the aspects of verbs when used in the preterite or imperfect, the English translations of some verbs change:

	imperfect		*preterite*
era	I was, used to be (characteristically)	*fui*	I was, but now I'm not (characteristically)
estaba	I was (condition, location not limited in time)	*estuve*	I was (condition, location focus on completion)

imperfect		*preterite*	
podía	I was capable of	*pude*	I could and did
no podía	I wasn't capable of	*no pude*	I tried and couldn't
quería	I wanted	*quise*	I tried
no quería	I didn't want	*no quise*	I refused
sabía	I knew (information)	*supe*	I found out
conocía	I was acquainted with	*conocí*	I met someone
tenía	I possessed	*tuve*	I had or got
tenía que	+ infinitive I was supposed to, I had the obligation to	*tuve que*	+ infinitive I was supposed to and did

The preterite and imperfect are also used to report what others said. Compare the following:

Direct discourse: *Roberto dice: Estoy enfermo.*

Indirect discourse: *Roberto **dijo** que **estaba** enfermo.*

Preterite and imperfect in context
Compare the use of the preterite and imperfect in the following narration:

Era un día muy bonito, aquella Pascua Florida cuando **tenía** once años. El cielo **estaba** azul claro y **hacía** mucho sol. **Me sentía** de buen humor. Mis abuelos, mis tíos y yo **dimos** un paseo por el parque, mientras que mis tatarabuelos **se sentaban** cerca de la iglesia para conversar. Muchas personas en el parque **hablaban, andaban** en bicicleta, y **leían.** Mientras **caminábamos, vi** a un grupo de niñas que **jugaban** con muñecas. Les **dije** «hola» y ellas me **contestaron** en voz baja. En ese momento, **pensé** que **tenían** mucha suerte de no preocuparse por nada.

Discuss the reasons for use of each verb form with your students.

¡Practiquemos! . . . .

A. *La boda de Marta.*   La prima de Rosario se casó. Usando las claves dadas, describa la boda en el pasado. Utilice el pretérito o el imperfecto de cada infinitivo según el contexto.

Modelos: Hacer / muy buen tiempo el día de la boda
Hacía muy buen tiempo el día de la boda.
Marta / casarse / en una iglesia grande
Marta se casó en una iglesia grande.

1. Marta / querer / una ceremonia tradicional
2. El día de la boda Marta / vestirse / con un vestido largo
3. El novio / hablar / nerviosamente con sus amigos / cuando / ver / a Marta en su vestido de novia

4. Durante la ceremonia / el novio / darle / un anillo a la novia

5. Después de la ceremonia / todos / divertirse / en el banquete de bodas cuando / el matrimonio / despedirse para ir a España

B. *Los comentarios durante la boda.* Describa lo que dijeron las siguientes personas que estaban en la boda de Marta, la prima de Rosario. Siga los modelos.

Modelo: Marta: Estoy muy contenta hoy.
Marta dijo que estaba muy contenta.
La madre de Marta le pregunta a su esposo: ¿Estás nervioso?
La madre de Marta le preguntó a su esposo si estaba nervioso.

1. Marta le pregunta a su padre: ¿Están aquí todos los invitados?

2. Los parientes comentan: ¡El pastel es enorme!

3. Un amigo les pregunta a los novios: ¿Adónde van a pasar la luna de miel?

4. El padre del novio le pregunta al novio: ¿Tienes bastante dinero para el viaje?

5. Todos dicen: La boda es un evento memorable.

C. *Actividad en parejas: Su carrera futura.* Hable con un/a compañero/a de clase. Describa qué carreras Ud. consideró seguir en las siguientes etapas de su vida:

Modelo: *Cuando tenía seis años, quería ser médico.*

cuando tenía seis años   cuando era niño/a

cuando tenía doce años   el semestre pasado

cuando vivíamos en otro lugar   ?

As a preliminary to Exercise D, ask students to volunteer some typical responses.

As a follow-up activity, you might ask students to write a description of the event using the information from the interview.

D. *Entrevista: un evento memorable.* Entreviste a un/a compañero/a de clase sobre un evento memorable de su vida: una boda, un bautizo, un baile / una fiesta, una graduación, una jubilación, un aniversario, etc. Pídale los siguientes detalles.

1. when and where the event took place

2. a description of the people who were there

3. what the people who were there said

4. what the people did during the event

5. his / her impressions of the event

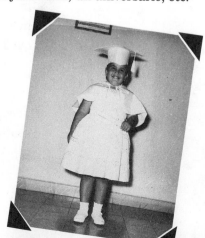

INTENSIFICAR O PERSONALIZAR LA ACCIÓN: LOS VERBOS REFLEXIVOS

In the *¿Necesita repasar un poco?* section, you reviewed the formation of verbs which show reflexive action and were reminded that they are often used to describe actions that one does to oneself. Many of these reflexive verbs are used to describe a daily routine: *levantarse, bañarse,* etc.

For other reflexive verbs, the pronoun intensifies or personalizes the action. Some verbs are used in the reflexive to indicate a change in physical or emotional state; this idea is expressed in English by **to get** or **become + noun** or **adjective**:

aburrirse *(to get bored)*

asustarse *(to get frightened)*

callarse *(to get quiet)*

cansarse *(to get tired)*

convertirse: La tienda se convirtió en un bar. *(to become - major change in physical state)*

enfermarse *(to get sick)*

enojarse / enfadarse *(to get angry)*

hacerse: Se hizo médico. *(to make of oneself)*

ponerse: Me puse furioso con ustedes. *(to become - emotional or physical change)*

preocuparse *(to get worried)*

volverse: Te volviste loco. *(to become - dramatic change)*

Other verbs have different meanings in the reflexive and non-reflexive forms:

despedir	*to fire from a job*
despedirse (de)	*to say goodbye to*
dormir	*to sleep*
dormirse	*to fall asleep*
ir	*to go*
irse	*to leave, go away*
quedar	*to be located* (synonym of *estar*); *to be remaining, left over* (Me quedan muchos quehaceres.); *to finalize, to come to agreement* (Quedamos en que tú traes el pastel.)
quedarse	*to remain in a place* (used with a person)
sentir	*to perceive, to regret*
sentirse	*to feel* (sick, well, etc.)

The plural reflexive pronouns *(nos, os, se)* can be used to show reciprocal actions (actions done by two or more people to one another):

Se miraron. *They looked at each other.*

Nos conocimos en la Puerta del Sol. *We met each other in the Puerta del Sol.*

Verbs often used in the reciprocal form include:

abrazarse	escribirse
ayudarse	llamarse (por teléfono, for example)
besarse	quererse
conocerse	saludarse

Note these meanings in the reflexive forms of some familiar verbs:

acordarse (de)	*to remember*
casarse (con)	*to get married*
darse cuenta (de)	*to realize*
divertirse	*to have a good time; enjoy oneself*
divorciarse (de)	*to get divorced*
enamorarse (de)	*to fall in love with*
equivocarse	*to make a mistake*
mudarse	*to move to a new place*
olvidarse (de)	*to forget*
quejarse (de)	*to complain*
reunirse	*to meet* (with others)

¡Practiquemos!

A. ¿Cómo se pone Teresa?   En las siguientes situaciones, ¿cómo se siente Teresa?

Modelo: Tiene un examen difícil.
Se preocupa.

1. Hay una serpiente en su dormitorio.
2. Trabaja durante diez horas.
3. Su hermano no la ayuda con los quehaceres de la casa.
4. El profesor le grita a su clase.
5. No tiene nada que hacer.
6. Le duele la garganta y tiene calentura.

As a follow-up to Exercise A, ask *¿Cómo se siente Ud.?*, or replace the name "Teresa" with those of their friends or classmates.

An alternative activity: *¿Qué hace Ud. si...?*

1. no puede dormirse fácilmente
2. se siente mal
3. se queda solo/a en casa
4. se enfada
5. se asusta
6. se siente deprimido/a
7. se cansa
8. se olvida de algo

Los niños se divierten.

You may want to introduce *hace* + time expressions to mean **ago** as a lexical item here. Complete treatment of this structure is in Chapter 7.

B. *¿Y Ud.?* ¿Cuándo fue la última vez que Ud. hizo las siguientes cosas? Dé algunos detalles.

Modelo: acordarse de algo
Hace una semana me acordé de que íbamos a tener un examen.

1. equivocarse
2. quejarse de algo
3. mudarse a otro lugar
4. enamorarse de alguien
5. preocuparse por algo
6. reunirse con alguien
7. divertirse
8. darse cuenta de algo

C. *Entrevista: su mejor amigo/a.*   Entreviste a un/a compañero/a de clase sobre su mejor amigo/a o su novio/a. Pídale la siguiente información.

1. when they first saw each other
2. where they met each other for the first time

3. how often they call each other by phone
4. how often they write to each other
5. if they help each other with homework
6. how often they see each other this semester / trimester
7. whether or not they send each other packages by mail
8. whether or not they understand each other all the time

¡ESCUCHEMOS UN POCO MÁS!

Ud. va a escuchar una conversación entre Roberto y Teresa, que hablan de sus experiencias durante la Navidad y las celebraciones del Año Nuevo.

Antes de escuchar

In preparation for listening to this segment, answer the following questions in English.

1. What kinds of experiences and people might Roberto and Teresa describe?
2. Brainstorm a list of Spanish words and expressions you already know that might be heard in this selection.

Después de escuchar

A. ¿Comprendió Ud.?   ¿Quién hacía las siguientes actividades, Teresa (T) o Roberto (R)?

_____ 1. Bailaba mucho.

_____ 2. Se reunía con toda la familia.

_____ 3. Celebraba una feria.

_____ 4. Salía a los desfiles.

_____ 5. Iba a las corridas de toros.

_____ 6. Comía 12 uvas en la Noche Vieja.

B. ¡Discutamos!   Discuta las siguientes preguntas con otros compañeros de clase.

1. ¿Qué costumbres hispanas le parecen más interesantes? Explique.
2. ¿Cuáles son algunas costumbres que tiene su familia para celebrar la Navidad, Hanukkah u otro día feriado?
3. ¿Cómo le gusta a Ud. pasar la Noche Vieja?

Play your Teacher Tape at this time. Remember to find the beginning of the segment before class and set your counter at zero to facilitate rewinding. You may want to play the segment more than once, or pause the tape occasionally to allow students the opportunity to replay mentally what they have heard.

Students may compare what they understand by working in pairs as they listen to the segment.

On tape: _pura parranda_ (nothing but celebrating; painting the town red) _te atragantas_ (you choke).

A Hispanic custom is to eat 12 grapes between the first and the twelfth chime of the clock at midnight on Dec. 31 _(Noche Vieja)_. It's considered good luck to have swallowed the last grape before the last chime. In Spain people often gather in the Puerta del Sol in Madrid to welcome in the New Year, much as folks gather in Times Square in New York.

¡LEAMOS UN POCO!   *Noticias de la sociedad*

Antes de leer

A.

B.

DIP = Departamento de
Instrucción Pública.

Con motivo del aniversario de plata, el Rev. Wilfredo Díaz Ríos y su esposa Ramonita Rosado renovaron sus votos matrimoniales en la iglesia Central Asambleas de Dios de Levittown. Estuvieron presentes sus hijos: Ruth, Wilfred, Gisela y Rebeca. Apadrinaron la boda el reverendo Jaime Pérez y su esposa Sara Gracia. La recepción se celebró en el salón de actos de la Iglesia.

El joven Miguel A. Santiago Rivera se graduó con altos honores de la Escuela Superior Papa Juan de Bayamón. Inició sus estudios en la Universidad de Puerto Rico. Sus padres son Miguel A. Santiago, Inspector de Cooperativas y Agnelia Rivera de Santiago, bibliotecaria del DIP.

Skim over these two articles from the society page. Then match each with the appropriate title found below. Write the letter of the article to the left of its title.

_____ **1.** Honores

_____ **2.** Bodas de plata

Después de leer

Now read each article more carefully and answer the questions below.

A. ¿Comprendió Ud.?

Bodas de Plata

1. ¿Hace cuántos años se casaron ellos?
2. ¿Dónde renovaron los votos matrimoniales? ¿Dónde fue la recepción?
3. ¿Qué familiares estuvieron presentes?
4. ¿Qué otras personas asistieron?
5. ¿Cómo celebraron después de la ceremonia?

Honores

1. ¿Qué evento importante le sucedió a Miguel?
2. ¿A qué escuela asistió él?
3. ¿Cuáles son las profesiones de sus padres?

B. *Discutamos.*   Conteste las siguientes preguntas.

1. ¿Por qué cree Ud. que los Díaz querían renovar sus votos matrimoniales?
2. ¿Cuáles son otras maneras de celebrar el aniversario de plata?
3. Use su imaginación: ¿Cómo era Miguel A. Santiago Rivera de niño? ¿Qué hacía él?
4. Use su imaginación: Invente más información sobre la recepción de los Díaz.

Enlace de todo

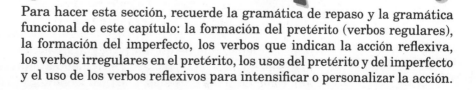

Para hacer esta sección, recuerde la gramática de repaso y la gramática funcional de este capítulo: la formación del pretérito (verbos regulares), la formación del imperfecto, los verbos que indican la acción reflexiva, los verbos irregulares en el pretérito, los usos del pretérito y del imperfecto y el uso de los verbos reflexivos para intensificar o personalizar la acción.

También es buena idea repasar el vocabulario presentado al principio de este capítulo antes de empezar.

¡IMAGINEMOS!

A. *Dramatizaciones.*   Prepare las siguientes dramatizaciones según las instrucciones.

1. Ud. recientemente conoció a un/a nuevo/a estudiante. Ya hablaron sobre la familia. Ahora hable de su rutina diaria: lo que hace antes de salir de la casa y después de llegar a casa por la noche.

2. Ud. está hablando con un/a amigo/a sobre el fin de semana pasado. Describa lo que hizo Ud. con detalles (a qué hora, con quién(es) hizo cada actividad, etc.). Incluya información sobre lo que hizo para divertirse. Pídale la misma información a su amigo/a.

3. Ud. está hablando con un/a amigo/a sobre sus recuerdos de niño. Describa su niñez: dónde vivía, cómo era, qué le gustaba hacer, sus padres, hermanos, amigos, etc. Pídale la misma información a su amigo/a.

4. Ud. está hablando con un/a amigo/a sobre sus últimas vacaciones. Describa lo que Ud. hizo, cómo era el lugar, la gente, y el tiempo, cómo se sentía Ud. y algo interesante que le pasó. Pregúntele a su amigo/a sobre sus últimas vacaciones.

B. *Anuncio de nacimiento y bautizo.*   Escriba un anuncio de nacimiento y bautizo como el que Ud. leyó de Gilda Lizette en la página 89. Incluya la siguiente información: la fecha y lugar de nacimiento y del bautizo y los nombres de los padres y padrinos.

C. *Anuncio de graduación.*   Escriba su propio anuncio de graduación del colegio (o de la secundaria) o de la universidad (¡imagínese!) como el que Ud. leyó de Miguel en la sección ¡LEAMOS UN POCO! en la página 106. Utilice los tiempos pasados e incluya muchos detalles sobre sí mismo/a y sobre la celebración.

D. *Un día feriado memorable.*   Haga una descripción de una celebración memorable de un día feriado (la Navidad, la Pascua, el Día de la Independencia, etc.). Incluya los siguientes detalles: quiénes estuvieron allí, cómo eran las personas, qué hizo la gente, qué dijo la gente y cuáles fueron sus impresiones sobre el evento.

¡LEAMOS MÁS!   Las tiras cómicas: «Condorito»

"Condorito" is a very popular comic strip in Argentina, Chile, Uruguay, and Paraguay. It was first published in 1956 and continues to present social commentary in a tongue-in-cheek manner.

pelea: *fight*; pegó: *hit*; comprensivo: *understanding*; retar: *to reprimand*; ensu-
ciarte: *to get yourself dirty*; te has metido (meterse): *you've gotten yourself into*;
suspendido: *stopped temporarily*; dañino: *harmful*; mitad: *half*; echas: *you pour*

▶ *Pre-reading*

In preparation for reading these comic strips, quickly skim the strips
and answer the questions in English.

1. Can you identify the principal characters in the comic strips? Which
   is Condorito? Which is Coné?

2. What predictions about content can you make by identifying the
   titles: **Dañino** y **Pelea**?

3. Look at the pictures in the strips. Where is each story taking place?
   What are some words in English (or some you know in Spanish)
   that you might expect to find? In what type of activity are the
   children involved?

▶ *Skimming / Scanning*

Quickly skim through the comic strips. Now place in order the following events according to the story shown in each comic strip.

Pelea

_____ **1.** Coné y Condorito almuerzan.

_____ **2.** Coné sigue con su pelea con los niños.

_____ **3.** Condorito le dice a Coné que no se ensucie.

_____ **4.** Coné pelea con unos niños de la escuela.

Dañino

_____ **1.** Los dos amigos dicen que es dañino abusar el vino.

_____ **2.** El amigo explica cómo se toma el agua y el vino en su casa.

_____ **3.** Condorito decide que pronto van a irse.

Point out to students that Hispanic families and governmental agencies regard the education of young people to the harmful effects of excessive alcohol consumption in as serious a manner as in the United States.

Now find the information requested below by scanning the comic strips. Answer in English or in Spanish.

1. What advice does Condorito give Coné about fighting?

2. What does Condorito say about excessive consumption of wine?

▶ *Decoding*

Answer the questions below dealing with grammatical structures and vocabulary that you will encounter when reading each comic strip.

Pelea

1. What are the reflexive verbs used? The preterite tense verbs? What is the expression signifying **ago**?

Dañino

2. Sometimes reflexive pronouns are used to emphasize an action or to signify eating or drinking something all up. Can you find two examples of this usage of reflexives?

▶ *¿Comprendió Ud.?*

En estas dos tiras, hay tres etapas que producen lo cómico:

- Condorito dice lo que se debe hacer
- La otra persona parece estar de acuerdo
- Llegamos a saber que la otra persona no está de acuerdo con Condorito

Identifique las tres etapas en cada tira cómica.

▶ *¡Discutamos!*

Conteste las siguientes preguntas.

1. Imagínese que Ud. tiene un/a niño/a a quien le gusta pelear demasiado, o un/a hijo/a a quien le gusta tomar demasiado. ¿Qué va a decirle para que no lo haga?

2. ¿Cómo puede ayudar la familia a un niño que pelea mucho?

Temas para composiciones / conversaciones

1. Algunas consecuencias de pelear

2. Algunas opiniones personales sobre la crianza de los niños y sobre la importancia de la familia

Examples of topics within the broad suggestions above are: "What Our Children Perceive as Fighting," "Children and Discipline," etc.

¡EL GRAN PREMIO!: ¿Puede Ud. hacerlo?

Ud. va a escuchar un informe del Departamento de Agricultura (Hispanic Information Service) sobre una celebración anual y su efecto en los sentimientos de la población.

On tape: *nos brindan*: offer to us. This segment lends itself to discussion concerning what students do to prepare for the holiday season and how they feel about all the work to be done.

▶ *Antes de escuchar*

In preparation for listening to the segment, answer the following questions in English.

1. What possible celebrations might be discussed in this report?

2. What types of information might be given with respect to the emotions people have during annual celebrations?

3. Brainstorm a list of Spanish words and expressions you already know that might be heard in this selection.

Play your Teacher Tape at this time. Remember to find the beginning of the segment before class and set your counter at zero to facilitate rewinding. You may want to play the segment more than once, or pause the tape occasionally to allow students the opportunity to replay mentally what they have heard.

▶ *Primer paso*

Escuche el informe por primera vez y escoja las respuestas correctas.

1. El informe trata de...

   a. la Pascua

   b. el Día de Acción de Gracias

   c. la Navidad

   d. el Día de la Independencia

2. Muchas de las personas que se sienten deprimidas son / están...

   a. locas   c. alegres

   b. solas   d. adictos al alcohol o las drogas

EL GRAN PREMIO: Primer Paso: 1, c; 2, b; 3, d.

3. A veces la causa de la depresión durante esta época es...

  a. la apatía

  b. el consumo de demasiada comida y bebida en fiestas familiares

  c. la familia

  d. las preparaciones necesarias para la celebración

▶ *Segundo paso*

Escuche el informe otra vez y conteste las siguientes preguntas.

1. ¿Qué sentimientos tienen algunas personas?

2. ¿Qué es necesario recordar sobre la Navidad, según el locutor?

▶ *Tercer paso*

Escuche el informe por última vez y escriba un resumen de por lo menos cuatro frases en español.

▶ *¡Discutamos!*

Conteste las siguientes preguntas.

1. ¿Qué preparativos hace Ud. antes de la Navidad?

2. ¿Cómo celebran Ud. y su familia los días feriados?

3. ¿Cómo se siente Ud. durante esa época?

4. ¿Se sintió Ud. deprimido/a alguna vez durante alguna celebración? ¿Por qué?

5. Describa el último día feriado que Ud. celebró con su familia.

Vocabulario

Para hablar de los eventos diarios en el pasado

afuera *outside*
arreglar *to arrange, to organize*
asistir *to attend*
contar chistes *to tell jokes*

los días feriados *holidays*
ducharse *to shower*
gritar *to shout*
la jubilación *retirement*
llorar *to cry*
el matrimonio *marriage, a married couple*

las noticias *news*
regresar *to return*
sorprender *to surprise*
la sorpresa *surprise*

Para hablar de la niñez

las armaduras *braces on teeth*

el camión *truck*
los cuentos de hadas
  fairy tales
dar un paseo *to take a
  pleasure drive or walk*
los dibujos animados
  cartoons
el equipo *team*
la goma *rubber band
  (game)*
el grano *pimple*
llevarse bien *to get along
  well*
mocoso/a *ill-bred, grubby*
mono/a *cute*
la muñeca *doll*
pelear *fight*
la rayuela *hopscotch*
saltar a la cuerda *to
  jump rope*
subir a los árboles *climb
  trees*
las tiras cómicas *comic
  strips*
travieso/a *mischievous*

Los días feriados

**El Día de Acción de Gra-
cias** *Thanksgiving*
El Día de Año Nuevo
  New Year's Day
**El Día de la Independen-
cia** *Independence Day*
El Día de las Madres
  Mother's Day

El Día de los Padres
  Father's Day
El Día de San Valentín
  Valentine's Day
Hanukkah *Hanukkah*
La Navidad *Christmas*
La Nochebuena *Christ-
mas Eve*
La Pascua *Easter*
**La Pascua de los He-
breos** *Passover*
La Semana Santa *Holy
Week*

Otras palabras y
expresiones útiles

aburrirse *to get bored*
acordarse (de) *to remember*
asustarse *to get
frightened*
callarse *to get quiet*
cansarse *to get tired*
casarse con *to get
married*
convertirse (en) *to become*
darse cuenta (de) *to realize*
despedir *to fire from a job*
despedirse de *to say
goodbye to*
divertirse *to have a good
time; enjoy oneself*

divorciarse *to get
divorced*
dormir *to sleep*
dormirse *to fall asleep*
enamorarse de *to fall in
love with*
enfadarse *to get angry*
enfermarse *to get sick*
enojarse *to get annoyed*
equivocarse *to make a
mistake*
hacerse *to make of oneself, to become*
ir *to go*
irse *to go away*
mudarse *to move to a new
place*
olvidarse (de) *to forget*
ponerse *to become, or to
get*
preocuparse *to get
worried*
quedar *to be located*
quedarse *to remain in a
place (used with a person)*
quejarse (de) *to complain*
reunirse *to meet (with
others)*
sentir *to perceive, to
regret*
sentirse *to feel (sick, well,
etc.)*
tener que + infinitive *to
have to do something*
volverse *to become*

¿NECESITA REPASAR UN POCO?

La formación del pretérito (verbos regulares)

-ar	-er	-ir
hablé	comí	escribí
hablaste	comiste	escribiste
habló	comió	escribió
hablamos	comimos	escribimos
hablasteis	comisteis	escribisteis
hablaron	comieron	escribieron

¡OJO! There is an orthographic (spelling) change for verbs ending in **-car, -gar,** and **-zar** in the first person singular form:

buscar	bus**qué**
pagar	pa**gué**
almorzar	almor**cé**

Also, **-er / -ir** verbs that have a vowel before the infinitive ending use the endings **-yó** and **-yeron** in the third person plural forms: leer: le**yó**, le**yeron**; oír: o**yó**, o**yeron**

Other verbs that follow this pattern are: *creer, construir.*

La formación del imperfecto

-ar	-er	-ir
andaba	leía	vivía
andabas	leías	vivías
andaba	leía	vivía
andábamos	leíamos	vivíamos
andabais	leíais	vivíais
andaban	leían	vivían

There are only three irregular verbs in the imperfect:

ser: era, eras, era, éramos, erais, eran

ir: iba, ibas, iba, íbamos, ibais, iban

ver: veía, veías, veía, veíamos, veíais, veían

Los verbos que indican la acción reflexiva

We often use reflexive verbs such as *levantarse* and *bañarse* to discuss our daily routine. These verbs are used whenever the action is done by the subject to himself or herself. The following are some common reflexive verbs, presented here in the sequence of a daily routine:

despertarse	*to wake up*
levantarse	*to get up*
bañarse	*to take a bath*
ducharse	*to shower*
lavarse	*to wash up, to get washed*
peinarse	*to comb one's hair*
cepillarse el pelo	*to brush one's hair*
afeitarse	*to shave oneself*
cepillarse (lavarse) los dientes	*to brush one's teeth*
maquillarse	*to put on makeup*
ponerse (la ropa)	*to put on (clothing)*
quitarse (la ropa)	*to take off (clothing), to get undressed*
probarse (la ropa)	*to try on (clothing)*
vestirse	*to get dressed*
desvestirse	*to get undressed*
sentarse	*to sit down*
acostarse	*to go to bed*

The reflexive pronouns are:

(yo)	me
(tú)	te
(él, ella, Ud.)	se
(nosotros/as)	nos
(vosotros/as)	os
(ellos, ellas, Uds.)	se

Like indirect and direct object pronouns, reflexive pronouns are placed immediately before a conjugated verb: *Me levanté a las siete.* They follow an infinitive or a present participle: *Antes de acostarme, me duché. Estoy en la bañera, bañándome.* Where both a conjugated verb and an infinitive or present participle are present, the pronoun may either precede the conjugated verb or follow the infinitive or present participle: *Va a acostarse temprano. / Se va a acostar temprano; ¿Estás vistiéndote? / ¿Te estás vistiendo?*

5 ¡Me encanta viajar!

Objetivos funcionales

Cuando Ud. complete este capítulo, podrá hacer lo siguiente en español...

- hacer planes para viajar al extranjero
- alojarse en un hotel
- pedir y dar las instrucciones para llegar a un sitio

Objetivos culturales

A través del capítulo, leerá y escuchará información sobre...

- las decisiones que tiene que tomar el viajero: los medios de transporte, las alternativas de alojamiento, el alquiler de coches
- el viajar por avión
- las instrucciones para llegar a un sitio

Enlace inicial

🔲 ¡ESCUCHEMOS!

Ud. va a escuchar una conversación entre Teresa, la que regresa de Colombia, y el empleado de una aerolínea.

A. ¿Comprendió Ud.? ¿Son verdaderas (**V**) o falsas (**F**) las siguientes oraciones? Corrija las oraciones falsas.

_____ **1.** El empleado le da a Teresa su tarjeta de embarque.

_____ **2.** Teresa quiere sentarse al lado del pasillo.

_____ **3.** Teresa no tiene equipaje de mano.

_____ **4.** El vuelo es directo.

B. ¿Qué oyó Ud.? Ponga una **x** a la izquierda de la información que oyó.

_____ **1.** el número del vuelo   _____ **4.** el destino del vuelo

_____ **2.** el número del asiento   _____ **5.** la hora de la llegada

_____ **3.** la comida que se sirve en el avión

¡LEAMOS!   *Cruceros Marítimos Skorpios*

Lea el anuncio y conteste las siguientes preguntas.

1. ¿Cuáles son tres cosas que ofrece este crucero de lujo?

2. ¿Qué sitios puede Ud. visitar?

3. ¿De qué temas puede Ud. aprender?

4. ¿Qué cabina es más cara?

5. ¿Le interesa a Ud. este crucero? Explique.

¿NECESITA REPASAR UN POCO?

At the end of this chapter, you will find a brief review of the following structures. Corresponding exercises are found in the workbook.

- **ir** + **a** + infinitivo
- el presente progresivo y el imperfecto progresivo
- las preposiciones con sustantivos, pronombres, infinitivos y adverbios

Cruceros Marítimos Skorpios

40% Pie 6 cheques sin intereses

Le invita a...

Un viaje inolvidable, crucero de lujo, **de 6 días** entre Puerto Montt y Laguna de San Rafael en la M/N Skorpios I, donde conocerán y disfrutarán el más imponente paisaje del sur de Chile, exquisitas comidas y aventuras inolvidables.

El crucero incluye:
- Pensión completa, desayuno, almuerzo, once y cena
- Bar abierto - consumo ilimitado
- Baños termales en piscinas de la empresa, en Quitralco XI Región.
- Visitas a puertos y aldeas de pescadores
- Excursiones terrestres y paseos en bote
- Charla de flora, fauna, meteorología, navegación, historia y geografía, toponimia, etc.

Tarifas:
a) Cabina single s/ ventana : US$ 810.—
b) Cabina doble s/ ventana, : US$ 540.— p. persona
c) Cabina doble c/ ventana, : US$ 720.— p. persona
d) Cabina VIP matrimonial c/ ventana, : US$ 850.— p. persona
e) Cabina Triple c/ ventana, : US$ 630.— p. persona
f) Alojamiento adicional para viernes, : US$ 25.— p. persona
    incluye cena, bar abierto, alojamiento y desayuno

Informaciones y reservas:
Mac-Iver 484 · Oficina 5 · 2º piso
Teléfonos: 336187 - 336752 - 393105 - 338715
Telex: 340592 NATUK CK - Santiago, Chile
O a su Agente de Viajes

 EMPRESA NAVIERA, PESQUERA Y DE TURISMO
CONSTANTINO KOCHIFAS CARCAMO

In Chile, the term *el once* refers to the word *aguardiente* (hard liquor) which has eleven letters. Use of this term in colonial times became an inconspicuous way of referring to what the gentlemen drank while the ladies drank tea.
As you may note in the advertisement, it can also refer to a late afternoon snack.

crucero de lujo: *luxury cruise*; disfrutarán: *you will enjoy*; imponente: *majestic*; pensión: *lodging*; once: *late afternoon snack usually at 4:00*; aldeas: *villages*; charla: *informal talk or presentation*

Enlace principal

CULTURA A LO VIVO

Mucha gente hispana prefiere usar el transporte público porque es barato y fácil. Los sistemas de metro, común en muchas ciudades, como la Ciudad de México y Santiago de Chile, son rápidos, limpios y baratos para todos. Los autobuses, trenes y taxis, que casi siempre llevan muchas

1. The word used for **bus** varies greatly from one country to the next. In Spain, they use *autobús*; in Argentina, *colectivo*; in Uruguay and Peru, *ómnibus*; in Guatemala, *camioneta*; in the Caribbean, *guagua*; in Chile, *micro*; in Mexico, *camión*. The terms *bus* and *autobús* are the most universally understood. 2. Passengers enter the bus through the front door, pay the fare with change and exit through the rear door. 3. In Venezuela, *libres* are called *por puesto* (by seat), and, in Puerto Rico, *carros públicos* (public cars). 4. *Los **peseros*** are light green taxis that charge a fixed price for a given route. They accommodate up to six passengers who can share the fare.

Restricción:
La restricción vehicular regirá hoy, dentro de las normas vigentes, para las patentes terminadas en 5 y 7.

Smog:
Como "aceptable" calificó el Servicio de Salud del Ambiente la calidad del aire en la Región Metropolitana, de acuerdo a la medición efectuada entre la cero hora del martes y la cero hora de ayer.

personas, cuestan poco también. **Los colectivos** son minibuses que transportan a unas veinte o treinta personas. En muchas partes, los taxis amarillos y blancos, que se llaman **libres**, corren las calles buscando clientes. Cobran el precio indicado por el taxímetro más un porcentaje si es un día feriado o muy tarde por la noche, o si el viaje es de gran distancia de la ciudad.

Como en los EE.UU., los países hispanos se preocupan por los problemas de contaminación que causan todos los medios de transporte. En el corto artículo titulado *Smog*, Ud. puede ver que el Servicio de Salud del Ambiente estudió la calidad del aire en Santiago de Chile e instituyó un sistema de clasificación. Con el fin de mantener una calidad aceptable del aire, algunas ciudades tratan de controlar el número de coches privados que salen al tráfico cada día. En Santiago, este control se hace por el uso de los números de las patentes, así que pueden salir a las calles solamente los coches que tienen una patente que termina en ciertos números, que varían cada día. El anuncio titulado *Restricción* es un ejemplo de este sistema de control.

se preocupan por: *worry about*; ambiente: *atmosphere*; patentes: *license plates*

1. ¿Por qué usa mucha gente hispana el transporte público?

2. ¿Cuáles son algunos medios de transporte público?

3. ¿Qué hacen en algunas ciudades para mantener una calidad aceptable del aire?

Point out to students that in Chile, license plates are called *las patentes*, while in Mexico and other places, they are *las placas*. Often policemen remove license plates if the car is parked illegally or if it is an excessive pollution threat.

Similar systems for controlling air pollution are in place in Mexico City, Mexico, Caracas, Venezuela, and Santo Domingo, República Dominicana.

VOCABULARIO Y EXPRESIONES ÚTILES

VIAJAR POR AVIÓN

Lo que dice el / la empleado/a de la línea aérea

—¿Cuál es su destino *(destination)*, por favor?

—¿Hizo Ud. las reservaciones de antemano *(in advance)*?

—¿Prefiere viajar en primera clase *(first class)* o en clase turística *(tourist class)*?

—Necesito ver su pasaporte / visa.

—Aquí tiene un pasaje de ida y vuelta *(round-trip ticket)* a México junto con *(together with)* su tarjeta de embarque *(boarding pass)*. Es un vuelo directo *(direct flight)* sin escala *(nonstop)*. Tiene el asiento C en la fila *(row)* 10, sección de no fumar *(no smoking section)* al lado del pasillo *(on the aisle)*. No hay más asientos en la sección de fumar *(smoking section)* al lado de la ventanilla *(beside the window)*.

U.S. citizens who travel to Mexico are only required to have a tourist card that can be obtained at the border. Travel to most other Spanish-speaking countries requires a passport, which may be retained by hotel management for identification and / or security purposes.

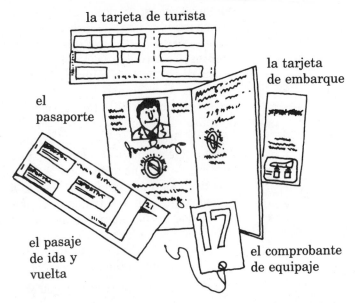

la tarjeta de turista

la tarjeta de embarque

el pasaporte

el pasaje de ida y vuelta

el comprobante de equipaje

PARA VIAJEROS Y VIAJERAS IMPECABLES

Hay gente que no deja escapar ningún detalle de su imagen. Generalmente, los viajes de negocios y/o de placer son parte importante de sus vidas. Y por eso no improvisan, van a lo seguro. Para ellos, LOOKY ha creado una línea de viaje acorde con las exigencias más estrictas de calidad, diseño y funcionalidad. Maletas que da gusto tener, llevar y mirar. En esta colección selecta es posible encontrar formatos, tamaños y colores variados, y en cada pieza destaca esta equilibrada combinación de creatividad y elegancia que tan bien caracteriza todos los productos de LOOKY.

—¿Lleva Ud. equipaje de mano *(carry-on luggage)*? Aquí tiene sus comprobantes de equipaje *(baggage claim checks)*.

—Hay una tardanza [demora] *(delay)* corta así que puede esperar en la sala de espera *(waiting room)*.

—Tiene que pasar por la aduana *(customs)*.

Lo que dice el / la pasajero/a *(passenger)*

—¿Tengo que hacer cola *(to wait in line)* para confirmar mis reservaciones?

—¿Pudiera facturar dos maletas *(to check two suitcases)*, por favor? ¿Dónde las debo reclamar *(to claim)*?

—¿Cuáles son las horas de salida y de llegada *(departure and arrival times)*?

—Es posible que lleguemos a México un poco adelantados *(early)* / atrasados *(late)*?

El anuncio para abordar el avión

—Atención, pasajeros del vuelo número 224 con destino a México: Pasen por la puerta *(gate)* número 14 para abordar *(to board)* el avión. Despegamos *(we take off)* en diez minutos.

Lo que dice el / la asistente de vuelo *(flight attendant)*

—Pongan el equipaje de mano debajo de su asiento. Abróchense *(Fasten)* el cinturón de seguridad *(seatbelt)* para el despegue *(take-off)* y el aterrizaje *(landing)*. Les serviremos bebidas después del despegue.

A. *Al volar en avión.* El profesor Espinosa lleva a un grupo de estudiantes de la Universidad del Acero a la Ciudad de México. ¿Qué cosas hicieron ellos en el aeropuerto el día del viaje? Haga una lista de 10 actividades en un orden lógico.

Modelo: *Hicieron cola.*

B. *Un diálogo en el aeropuerto.* El profesor Espinosa le habla al / a la empleado/a de la línea aérea para conseguir su pasaje. Tenga un diálogo con un/a compañero/a de clase utilizando la información a continuación. Tome Ud. el papel del / de la empleado/a; su compañero/a puede tomar el papel del profesor Espinosa.

Modelo: ¿destino?   *¿Cuál es su destino?*
La Ciudad de México   *Voy a la Ciudad de México.*

El / La empleado/a de la aerolínea:

1. ¿reservación?
2. ¿primera clase o clase turística?
3. ¿sección de fumar o de no fumar?
4. ¿asiento al lado de la ventanilla o al lado del pasillo?
5. ¿equipaje de mano?

El profesor Espinosa:

1. de antemano
2. clase turística
3. sección de no fumar
4. asiento en la ventanilla
5. facturar el equipaje

C. *Entrevista: preferencias en los viajes.* Imagínese que Ud. va de viaje con un/a compañero/a de su clase de español. Pídale la información a continuación para averiguar cómo prefiere viajar.

Students should take good notes so they can tell the class what they found out in this interview.

Modelo: if he / she prefers to fly in the morning or at night and why
   —*¿Prefieres volar en avión por la mañana o por la noche? ¿Por qué?*
   —*Prefiero volar en avión por la noche porque puedo dormir.*

1. how he / she prefers to travel (plane, train, car, bus, etc.) and why
2. which class of airline travel he / she prefers (first, tourist) and why
3. in which section of the plane he / she prefers to sit (smoking, no smoking) and why
4. which seat he / she prefers (window, aisle) and why
5. if he / she prefers to take carry-on luggage or check all the luggage and why
6. if he / she prefers to get the tickets in advance or at the airport the day of the flight and why
7. how early he / she prefers to arrive at the airport and why

EN EL HOTEL

Para alojarse *(to stay)* en el hotel

—Buenas noches. ¿En qué puedo servirles?

—Nos gustaría una habitación doble *(double)* por dos noches. No tenemos reservaciones. ¿Cuánto cobran *(do you charge)* por las habitaciones?

—¡Qué suerte tienen Uds.! Estamos casi completos *(full)*. No nos queda ninguna habitación simple *(single)* pero sí tenemos una habitación doble. La tarifa *(rate)* es 60,000 pesos por noche. Para registrarse *(to register, check in)*, hay que llenar esta ficha de registro *(registration card)*.

As of July, 1990, the exchange rate was 3,000 pesos per dollar. You may want to consult the latest issue of *The Wall Street Journal* for current exchange rates.

Another term for single room is *habitación sencilla*.

HOTEL XALAPA		
FICHA DE REGISTRO		
POR FAVOR · LETRA DE MOLDE · GRACIAS		

	FACTURA No	FACTURA No
NOMBRE	HABITACION	HABITACION
DIRECCION	NO PERSONAS	NO PERSONAS
CIUDAD ESTADO PAIS	TARIFA	TARIFA
CODIGO POSTAL TELEFONO	LLEGADA	LLEGADA
FECHA DE SALIDA	SALIDA	SALIDA
FORMA DE PAGO EFECTIVO TARJETA CREDITO CARTA GARANTIA	AUTOMOVIL	AUTOMOVIL
OBSERVACIONES:	PLACAS	PLACAS
	SEGMENTO	
	RESERVO	¿ DEJO UD. SU LLAVE ?
ESTOY DE ACUERDO EN DESOCUPAR ESTA HABITACION EL: DIA MES AÑO		ENVIELA A ESTA DIRECCION
FIRMA	REGISTRO	

IMPORTANTE:
NOTA PARA SU CONVENIENCIA Y PROTECCION FAVOR DE DEPOSITAR SUS VALORES EN LAS CAJAS DE SEGURIDAD, CON EL CAJERO DE RECEPCION.
LA GERENCIA NO SE HACE RESPONSABLE POR DINERO EN EFECTIVO, JOYAS U OTROS VALORES NO DEPOSITADOS

HORA DE SALIDA 13 HRS

HOX.55-114

HOTEL XALAPA
VICTORIA ESQ
BUSTAMANTE
TEL.8-22-22
XALAPA, VER.

—¿Tiene la habitación un baño particular *(private bath)* y aire acondicionado?

—Claro que sí.

—¿Están incluidos los impuestos *(taxes)* en la tarifa?

—Sí, están incluidos. Aquí tiene la llave. Uds. tendrán que desocupar *(to vacate)* la habitación a la una de la tarde. El botones *(bellboy)* puede llevar las maletas.

—¿Tienen Uds. servicio de habitación *(room service)*?

—Sí, a un cargo adicional *(at an extra charge)*.

—¿Podría Ud. decirme dónde queda *(is located)* el estacionamiento *(parking lot)* del hotel?

—Puede estacionar su coche en la esquina *(corner)* al lado del hotel. No se preocupe porque su coche estará seguro allí.

¡Muchas gracias por su ayuda!

—¿Pudieran Uds. darnos más papel higiénico *(toilet paper)*? Se nos acabó. *(We ran out.)*

—Muchísimas gracias por habernos traído más toallas y almohadas *(pillows)*.

—¿Pudieran Uds. arreglar *(to fix)* el inodoro *(toilet)* / la calefacción *(heat)*? No funciona *(it doesn't work)*.

—¿Tienen otra bombilla *(light bulb)*? Esa está fundida *(burned out)*.

—¿Pudieran Uds. revisar *(to check)* el grifo *(faucet)*? No sale agua.

PEDIR Y DAR LAS INSTRUCCIONES PARA LLEGAR A UN SITIO

These directions are given in the Ud. command form although the review of formal commands does not appear until Chapter 9. Students should be able to use this form since they have practiced using the present subjunctive. They can also use simple present tense or *tener que* + infinitive (these are very common in giving directions).

—Disculpe / Perdone *(Excuse me)*, puede Ud. decirme por favor, ¿cómo se llega *(does one get to)* al Paseo de la Reforma? ¿Cuánto tiempo se tarda *(how long does it take)* llegar allí? ¿Tiene un plano *(city map)* de la ciudad?

—Siga *(Continue)* todo derecho *(straight)* por dos cuadras *(blocks)*, doble *(turn)* a la derecha *(to the right)* / izquierda *(left)* en la glorieta *(traffic circle with monument)* de Colón. Allí está. Si Ud. prefiere tomar el autobús, súbase *(get on)* al autobús en la parada *(bus stop)* de Juárez y bájese *(get off)* en la parada de la Basílica. O bien, Ud. puede tomar el metro que hace parada *(stops)* en la calle frente al Palacio. O, puede alquilar *(to rent)* un coche, si quiere.

A. *Información, por favor.*   Lupe está en la Ciudad de México con el profesor Espinosa y los otros estudiantes. Ella le hace varias preguntas al empleado del hotel. Las respuestas del empleado están a continuación. ¿Cuáles son las preguntas de Lupe?

Modelo: Cobramos 45,000 pesos por una habitación simple.
    ¿Cuánto cobran Uds. por una habitación simple?

1. No, el servicio de habitación no está incluido en la tarifa.
2. Tiene que llenar esta ficha de registro.
3. El restaurante abre a las seis de la mañana.
4. Ud. debe abandonar la habitación a las doce.
5. El botones puede llevar sus maletas.
6. El museo está a unas tres cuadras de aquí.
7. Para llegar al parque, hay que seguir por tres cuadras y doblar a la izquierda en la Calle Sexta.
8. Puede estacionar su coche en el garaje debajo del hotel.

B. *¿Cómo se explica en español...?*   Ud. se queda en un hotel en México y necesita ayuda con varias cosas. Explíquele los siguientes problemas al gerente del hotel. ¡Con cortesía, por favor!

Modelo: The television doesn't work. Ask for someone to check it.
    Creo que no funciona el televisor. ¿Puede Ud. revisarlo cuando tenga tiempo, por favor?

1. You need another pillow. Ask someone to bring you one.
2. There isn't any hot water. Ask someone to check it.
3. The air conditioning isn't working. Ask someone to check it.
4. The light bulb in the bathroom burned out. Ask someone to replace it.
5. You ran out of shampoo. Ask if they sell it in the hotel.
6. Thank the clerk for bringing you more toilet paper. Ask if you could have another towel.

C. *Actividad en parejas: El registro.*   Trabaje con un/a compañero/a de clase. Tome Ud. el papel del / de la empleado/a del hotel y su compañero/a el papel de un/a cliente que quiere registrarse. Pídale la información que aparece en la ficha de registro en la página 124, llenando la ficha con cada respuesta.

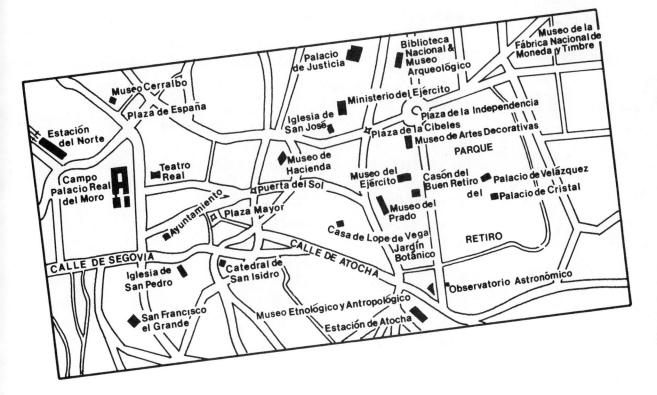

D. *Actividad en parejas: ¿Cómo se puede llegar a...?* Imagínese
que Ud. y un/a compañero/a de clase están de viaje en la ciudad de
Madrid. Uds. quieren pasear por la ciudad y planean su ruta. ¿Qué dicen?
Usen el plano de Madrid que está en esta página.

Modelo: del Jardín Botánico a la Iglesia de San José
Seguimos todo derecho hasta llegar a la Plaza de la Cibeles.
Doblamos a la izquierda. Caminamos media cuadra. La Iglesia
de San José está a la derecha.

1. de la Puerta del Sol a la Biblioteca Nacional
2. del Museo del Prado al Palacio de Justicia
3. de la Plaza de la Independencia al Teatro Real
4. del Teatro Real a la Casa de Lope de Vega
5. de la Iglesia de San José al Retiro
6. de la Estación de Atocha a la Iglesia de San Isidro

GRAMÁTICA FUNCIONAL

HABLAR DE LOS EVENTOS EN EL FUTURO

The future tense is formed by adding the following endings to the infinitive:

yo	**-é**	nosotros/as	**-emos**
tú	**-ás**	vosotros/as	**-éis**
él / ella / Ud.	**-á**	ellos / ellas / Uds.	**-án**

Irregular future tense stems:

caber	**cabr-**	**cabré**
decir	**dir-**	**diré**
haber	**habr-**	**habré**
hacer	**har-**	**haré**
poder	**podr-**	**podré**
poner	**pondr-**	**pondré**
querer	**querr-**	**querré**
saber	**sabr-**	**sabré**
salir	**saldr-**	**saldré**
tener	**tendr-**	**tendré**
venir	**vendr-**	**vendré**

The simple present tense can also be used to express future time and is often accompanied by an adverbial expression: *Nos vemos mañana; Trabajo a la una.*

The future tense is commonly used in news and informational programs and announcements that are broadcast on television and radio and in formal written expression.

El colectivo **llegará** a las siete. *(The minibus will arrive at 7:00.)*

En el crucero de lujo, **disfrutarán** exquisitas comidas. *(On the luxury cruise, you will enjoy exquisite meals.)*

The future tense is also used in sentences with *si* clauses to describe future events that might occur under certain conditions. The present tense is used in the *si* clause and the future is generally used in the main clause.

Iremos al partido en coche **si llueve**. *(We'll go to the game by car if it rains.)*

Si este autobús **pasa** por la Plaza de la Constitución, **veremos** la catedral. *(If this bus goes by the Plaza de la Constitución, we'll see the cathedral.)*

¡OJO! Future actions are also expressed by using a form of the verb *ir* + *a* + an infinitive. This structure is reviewed in the *¿Necesita repasar un poco?* section at the end of this chapter.

¡Practiquemos! ....

A. ¿Qué haremos? El profesor Espinosa está haciendo una lista de las cosas que él y sus estudiantes tienen que hacer antes de su viaje a México. Ayúdelo a escribir la lista.

Modelo: nosotros / ahorrar el dinero para el pasaje
Ahorraremos el dinero para el pasaje.

1. yo / llamar por teléfono a la agencia de viajes
2. Lupe / confirmar las reservaciones
3. cada uno / pagar el pasaje
4. nosotros / hacer las maletas
5. Jorge / llevar una cámara
6. los estudiantes / leer mucha información sobre México
7. nosotros / salir muy temprano por la mañana
8. los padres / decirles adiós a sus hijos

B. *Lo que hice y lo que haré*. El profesor Espinosa está repasando su lista de cosas que ya hizo y las que todavía necesita hacer para su viaje a México. Ayúdelo a organizar sus quehaceres. Haga frases lógicas utilizando varias expresiones adverbiales como: **dentro de dos minutos, más tarde, muy pronto, a eso de las tres, mañana, pasado mañana, la semana próxima**, etc.

Modelo: hacer las reservaciones / comprar los boletos
Ya hice las reservaciones y mañana compraré los boletos.

1. confirmar las reservaciones / averiguar el número de los asientos
2. recibir los pasajes / hacer las reservaciones en un hotel
3. hacer las maletas / poner el cepillo de dientes en la maleta
4. conseguir los cheques de viajero / pedir la tarjeta de turista

Ahora, el profesor está en el aeropuerto. Diga lo que hará antes de salir.

5. facturar el equipaje
6. pedir un asiento en la sección de no fumar
7. pasar por la aduana
8. abordar el avión

C. ¿Qué hará Ud. si...?   ¿Qué hará Ud. si ocurren las cosas a continuación? Use el futuro.

Modelo: Si Ud. sale bien en este curso...
Si salgo bien en este curso, seguiré otro curso de español.

1. Si Ud. tiene más tiempo después de este semestre / trimestre...
2. Si Ud. termina su tarea temprano esta noche...
3. Si Ud. conoce al hombre / a la mujer ideal muy pronto...
4. Si Ud. va a casa para las vacaciones...
5. Si Ud. se queda en la universidad este fin de semana...
6. Si Ud. tiene dinero después de este semestre / trimestre...

EXPRESAR CONDICIONES: EL SUBJUNTIVO CON EXPRESIONES ADVERBIALES

The subjunctive is used in clauses that describe conditions under which something might happen. Clauses introduced by the following conjunctions always require the use of the subjunctive since the meaning of the conjunction sets up the condition requiring the subjunctive: *a menos que* (unless); *antes (de) que* (before); *con tal (de) que* (provided that); *en caso (de) que* (in case); *para que* (so that); *sin que* (without).

The following indefinite expressions also require the subjunctive: *cual(es)quiera* (whichever); *cuando quiera* (whenever); *(a)dondequiera* (wherever); *quien(es)quiera* (whoever, whomever).

¡OJO!   The indefinite expression *cuando quiera* (whenever) is used most often as a legal term and is not very common in everyday speech.

En caso de que el viaje **se cancele**, nos quedaremos en casa. *(In case the trip is canceled, we will stay at home.)*

Con tal que no **haya** huelga de pilotos, iremos a esquiar en Chile. *(Provided that there isn't a pilot strike, we'll go skiing in Chile.)*

Pensamos viajar **para que aprendas** que el mundo es muy variado. *(We intend to travel so that you learn that the world is very diverse.)*

Adondequiera que él vaya, se divierte mucho. *(Wherever he goes, he enjoys himself a lot.)*

An important concept regarding this use of the subjunctive is the anticipation of an event, either in the future or in the past. If the context in which you are speaking refers to an indefinite or anticipated action in the future, use the present subjunctive after the following conjunctions.

In Chapter 9, students will learn how to use the imperfect subjunctive when these same conjunctions introduce an event anticipated in the past: *Querían quedarse allí hasta que llegáramos.* (They wanted to stay there until we arrived; anticipated action in the past.)

If the context refers to definite actions in the present or past, use the indicative after these conjunctions:

aunque *(even though, even if)*

cuando *(when)*

después (de) que *(after)*

en cuanto *(as soon as)*

hasta que *(until)*

mientras *(while)*

tan pronto como *(as soon as)*

Cuando voy de viaje, siempre llevo mi maleta verde. *(When I travel, I always carry my green suitcase; habitual present action, no anticipation.)*

Cuando vayas de viaje a Chile, lleva una maleta extra. *(When you travel to Chile, take an extra suitcase; anticipated future action.)*

El niño perdido lloró **hasta que** su madre lo **encontró**. *(The lost child cried until his mother found him; definite past action, no anticipation.)*

¡OJO! *Aunque* may also take either the indicative or the subjunctive depending on the degree of certainty or doubt the speaker wishes to convey.

Viajaré este verano **aunque tengo** poco dinero. *(I'll travel this summer even though I have little money; present situation, no doubt.)*

Viajaré este verano **aunque tenga** poco dinero. *(I'll travel this summer even if I have little money; future prediction, uncertainty.)*

¡OJO! The following expressions are followed by an infinitive and are used without *que* when there is no change of subject: *antes de, con tal de, después de, en caso de, hasta, sin, para.*

Saldremos ahora **para** no **llegar** tarde. *(We'll leave now in order not to arrive late.)*

Saldré ahora **para que** nosotros no **lleguemos** tarde. *(I'll leave now so that we don't arrive late.)*

Voy a desayunar **antes de irme**. *(I'm going to have breakfast before leaving.)*

Voy a desayunar **antes de que** nosotros **nos vayamos**. *(I'm going to have breakfast before we leave.)*

¡Practiquemos! ....

A. *Al volar.* En la sala de espera, Rosario trata de calmar a un pasajero nervioso. ¿Qué dice ella? Complete las siguientes oraciones con el indicativo o el subjuntivo como sea apropiado.

Modelos: El avión siempre sube rápidamente cuando...(despegar)
El avión siempre sube rápidamente cuando despega.

Abróchese el cinturón antes que nosotros...(salir)
Abróchese el cinturón antes que nosotros salgamos.

1. En caso de que la línea aérea...(perder su equipaje), Ud. tendrá que quejarse al agente.
2. El asistente de vuelo les sirve bebidas a los pasajeros para que ellos...(no tener sed).
3. Llegaremos dentro de dos horas con tal que...(hacer buen tiempo).
4. Tendrá que abrocharse el cinturón de seguridad hasta que el avión...(aterrizar).
5. En el último viaje que hice, tuvimos que abordar el avión a las 2 aunque no...(despegar hasta las 4:00).
6. Generalmente salimos del avión en unos minutos después de que el avión...(aterrizar).

B. *Lupe y el viaje.* Lupe habla con sus compañeros durante el viaje por avión. Complete sus frases utilizando el subjuntivo, el indicativo o un infinitivo.

Modelo: Llegaremos a tiempo con tal de que la línea aérea...
Llegaremos a tiempo con tal de que la línea aérea no tenga ninguna demora.

1. Cenamos esta noche antes de...
2. Es importante tener cuidado adondequiera que nosotros...
3. Reclamamos el equipaje después de...
4. Saldremos del aeropuerto tan pronto como...
5. Pasamos por la aduana aunque...
6. Visitamos varios sitios con tal de que...
7. Siempre llevo los cheques de viajero cuando...
8. Es buena idea cambiar dinero en el hotel para que...

C. *¿Y Ud.?* Complete cada frase, utilizando el subjuntivo, el indicativo o un infinitivo.

1. Siempre salgo de la casa cuando...
2. Iré de vacaciones tan pronto como...

3. Quiero viajar sin que mis padres...

4. Prefiero ir antes de (que)...

5. Viajé por avión el año pasado aunque...

6. No puedo salir hasta (que)...

7. Quiero conocer a mucha gente cuando...

8. Saldré con unos amigos este fin de semana a menos que...

D. *Actividad en parejas: algunas recomendaciones.*   Imagínese que un/a compañero/a de clase irá de vacaciones a España. Dele unas recomendaciones usando las claves a continuación de la Columna A (¡No se olvide de usar el subjuntivo con las expresiones impersonales como **Es importante...**!). Su compañero/a debe responder usando las claves de la Columna B. El / Ella tiene que completarlas con el subjuntivo o un infinitivo.

After completing Exercise D, have students report back the responses by using the future tense and the subjunctive or infinitive. Example: David comprará el pasaje con tal de que sus padres le den el dinero.

Las recomendaciones	*Las respuestas*
1. Es importante que / comprar el pasaje de antemano	**1.** Sí, con tal de (que)...
2. Es necesario que / tener un pasaporte	**2.** Sí, antes de (que)...
3. Es recomendable que / hacer las reservaciones para el hotel pronto	**3.** Sí, para (que)...
4. Es mejor que / llevar poco equipaje	**4.** Sí, a menos que...

HABLAR DE RELACIONES DE ESPACIO Y DE TIEMPO: POR Y PARA

To talk about spatial and temporal relationships and purposes, Spanish speakers often use the words *por* and *para*. In general, *para* often points to the future by describing purpose, direction, destination, and deadlines, while *por* often looks to the past by describing reasons and causes.

Para often points to the future and also expresses:

- A purpose, meaning "in order to," used with an infinitive
  ¿Para qué *(For what purpose?)* se usa esto?
  Es **para** servir el café.
  Para llegar a la ciudad de Toledo, tienes que cruzar un puente.
  Trabaja **para que** su hijo pueda asistir a la universidad.
- Direction, destination
  Vamos **para** Santiago el 6 de abril.

- Deadline, approximate time reference
  Para mañana, estudien el plano de la ciudad.

  Regresamos **para** fines de marzo.

- Recipient
  Este boleto de avión es **para** mi yerno.

  Trabaja **para** la agencia de viajes. *(He works for . . .)*

- To be about to . . . , with *estar*
  Estuvimos **para** terminar el proyecto.

- Unequivalent comparison: "in view of something / someone being . . ."
  Hubo muy pocos accidentes **para** un día tan tormentoso.

  Para piloto, no es muy astuto.

Por **often looks to the past and also expresses:**

- Reasons, motives, explanations, justifications
  ¿Por qué tomaste la línea 7? Sabes que necesitamos la línea 8.

  Por la tardanza del autobús, llegamos tarde al bautizo.

- Duration of time
  Viví en Chile **por** seis años.

- Substitution; meaning "for the sake of," by + agent
  Hablé **por** él. *(on behalf / in place of him)*

  Trabaja **por** su familia. *(for his family's sake)*

  El libro fue escrito **por** ese autor mexicano.

- Equivalence, "per"
  En la Argentina se paga 100 australes **por** una habitación doble.

  ¿Cuánto cobran Uds. **por** noche?

- Location; meaning "through, by means of," imprecise location
  Paseamos **por** el Parque Alameda.

  Viajamos **por** tren.

  Vive **por aquí**. *(around here)*

- Purpose of an errand
  Fui a la librería **por** un libro de gramática.

- Negation, "yet (left) to . . ."
  Tengo muchas cartas **por** escribir. *(left to write, unwritten letters)*

- "To be willing to . . . , to be in favor of, with *estar*
  Estoy **por** salir. *(willing, ready to)*

- Adverbial expressions
  Me quedaré en México **por lo menos** seis días. *(I'll stay in Mexico for at least six days.)*

  Nos divertimos mucho en España, **por supuesto**. *(We enjoyed ourselves a lot in Spain, of course.)*

The passive voice is presented in Chapter 7.

por desgracia *(unfortunately)*   por fin, por último *(finally)*

por ejemplo *(for example)*   por lo general *(generally)*

por eso, por lo tanto *(therefore)*

¡Practiquemos! ....

A. *Rosario en México.* Después de regresar de su viaje a México, Rosario les habla a sus amigos de lo que hizo ella durante el viaje. ¿Qué les dijo ella? Use el pretérito y **por** o **para** como sea adecuado.

Modelo: Nosotros / salir / México muy temprano en la mañana
   Nosotros salimos para México muy temprano en la mañana.

1. Nosotros / viajar / avión
2. Nosotros / ir a México / aprender mucho de la cultura
3. Nosotros / quedarse / dos semanas
4. Yo / ir a la librería / unos libros en español
5. Yo / pagar / 6000 pesos / un libro de gramática
6. Mi amigo / comprar / muchos recuerdos / su familia
7. Un día unos estudiantes / dar un paseo / el parque
8. Nosotros / salir de México el domingo pasado / la noche

B. *Una entrevista con el profesor Espinosa.* Imagínese que Ud. es el profesor Espinosa, y que una periodista del diario local mexicano lo / la entrevista sobre su viaje a México. ¿Cómo le responde a las siguientes preguntas?

1. ¿Por qué vinieron Uds. a México?
2. ¿Por cuánto tiempo estarán aquí?
3. ¿Por qué partes del país piensan pasar?
4. ¿Aún no han paseado por el Parque Chapultepec?
5. ¿Para dónde salen Uds. mañana?
6. ¿Qué planes tienen Uds. para este fin de semana?
7. ¿Cenaron Uds. en algunos restaurantes por aquí?
8. ¿Qué le gustaría comprar para su familia?

C. *Actividad en parejas: Un viaje.* Imagínese que Ud. y un/a compañero/a de clase van a hacer un viaje. Uds. tienen que tomar algunas decisiones sobre el viaje.

1. your destination
2. the purpose of your trip
3. why you chose that particular destination

4. means of transportation

5. places through which you will travel

6. how long you will be there

D. *Ud. está de viaje.* Describa un viaje que Ud. hizo últimamente. Haga una serie de frases utilizando las siguientes expresiones.

Modelo: por fin
    Esperamos en el aeropuerto por cinco horas; por fin, abordamos el avión.

1. por lo general	**4.** por casualidad	**7.** por ejemplo
2. por supuesto	**5.** por desgracia	**8.** por fin
3. por lo menos	**6.** por lo tanto	

📼 ¡ESCUCHEMOS UN POCO MÁS!

Ud. va a escuchar una conversación entre Fausto y Eliana, que hablan de dónde van a quedarse durante su viaje a México.

Antes de escuchar

In preparation for listening to this segment, answer the following questions in English.

1. What are possible types of places one might stay when traveling abroad?

2. Brainstorm a list of Spanish words and expressions you already know that might be heard in this selection.

Después de escuchar

A. *¿Comprendió Ud.?*   Conteste las siguientes preguntas.

1. ¿Con quién quiere hablar Fausto antes de hacer las reservaciones para sus vacaciones?

2. ¿Dónde prefiere quedarse Fausto durante las vacaciones en México? ¿Por qué piensa así?

3. ¿Qué opina Eliana de las ideas de Fausto?

4. ¿Qué quiere Eliana que le pregunte Fausto a la agente de viajes?

B. *¡Discutamos!*   Conteste las siguientes preguntas.

1. ¿Se quedó Ud. en un hotel alguna vez? ¿Le gustó? Explique.

2. Cuando Ud. viaja, ¿prefiere quedarse en un hotel o alquilar una casa?

3. ¿Cuáles son las ventajas y desventajas de quedarse en un hotel? ¿De alquilar una casa?

Play your Teacher Tape at this time. Remember to find the beginning of the segment before class and set your counter at zero to facilitate rewinding. You may want to play the segment more than once, or pause the tape occasionally to allow students the opportunity to replay mentally what they have heard.

On tape: . . . si algo se estropea en la cabaña . . . (*if something breaks down in the cabin . . .*)

¡LEAMOS UN POCO!   *Avis red hot*

Avis alquila carros General Motors
como este Pontiac Grand Am.

¡Avis te sube de categoría y te baja los precios!

En Florida, puedes alquilar un Pontiac Grand Am de Avis por el precio de un sub-compacto.

Sólo lleva uno de los cupones que aparecen en esta página a cualquier mostrador de Avis en los aeropuertos de Florida. Te alquilaremos un Grand Am por el precio de un sub-compacto. Bien sea por un día, una semana o un mes, obtendrás nuestras bajas tarifas Super Value y todas las ventajas que ofrece Avis en Estados Unidos. Autos General Motors de último modelo y con el tanque lleno. Y más de 1,000 oficinas a través de la nación (60 en Florida).

En tu próximo alquiler de auto, sube de categoría sin tener que pagar más. Ven a Avis o llámanos al 1-800-874-3556, hablamos español.

Red hot
1987 Wizard Co. Inc.

ahorra: *save*; mostrador: *counter*; bien sea: *whether it be*

Antes de leer

In preparation for reading this advertisement, look at the title and photograph and scan the text as necessary for the information requested. Then answer the questions in English.

1. What means of transportation is the article advertising? How do you know?
2. From looking at the pictures, what do you think you can get with this ad?
3. What are some major brand names you notice?

Después de leer

A. *¿Comprendió Ud.?*   Conteste las siguientes preguntas en español.

1. ¿Qué significa la frase **(te) sube de categoría**? ¿Sube el precio del coche también?
2. Para obtener el Grand Am por el precio de un sub-compacto, ¿qué hay que hacer?
3. ¿Qué otras ventajas hay al utilizar la compañía AVIS?

B. *¡Discutamos!*   Conteste las siguientes preguntas.

1. En su opinión, ¿es buena o mala idea utilizar un coche alquilado?
2. ¿Qué puede hacer uno si está de vacaciones y no le gusta la idea de utilizar un coche alquilado?
3. ¿Ha alquilado Ud. o su familia un coche alguna vez? Cuéntenos algo sobre este asunto.

Enlace de todo

Para hacer esta sección, recuerde la gramática de repaso y la gramática funcional de este capítulo: *ir* + *a* + infinitivo; el presente progresivo y el imperfecto progresivo; las preposiciones con sustantivos, pronombres, infinitivos y adverbios; la formación y el uso del futuro; el uso del subjuntivo con expresiones adverbiales; y los usos de **por** y **para**. También es buena idea repasar el vocabulario presentado al principio de este capítulo antes de empezar.

¡IMAGINEMOS!

A. *Dramatizaciones.* Prepare las siguientes dramatizaciones según las instrucciones.

1. Ud. está en el aeropuerto como viajero/a y tiene que confirmar su vuelo, obtener el pasaje, facturar el equipaje y encontrar la puerta. Otro/a estudiante es el / la empleado/a de la línea aérea, que le presenta dos problemas. Por ejemplo, uno de ellos puede ser que no hay asientos. Después de resolver los problemas, el / la empleado/a tiene que darle el número de su asiento e instrucciones sobre cómo se llega a la puerta apropiada.

2. Ud. está en el avión con destino a Santiago de Chile. Puesto que es un vuelo de 14 horas, Ud. tiene la oportunidad de hablar con los otros pasajeros. Un/a compañero/a de clase tomará el papel de otro/a pasajero/a. Hablen por cinco minutos sobre estas cosas: su familia, su profesión o trabajo, lo que le gusta hacer de recreo y sus planes para el viaje.

3. Un/a amigo/a suyo/a está de visita en su pueblo / ciudad por una semana; se aloja en un hotel cercano. Por teléfono, Uds. deciden reunirse en un restaurante para almorzar, pero su amigo/a tiene que ir al banco primero. Ud. tiene que darle instrucciones detalladas para llegar al banco y después para llegar al centro comercial. Su amigo/a tiene que escribir las instrucciones y repetirlas, ya que son un poco complicadas.

4. Un/a estudiante boliviano/a en la Universidad del Acero piensa viajar a Nueva York durante las vacaciones de Acción de Gracias. Piensa alojarse en un hotel, pero al registrarse, hay problema tras problema. Tomando el papel del / de la hotelero/a, Ud. tiene que hablar con el / la estudiante para resolver los siguientes problemas: no tiene reservaciones, no quiere pagar más por un baño particular y se estacionó enfrente del hotel donde está prohibido.

B. *Diálogo original.* Imagínese que Ud. y sus padres piensan viajar a Chile por avión y luego tomar un crucero de lujo en la M/N Skorpios I. Mire el anuncio del crucero en la página 119. Con dos compañeros de clase, planee Ud. el viaje, seleccionando las cabinas que quieren y hablando de la fecha en que van a ir, lo que van a ver en el crucero, las excursiones que piensan tomar y las charlas que quieren escuchar.

C. *A convencerlos.* Imagínese que su familia tiene dudas sobre el viaje del crucero Skorpios I. Escriba una carta para convencerlos de que será el mejor viaje de su vida. Utilice el tiempo futuro, y el anuncio en la página 119.

Alternativas de alojamiento...

Por KAREN CALDWELL

Copley News Service

A
Cabaña en isla privada de 12 acres, equipada con cocina, baño, para cuatro personas en la playa. La mejor playa del mundo para bucear, pescar y nadar. Agua clara como el cristal. Tarifa: desde $325 a la semana.

Disponible todo el año. Stann Creek Island, Caribe Oriental". Así lee uno de los anuncios atractivos en el directorio "World-wide Rental Guide" de alquiler a corto plazo para vacaciones o viajeros de negocio. (142 Lincoln Ave., Suite 652, Santa Fe, NM 87501).

B Compartir

Este plan le provee los arreglos de viaje y le permite permanecer dentro de su presupuesto anual para vacaciones.

Usted compra un periodo de tiempo, medido en semanas. Luego, puede usar esa propiedad cada año durante ese mismo periodo de tiempo casi siempre.

Hay dos tipos de plan: uno en el que usted es en parte dueño y por lo tanto tiene más control. El otro le da el derecho tan solo de hacer uso del lugar durante dicho periodo de tiempo.

Le resulta mejor si su plan pertenece a una red internacional permitiéndole así cambiar su periodo de vacaciones por uno en un lugar distinto y quizás en una fecha distinta.

C Propiedad fraccionada

En vez de comprar una pequeña fracción de un lugar vacacional, considere compartir la propiedad con 10 ó 12 personas más —quizás amigos, parientes o socios de negocios.

Este plan es ideal para la persona interesada en algo más que un lugar vacacional por una semana a un costo de $8 mil, pero que no puede mantener una casa para vacacionar que cuesta $250 mil. De esta manera, tiene la oportunidad de usar la propiedad durante un periodo más largo de tiempo también, dependiendo del acuerdo hecho con los otros dueños.

D Intercambio de residencias

Imagínese: Usted intercambia su casa (y todo lo que hay en ella junto con todo lo que el vecindario le ofrece) por una casa en un lugar que usted desea visitar.

Al intercambiar residencias usted se ahorra miles de dólares en tarifas de hotel. "Pero lo mejor de todo no es eso", dice un matrimonio de Fort Lauderdale, "usted llega a conocer lo que es vivir en un vecindario distinto, desde comprar en el colmado hasta llevar los niños al parque".

Por una tarifa anual modesta de membresía hay un número de organizaciones que se hacen cargo de detalles tales como de anunciar su casa, de parearlo a usted con la situación de intercambio adecuada y ayudarlo con los arreglos finales.

E Alquiler de casas

Es fácil ver por qué la fiebre de alquilar casas está ganando momentum. Una muestra de esto es The World Wide Home Rental Guide en el que aparecen villas, apartamentos y hasta castillos para alquiler en distintos lugares del mundo.

Por ejemplo en Carmel, California, una cabaña de dos habitaciones completamente amueblada con chimenea, piano, lavadora y secadora de ropa, horno microondas, ropa de cama y lavadora de platos vale aproximadamente $500 a la semana, dependiendo de la época del año.

alojamiento: *lodging*; disponible: *available*; presupuesto: *budget*; pertenecen: *they belong to*; medido: *measured*; dueño: *owner;* red: *network*; socios de negocios: *business associates*; acuerdo: *agreement*; vecindario: *neighborhood*; colmado: *grocery store (Puerto Rico)*; se hacen cargo de: *are responsible for*; parearlo: *match up with clients*; arreglos: *arrangements*; fiebre: *fever*; amueblada: *furnished*

▶ *Pre-reading*

In preparation for reading this article, quickly skim over the title and the boldface subtitles. Then answer the questions in English.

1. What do you think the article is about?
2. Where might you expect to find this article?
3. Why do you think people would want to consider alternatives to hotels in vacation spots?
4. What are some alternative lodgings you know of?
5. Brainstorm a list of Spanish words and expressions you already know that might be found in this reading.

▶ *Skimming / Scanning*

Quickly skim through the article and match each type of lodging with the letter of the appropriate section of the reading: B, C, D or E.

_____ 1. co-owning property with friends, relatives, or business associates

_____ 2. renting homes

_____ 3. owning property for a certain time period per year

_____ 4. exchanging residences

Now find the information requested below by scanning the appropriate sections of the article indicated. Answer in English or Spanish.

1. Section B: Describe a time-sharing plan.
2. Section C: What kind of person might be especially interested in being a co-owner of property?
3. Section D: What is an advantage of exchanging residences?
4. Section E: Describe the three types of homes, among others, that can be rented.

▶ *Decoding*

Answer the questions below dealing with grammatical structures and vocabulary that you will encounter when reading the entire article.

1. Section B:

Remind students of the nominalization rules presented in Chapters 2 and 3.

   a. Find an example of nominalization meaning **in which** in this section.
   b. How do you say **the other one**?

2. Section E: Identify the household appliances listed.

3. Entire article:

   a. Can you find two words that relate to **rent**?

   b. Find the occurrences of *por* and *para* throughout the article. Make a list of them and tell the class why *por* or *para* was used in each instance.

   c. Based on your knowledge about lodging, what do you think are the Spanish words in the article for . . .

   rate:

   lodging:

   provides:

   budget:

   exchange:

   property:

   neighborhood:

   furnished:

▶ *¿Comprendió Ud.?*

Después de leer este artículo por completo, conteste las siguientes preguntas.

   1. ¿Cómo es la residencia que se describe en el primer párrafo del artículo?

   2. ¿Qué podrá hacer Ud. para divertirse si se aloja en esta casa?

   3. Si Ud. quiere ser dueño/a por parte del año, ¿qué oportunidades existen?

   4. Si Ud. no quiere ser dueño/a de la casa, ¿qué oportunidades puede seleccionar?

   5. ¿Cuáles son las ventajas de intercambiar su casa por otra?

▶ *¡Discutamos!*

Conteste las siguientes preguntas.

   1. ¿Ha alquilado Ud. alguna vez una casa vacacional? Descríbala.

   2. De los cuatro planes descritos en el artículo, ¿cuál le parece mejor a Ud.? ¿Por qué?

   3. Imagínese que Ud. tiene el mismo período de tiempo (año tras año) en que puede irse de vacaciones. ¿Qué plan escogerá? ¿Qué hará para las vacaciones?

Temas para composiciones / conversaciones

1. Las ventajas y desventajas de alquilar una casa vacacional
2. Un anuncio que pueda aparecer en el *World Wide Rental Guide* anunciando una casa y el vecindario
3. Las ventajas y desventajas de alojarse en un hotel

🔲 ¡EL GRAN PREMIO!: ¿Puede Ud. hacerlo?

Ud. va a escuchar una conversación entre Rosario y un chico mexicano que pasa por la calle. Rosario le pregunta al chico cómo se llega al Café La Parroquia.

▶ Antes de escuchar

In preparation for listening to this segment, answer the following questions in English.

1. What are some expressions in English that might be used to give directions?
2. Brainstorm a list of Spanish words and expressions you already know that might be heard in this selection.

▶ Primer paso

Play your Teacher Tape at this time. Remember to find the beginning of the segment before class and set your counter at zero to facilitate rewinding. You may want to play the segment more than once, or pause the tape occasionally to allow students the opportunity to replay mentally what they have heard.

Answers for EL GRAN PREMIO, Primer Paso: 1, a; 2, c; 3, b; 4, c

The person asks a child on the street for directions; she, therefore, uses the *tú* form with him. You might have students re-create the dialog using a more formal context.

Escuche la conversación por primera vez y escoja las respuestas correctas.

1. Para pedir información, Rosario primero dice...
   a. Oye, disculpa,...
   b. Perdone,...
   c. Quiero saber...
   d. Con permiso...
2. Rosario tiene que salir a la calle Camacho para tomar...
   a. un taxi.
   b. un metro.
   c. un colectivo.
   d. un coche personal.
3. Va hacia el Centro, y en la parada que está enfrente del hotel María Victoria,...
   a. tiene que relajarse allí.
   b. tiene que bajarse allí.
   c. tiene que pasar por allí.
   d. tiene que cruzar allí.

4. Rosario tiene que preguntar por allí porque el chico...

    a. sabe dónde queda el Café La Parroquia.

    b. se pierde en las calles caminando unas dos cuadras.

    c. no recuerda las instrucciones finales.

    d. no es de la ciudad.

▶ *Segundo paso*

Answers for EL GRAN PREMIO, Segundo Paso: 1, F; 2, V; 3, F; 4, V; 5, V

Escuche la conversación otra vez. ¿Son **verdaderas** o **falsas** las siguientes frases? Corrija las frases falsas.

1. Rosario quiere ir a la Capilla San Felipe.
2. Primero, tiene que tomar un colectivo.
3. En el hotel María Victoria, toma un taxi.
4. Camina dos cuadras.
5. Tiene que pedir por allí las instrucciones finales.

▶ *Tercer paso*

Escuche la conversación por última vez y escriba un resumen de por lo menos tres frases en español.

▶ *¡Discutamos!*

Imagínese que un/a compañero/a de clase necesita instrucciones de cómo se llega a un restaurante que está cerca de su universidad. Tengan Uds. una conversación en la cual él / ella le pide la información y Ud. le explica cómo se puede llegar allí. Preséntenle la conversación a la clase.

Vocabulario

Viajar por avión

abordar *to board the plane*

abrocharse el cinturón de seguridad *to fasten one's seatbelt*

adelantado/a *early*

la aduana *customs*

el / la asistente de vuelo *flight attendant*

aterrizar (el aterrizaje) *to land (the landing)*

atrasado/a *late*

la clase turística *tourist class*

el comprobante de equipaje *baggage claim check*

de antemano *in advance*

despegar (el despegue) *to take off (the take-off)*

el destino *destination*

el equipaje de mano *carry-on luggage*

facturar las maletas *to check suitcases*

la fila *row*

hacer cola *to wait in line*

la hora de llegada *arrival time*
de salida *departure time*
junto con *together with*
la licencia de manejar *driver's license*
el pasaje de ida y vuelta *round-trip ticket*
el / la pasajero/a *passenger*
el pasillo *aisle*
la primera clase *first class*
la puerta *gate*
reclamar las maletas *to claim suitcases*
la sala de espera *waiting room*
la sección de fumar / de no fumar *smoking / no smoking section*
la tardanza (la demora) *delay*
la tarjeta de embarque *boarding pass*
de turista *tourist card*
la ventanilla *window (of an airplane)*
el vuelo directo *direct flight*
sin escala *non-stop flight*

En el hotel

acabársele a uno/a *to finish, run out*
las almohadas *pillows*
arreglar *to arrange, fix*
el baño particular *private bath*
la bombilla *light bulb*
el botones *bellboy*
la calefacción *heat (furnace)*

el cargo adicional *additional charge*
cobrar *to charge (a price)*
desocupar *to vacate*
la esquina *corner*
estacionar (el estacionamiento) *to park (parking lot)*
estar completo *to be full*
la ficha de registro *registration card*
funcionar *to function, work (equipment)*
fundir *to burn out (light bulb)*
el grifo *faucet*
la habitación simple / doble *single / double room*
los impuestos *taxes*
el inodoro *toilet*
el papel higiénico *toilet paper*
quedar *to be located*
registrarse *to register*
revisar *to check*
el servicio de habitación *room service*
la tarifa *rate, fee*
las toallas *towels*

Pedir y dar las instrucciones para llegar a un sitio

alquilar *to rent*
la cuadra *block*
disculpe, perdone *Excuse me, pardon me*
doblar *to turn*
la esquina *corner*
la glorieta *traffic circle*
hacer parada *to stop*
a la izquierda / derecha *to the left / right*

la parada (del autobús) *bus stop*
el plano *city map*
seguir todo derecho *to continue straight ahead*
subirse al / bajarse del autobús *to get on / off the bus*
tardarse *to take time, to delay*

Otras palabras y expresiones útiles:

(a)dondequiera *wherever*
a menos que *unless*
antes (de) que *before*
aunque *even though, even if*
con tal (de) que *provided that*
cual(es)quiera *whichever*
cuando *when*
cuando quiera *whenever*
después (de) que *after*
en caso (de) que *in case*
en cuanto *as soon as*
hasta que *until*
mientras *while*
para que *so that*
por casualidad *by chance*
por desgracia *unfortunately*
por ejemplo *for example*
por eso *therefore*
por fin *finally*
por lo general *generally*
por lo menos *at least*
por lo tanto *therefore*
por supuesto *of course*
por último *finally*
quien(es)quiera *whoever, whomever*
sin que *without*
tan pronto como *as soon as*

¿NECESITA REPASAR UN POCO?

Ir + a + infinitivo

A common way to talk about future events is to use *ir* + *a* + an infinitive.

ir

voy	vamos	+ a +	estudiar
vas	vais		viajar a Perú
va	van		aterrizar pronto

El presente progresivo y el imperfecto progresivo

The present and past progressive tenses are used to draw attention to an activity being done at a specific moment. However, they are not used as frequently in Spanish as they are in English, since the present and imperfect tenses are often used to refer to actions in progress. Nevertheless, to emphasize the immediacy of actions in progress at this very moment, use the present tense of *estar* followed by the present participle. To emphasize actions in progress at a moment in the past, use the imperfect tense of *estar* followed by the present participle. To form the present participle, add **-ando** to the stem of **-ar** verbs and **-iendo** to the stem of **-er** and **-ir** verbs.

Estoy estudiando ahora mismo. *(I'm studying right now.)*

Estaba comiendo cuando yo llegué. *(He was eating when I arrived.)*

-Ir stem-changing verbs change **e → i** and **o → u** in the present participle form:

venir	viniendo
sentir	sintiendo
pedir	pidiendo
dormir	durmiendo
morir	muriendo

-Er and **-ir** verbs that have stems ending in vowels change the **i** of the ending to a **y**.

creer	creyendo
leer	leyendo
oír	oyendo

¡OJO! The present progressive of *ir (yendo)* and *poder (pudiendo)* are never used. The simple present indicative tense is used instead.

Las preposiciones con sustantivos, pronombres, infinitivos y adverbios

Prepositions in Spanish are followed by nouns, pronouns, infinitives and sometimes adverbs.

With nouns:

Los estudiantes **de la clase de español** salieron temprano.

Mucha gente va al trabajo **en autobús**.

With pronouns:

La secretaria está **detrás de ti**.

Entre nosotros, ese curso es fácil.

Me encanta viajar **contigo**. ¿Quieres ir **conmigo**?

With infinitives:

Estudia mucho **para sacar una A.**

Después de vender mi coche, tuve que caminar mucho.

With adverbs:

Pregunta **por allí**.

¿**Para dónde** vas?

6

¿Qué me recomienda?

Objetivos funcionales

Cuando Ud. complete este capítulo, podrá hacer lo siguiente en español...

- pedir información
- tomar y cambiar decisiones para hacer las compras
- pedir algo en un restaurante

Objetivos culturales

A través del capítulo, leerá y escuchará información sobre...

- las dietas
- la cocina hispana
- la última moda
- los anuncios

Enlace inicial

🔲 ¡ESCUCHEMOS!

Play your Teacher Tape at this time. If you are using a machine with a counter, you may want to do the following before class. Find the spot on the tape where the segment begins. Set the counter on zero. During class, play the segment. To return to the beginning of the segment, rewind the tape until you reach zero on the counter.

1. See the CULTURA A LO VIVO section for a description of *mole*. 2. *Pastel de tres leches* is a cake made with three different kinds of milk: fresh cow's milk, canned evaporated milk, and a strongly concentrated sugar milk called *la lechera* in Mexico and *el manjar* in Chile. 3. *Las natillas* is cream custard.

Ud. va a escuchar una conversación entre Lupe, Memo, y un camarero en el restaurante «Candiles» en México. Escuche la conversación y conteste las preguntas.

A. ¿Comprendió Ud.? Ponga una **x** a la izquierda de las cosas que pidieron Lupe y Memo.

_____ **1.** enchilada   _____ **6.** carne de res

_____ **2.** pollo en mole   _____ **7.** ensalada

_____ **3.** pan dulce   _____ **8.** dedos de novia

_____ **4.** cerveza   _____ **9.** café

_____ **5.** vino   _____ **10.** agua

B. Más detalles. Conteste las siguientes preguntas.

1. ¿Qué les pregunta el camarero a Lupe y a Memo cuando entraron?

2. ¿Qué piden de beber?

3. ¿Qué comidas les sugiere el camarero?

4. Según el camarero, ¿qué platos no son picantes?

5. ¿Qué pide Memo de postre? ¿Y Lupe?

¡LEAMOS!   *Decálogo para una buena dieta*

Ud. va a leer un artículo corto que trata sobre lo que se debe comer para tener una buena dieta. Lea el artículo y haga los ejercicios.

A. ¿Comprendió Ud.? ¿Son verdaderas o falsas las siguientes frases? Corrija las oraciones falsas.

_____ **1.** Hay que evitar todas las grasas.

_____ **2.** Es recomendable tomar un poco de alcohol.

_____ **3.** Una comida elegante y rica necesariamente tiene vitaminas básicas.

_____ **4.** Se debe comer sólo un poco de sal.

DECALOGO PARA UNA BUENA DIETA

1. No hay alimentos malos, sino malas dietas.

2. Comer un poco de todo y no demasiado de nada.

3. A veces una comida exquisita no posee vitaminas básicas.

4. Debe procurarse mantener el peso ideal.

5. Evitar en lo posible el consumo de grasas saturadas.

6. Azúcar, lo imprescindible.

7. Frutas, verduras y legumbres, a discreción.

8. Los cereales, integrales.

9. Sal en aderezo, lo menos posible.

10. Alcohol: si se pasa de él, mejor.

grasas: *oils, fats*; imprescindible: *essential*; aderezo: *spices or sauces, such as salad dressing, put on food*; pasarse de: *to pass something on, to pass up.*

B. *¿Y Ud.?* Conteste las siguientes preguntas.

1. ¿Cuáles de las diez reglas sigue Ud.?

2. ¿Cuáles no sigue? ¿Por qué?

3. ¿Cómo se puede mantener el peso ideal?

4. ¿Puede Ud. añadir otras dos reglas para una buena dieta?

In the ¡IMAGIMEMOS! section, students will do an open-ended scenario in pairs dealing with dieting.

¿NECESITA REPASAR UN POCO?

At the end of this chapter, you will find a brief review of the following structures:

- los adjetivos y pronombres demostrativos
- los complementos directos pronominales
- las comparaciones

Review the information as needed and complete the corresponding exercises in the workbook.

Enlace principal

CULTURA A LO VIVO

La paella valenciana es un plato español muy conocido que consta de mariscos, arroz, legumbres, y carne. Cerca de las costas de España, tiene más mariscos y pescado. En las regiones al interior del país, se prepara la paella con pollo y otras carnes. El ingrediente más famoso de la paella

Students should be able to identify *tortillas, frijoles, arroz, enchiladas, salsas* and *tacos.*

¿Qué comidas mexicanas puede Ud. identificar?

La paella valenciana.

es el azafrán, una especia que produce el color amarillo típico de la paella. El mole poblano es una comida típica de México. Es una salsa que lleva chocolate, un ingrediente que se originó en México, y unos 20 o 30 otros frutas, nueces y chiles. Se sirve el mole con pollo o pavo.

1. ¿Jamás ha comido Ud. algunos de los platos que están en las fotos? ¿Le gustaron?

2. ¿Conoce Ud. unos postres hispanos? ¿Unas bebidas hispanas?

3. ¿Qué platos típicos de otros países hispanos sabe Ud. preparar?

VOCABULARIO Y EXPRESIONES ÚTILES

EN EL RESTAURANTE, EL / LA CAMARERO/A PUEDE DECIR...

—¿Cuántos son? *(How many are there [in your party]?)* Aquí tienen la carta. Regreso en seguida *(right away).*

—¿Qué les gustaría pedir? Los camarones están muy ricos / frescos hoy. *(The shrimp are very good / fresh today.)*

—¿Qué les apetece? *(What appeals to you?)* ¿Quisieran probar...? *(Would you like to try . . .?)*

—Les sugiero... *(I suggest . . .)*

—¿Qué quieren de postre? / ¿Les traigo una bebida / un café?

—Buen provecho / Que aprovechen. *(Enjoy your meal.)*

ANTES DE PEDIR, EL / LA CLIENTE PUEDE DECIR...

—Somos cuatro. *(There are four of us.)* Quisiéramos *(We'd like)* una mesa al lado de la ventana / en la sección de fumadores / o de no fumadores / en el rincón *(in the corner).*

—Tráiganos la carta, por favor.

—¿Hay / Tienen un plato del día *(a daily special)*?

EN LA MESA, EL / LA CLIENTE PUEDE DECIR...

—Tráigame un café con leche, por favor.

—¿Me sirve / trae más agua, por favor?

—¡Me muero de hambre! *(I'm dying of hunger!)*

—¿Cómo están los mariscos *(shellfish)*?

—Estoy satisfecho/a. *(I'm full).* No puedo comer más. Todo está delicioso / sabroso / riquísimo.

Remind students about the times of day meals are generally eaten: a light breakfast at 7:00–8:00 a.m., lunch (the main meal of the day) between 1:00–4:00 p.m., and a light dinner after 9:00 p.m.

You may want to present the following expressions for ways to handle problems in a restaurant: *Camarero/a, me falta una cucharita* (I need a teaspoon). *Perdón, Ud. se equivocó* (You made a mistake). *Pedí un bistec al punto / poco asado* (a medium steak / rare steak) *y me trajo un bistec bien asado* (a well-done steak). *¿Me podría cambiar esto?* (Could you change this for me?) *No hay sal en la mesa / hielo* (ice) *para las bebidas. La carne está dura* (tough). *El pan está viejo* (stale); *El café está frío.*

The Appendix contains a list of foods that are considered to be review. You may find it helpful and/or necessary to review those words before proceeding with the new vocabulary presented here. The new words are being presented by means of the authentic menu from Segovia, Spain. Translations for the important words students must learn are given in the end-of-chapter vocabulary list. You will need to help students understand the meaning of items on the menu.

Filete may refer to either meat or fish.

Other varieties of plantains / bananas grown in Central and South America include: *plátano de la isla, plátano de seda, plátano-manzana, plátano de freír*. A challenging assignment is to ask students to find recipes using these specific bananas.

You may want to tell students that each Spanish-speaking country has its own type of cuisine. For instance, a *tortilla* is the flat pancake-like basis of a *taco* in Mexico, but in Spain, a *tortilla* is an omelette, etc.

You might try some TPR to help students internalize this vocabulary. Either bring in magazine pictures or plastic food items. Present items in groups of ten: have students repeat them, pass them around, point to certain items, etc., until they can remember them. You might later put items in a paper bag and have students reach in to select and identify each one in Spanish. This is also a good activity for groups of four or five students.

ANTES DE SALIR, EL / LA CLIENTE PUEDE DECIR...

—La cuenta, por favor.

—¿Están incluidos los impuestos y la propina? *(Are tax and tip / gratuities included?)* ¿Aceptan Uds. tarjetas de crédito / cheques personales / cheques de viajero? ¿Me podría dar un recibo [una nota] *(a receipt)*, por favor?

¿QUÉ HAY DE COMER?

La carne: Carne de res *(beef)* / de cerdo *(pork)*, chuletas de ternera *(veal chops)*, pavo *(turkey)*, filete a la parrilla / plancha *(grilled steak)*, ceviche de pescado *(marinated fish)*

Las frutas y legumbres: Ensalada con pepinos *(cucumbers)*, apio *(celery)* y aceitunas *(olives)*;
sandía *(watermelon)*, cerezas *(cherries)*, fresas *(strawberries)*, melocotones [duraznos] *(peaches)*, ciruelas *(plums)*, plátanos *(plantains: banana-like green fruit typically fried)*

El postre: Los dedos de novia *(lady fingers)* y café con leche *(heated milk with strong coffee)* / capuchino / expreso *(espresso)*

La Cocina de Sant Millán: Restaurante Segoviano
En la página 153 Ud. va a estudiar la carta del restaurante «La Cocina de Sant Millán» de Segovia, España. Por medio de la carta y las actividades a continuación, aprenderá mucho sobre las comidas y bebidas típicas. Al final del capítulo, hay una lista de las palabras nuevas que necesita saber.

A. *Ud. en el restaurante Sant Millán.* Ud. está en el restaurante y tiene muchas preguntas sobre lo que sirven hoy. ¿Cómo va a responder la camarera a sus preguntas? Utilice la carta como guía.

Modelo: ¿Sirven Uds. ensalada mixta?
Sí, servimos ensalada mixta con todo o ensalada del Cheff.

1. ¿Qué jugos sirven?
2. ¿Qué tipos de agua tienen?
3. ¿Sirven ensaladas con carne?
4. ¿Qué carnes tienen hoy?
5. ¿Qué legumbres se pueden pedir?
6. ¿Tiene algún aperitivo con pescado o mariscos?
7. ¿Qué bebidas calientes sirven? ¿qué bebidas frías?
8. ¿Qué hay de postre?

Point out the use of two forks on the menu, a system for ranking restaurants. A two-fork restaurant serves good food, in a pleasant atmosphere with moderate prices. A four fork restaurant serves international cuisine or special regional dishes in an elaborately decorated atmosphere, and the prices are usually high.

Tell students that *agua del grifo* is tap water. *Agua gaseosa* is carbonated while *agua mineral* is a little heavier. In Spain and Chile and other parts of South America, this distinction is made by saying *agua mineral con gas* or *sin gas*.

Highlight words typical of Spain: *gambas (camarones), zumo (jugo), judías verdes (habichuelas), champiñones (hongos)*.

Some words not included in End Vocabulary and for which students are not held responsible: *judiones de la granja* (large green farm beans), *acelgas con piñones y almendras* (swiss chard with piñon nuts and almonds), *escalopines* (fried veal), *brocheta de solomillo* (shish kabob with meat similar to filet mignon), *osso buco* (an Italian dish, veal shanks), *entrecotte de choto* (sirloin), *steak tártaro* (steak tartar, raw seasoned steak), *besugo a la espalda* (type of fish served with the two filet sides opened flat on the plate), *merluza cosquera* (Basque hake), *rape al ajo arriero* (angler fish in garlic sauce).

You may want to provide the following vocabulary: *hervido* (boiled); *horneado / asado* (baked); *quemado* (burned); *salado* (salty); *crudo* (raw).

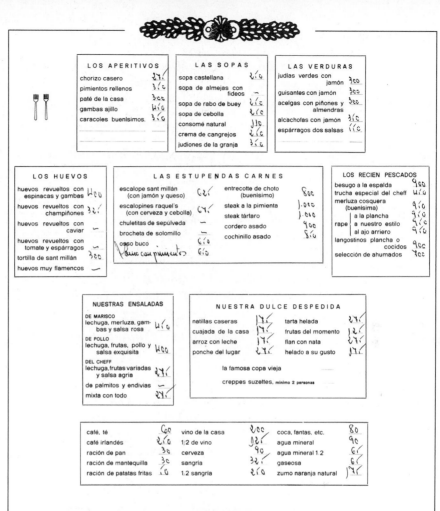

B. ¿Y Ud.?   En general, ¿qué pide en un restaurante...?

1. si tiene veinte minutos para comer
2. si tiene mucha sed
3. a las cinco de la tarde
4. si quiere tener una comida elegante con su novio/a
5. si quiere celebrar el fin del semestre
6. si tiene solamente $5
7. si quiere un aperitivo para 6 personas

C. *En el restaurante.* Ud. y un/a amigo/a van a cenar en un restaurante elegante. Con un/a compañero/a de clase, responda a las siguientes preguntas que les hace el camarero.

Modelo: ¿Les traigo una bebida?
Ud.: Sí, un té helado por favor.
El / la amigo/a: Sí, un café con leche por favor.

1. ¿Cuántos son?
2. ¿Dónde les gustaría sentarse?
3. ¿Qué quisieran pedir?
4. ¿Les gustaría pedir los camarones? Están muy frescos.
5. ¿Qué les gustaría beber?
6. ¿Quisieran probar un postre o les traigo un café?
7. ¿Cómo quieren pagar la cuenta?

EN EL ALMACÉN O LA TIENDA, EL / LA DEPENDIENTE (SALES CLERK) PUEDE DECIR...

—¿En qué puedo servirle? *(How may I help you?)*

—¿Qué talla usa Ud.? *(What size do you wear [in clothing]?)* / ¿Qué número calza Ud.? *(What size shoe do you wear?)*

—¿Quiere Ud. probarse esto *(to try this on)*? / ¿Cómo le queda? *(How does it fit you?)* / Está de moda. *(It's stylish.)*

—Tenemos una selección muy grande. / Está en liquidación. *(It's on sale.)* / ¡Es una ganga *(a bargain)*!

—¿Se ha decidido? *(Have you decided?)*

—Aceptamos cambios con tal de que tenga el recibo. *(We accept exchanges provided you have the receipt.)*

EL / LA CLIENTE PUEDE DECIR...

—Busco / Quisiera / Necesito...

—Uso la talla... / Calzo número... / Sí, me gustaría probármelo, gracias.

—Me queda bien / mal / largo *(long)* / corto / estrecho *(narrow)* / ancho *(wide)* / apretado *(tight)*. No me gusta / está pasado de moda *(out of style)*.

—¿Qué me recomienda? / ¿Lo/la/las/los tiene en otro color / modelo *(style)* / tamaño *(size)*? / ¿Podría enseñarme *(show me)* algo más barato / económico / más vistoso *(more dressy)* / de mejor calidad *(of higher quality)* / que está en el escaparate / o mostrador *(in the window / or counter)*? / ¿Tiene algo que haga juego con esto *(matches this)*?

You may want to give students the following expressions for ways to complain about purchases:
—*Me gustaría / Quisiera cambiar esta blusa por otra. No me queda bien. Tengo el recibo.*
—*Vengo a quejarme. Hay una mancha / agujero (stain / hole) en este vestido.*
—*Creo que se han equivocado.* (I think you've made a mistake.)
—*Estos zapatos me aprietan mucho* (are too tight for me). *¿Me los puede cambiar?*

—¿Cuánto cuesta? / ¿Cuánto vale? / ¡Es una fortuna!

—Voy a llevarme esto. *(I'll take this.)* / Voy a pensarlo. *(I'm going to think it over.)* / No estoy seguro/a. / ¿Se puede cambiar / devolver esto? *(Can this be exchanged / returned?)*

¿ESTÁ UD. A LA MODA?

The *peso* is the most common monetary unit, but others are: *el bolívar* (Venezuela), *el austral* (Argentina), *la peseta* (Spain), *el guaraní* (Paraguay), *el inti* (Peru)

The Appendix provides a list of review vocabulary for clothing. You may find it helpful and / or necessary to review it with your students before presenting new vocabulary.

Blue jeans are so popular that the word *bluyines* is now common.

el cuello
el encaje
a rayas
la camisa de algodón
de lino
mangas cortas
botones
el paraguas
la bufanda de seda estampada de flores
de seda
de lana
a cuadros
mangas largas
el bolsillo
los pantalones vaqueros
el impermeable
los zapatos de tacón alto
los zapatos de tacón bajo
los zapatos deportivos
el cierre

PARA HABLAR DE LAS PRENDAS DE VESTIR

—¿Qué colores tienen?

—De un solo color *(solid color)*: celeste *(sky blue)*, azul oscuro *(dark blue)*, azul marino *(navy blue)*, y café claro *(light brown)*.

—¿Busca Ud. zapatos?

—Sí, necesito botas de cuero *(leather boots)*, sandalias, y zapatillas / pantuflas *(slippers)*.

Point out to students that *zapatillas* are running shoes in some parts of Central and South America.

—¿Le interesa la joyería?

—Me encantan las pulseras *(bracelets)* de plata. ¡Qué bonitos son los collares *(necklaces)* de oro!

A. *Ud. va a ayudar.* La cuñada de Graciela no sabe hablar bien el español y ella necesita comprar varias cosas. Graciela la ayuda, explicándole a la dependiente qué cosas busca su cuñada según los siguientes dibujos. ¿Qué dice Graciela? Incluya muchos detalles.

B. *Ud. va de vacaciones.* Ud. tiene planes de ir a una conferencia en Santiago de Chile en el mes de junio y después tomar dos semanas de vacaciones. ¿Qué cosas llevará? Piense en sus propias prendas de vestir y haga una lista de por lo menos seis actividades según lo que piensa hacer durante el viaje y la ropa que necesitará para cada situación.

Modelo: ir a la conferencia
Pienso ir primero a la conferencia. Llevaré el traje de lana que compré en el verano.

Actividades posibles: asistir a una presentación del ballet, ir a la playa cerca de Valparaíso, visitar un club de tenis con mis amigos, solicitar un empleo y tener una entrevista, visitar Portillo para esquiar, ir a bailar en una discoteca, ir a misa o a la iglesia o a la sinagoga.

Point out to students that the weather in Santiago in June will be winter weather with temperatures of 30–50 degrees Fahrenheit and possible light snow. The mountains nearby will be covered with snow and the ski season will begin at the resort of Portillo, an hour's drive from Santiago.

C. *Ud. es diseñador/a.* Ud., un/a diseñador/a famoso/a, necesita crear nuevos diseños para su colección. Ud. va a trabajar con otra persona de la clase que será su asistente. Describa Ud. cinco prendas de su colección mientras su asistente las dibuja. Dé muchos detalles para que él / ella pueda crear bien los diseños. Después comparen los dibujos con sus compañeros.

D. *Ud. en el almacén.* Presente la siguiente situación con un/a compañero/a de clase.

Dependiente:

1. Greet the client, saying such things as, "May I help you?"
2. Ask the client what size he or she wears.
3. Suggest a particular item to try on.
4. Comment on how well the clothing fits.
5. Convince the client to buy the item.
6. Ask how the client prefers to pay for the purchase.
7. Say thank you and good-bye.

Cliente:

1. Tell the clerk what you want.
2. Tell the clerk what size you wear.
3. Tell him or her you'd like to try on the outfit.
4. Remark on how you think it fits.
5. Express your interest in buying the item.
6. Decide how you will pay for it.
7. Say good-bye.

GRAMÁTICA FUNCIONAL

REFERIRSE A PERSONAS Y COSAS CON LOS COMPLEMENTOS DIRECTOS E INDIRECTOS PRONOMINALES

For a review of direct object pronouns, see the ¿NECESITA REPASAR UN POCO? section of this chapter. For a review of indirect object pronouns, see the ¿NECESITA REPASAR UN POCO? section of Chapter 3.

You have already learned how to use direct object pronouns and indirect object pronouns separately in Spanish. Often both pronouns are used together in order to avoid repeating the names of people or things previously mentioned. In these cases, the indirect object pronoun always precedes the direct object pronoun:

She bought **the gift for me.** → *Ella **me lo** compró.*

I gave **the shoes to you.** → *Yo **te los** di.*

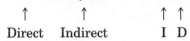

They brought **the flowers to us.** → *Ellos **nos las** trajeron.*

¡OJO! The indirect object pronouns *le / les* change to *se* when used before any third person direct object pronoun *(lo / la / los / las)*:

Le compré **el suéter a ella**. → **Se lo** compré (a ella).

El cliente **les** trajo **las faldas a ellas**. → **Se las** trajo (a ellas).

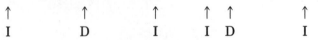

The **a + person** phrase is optional to clarify or emphasize the referent of the indirect object pronoun; it is most commonly used with the third person *se* since *se* can refer to more than one person. Double object pronouns follow the same rules for placement as do single object pronouns:

1. Before a conjugated verb: **Me lo** pidió.

2. After an affirmative direct command: ¡Dé**nosla**!

                 ↑ ↑

                 I D

¡OJO! The pronouns are placed before negative direct commands: ¡No **nos la** dé!

3. Before or after an infinitive or present participle:

Se los voy a pedir.   Or: Voy a pedir**selos.**

   ↑   ↑   ↑ ↑

   I   D   I D

Me la está comprando.   Or: Está comprándo**mela.**

   ↑   ↑   ↑ ↑

   I   D   I D

¡OJO! When you attach two pronouns to an infinitive, a present participle or an affirmative command, be sure to place a written accent on the vowel of the syllable that was stressed before you attached the pronouns.

¡Practiquemos! ···

A. *La camarera.* Eliana fue al restaurante donde trabaja su prima. Quiere ver lo que hace su prima cada día porque ella siempre le dice que su trabajo es horriblemente difícil. Después de regresar, Eliana contesta las preguntas de Lupe sobre lo que hizo su prima en el restaurante. Describa cada cosa utilizando dos pronombres según el modelo.

Modelo: ¿Les sirvió la comida a los clientes?
Sí, se la sirvió a los clientes.

1. ¿Te trajo la carta?
2. ¿Les leyó los platos del día a Uds.?
3. ¿Le dio un vaso de agua a alguien?
4. ¿Le llevó los pedidos al cocinero?
5. ¿Te cambió el pedido?
6. ¿Les trajo la cuenta a Uds.?
7. ¿Te dio cambio?
8. ¿Les dijo el precio del plato del día a los clientes?

B. *En el restaurante.* La prima de Eliana le da varios mandatos a una nueva camarera, la que le contesta que sí va a hacer las cosas en seguida. Dé las respuestas de la nueva camarera utilizando dos pronombres.

Modelo: Tráigale una carta a este hombre.
¡Voy a traérsela en seguida!

1. Dígales los platos del día a los clientes.
2. Contésteles sus preguntas a los clientes.
3. Cámbieme esta sopa.

Before proceeding to the written exercises, you might have students do an oral activity in order to practice internalizing the use of double object pronouns. Pass around an object, asking students to pass it from one student to another and narrate while this is done. Example: Teacher: *María, dele el bolígrafo a Enrique.* María: *Se lo doy / di a Enrique.* Enrique: *María me lo dio.* Students practice putting the pattern together without referring to written notes.

Students may need to review the forms of the preterite (Chapter 4).

You may want to have students practice placing the pronoun in front of the verb and / or have them use the present progressive.

4. Tráigale un vaso de agua a esa mujer.

5. Muéstreles una carta a ellos.

6. Llévele el dinero al cajero.

7. Deles cambio a los clientes.

8. Búsquele otro tenedor a ese niño que perdió el suyo.

C. ¿Y Ud.? Conteste las siguientes preguntas utilizando dos pronombres.

1. La última vez que Ud. fue a un restaurante, ¿le leyó el / la camarero/a los platos del día?

2. ¿Le dio una carta inmediatamente?

3. ¿Le sirvió agua?

4. ¿Le dejó Ud. una buena propina al / a la camarero/a la última vez que comió en un restaurante?

5. ¿Se compró alguna prenda de vestir a sí mismo/a recientemente?

6. ¿Se prueba las prendas de vestir antes de comprarlas generalmente?

7. ¿Normalmente le muestra Ud. a su compañero/a de cuarto lo que compra?

8. En su almacén favorito, ¿le cambia el / la dependiente las cosas si Ud. tiene el recibo?

CLARIFICAR Y PONER ÉNFASIS CON LOS ADJETIVOS POSESIVOS

You have already learned how to use the short possessive adjectives in Spanish that precede the noun: *mi / mis, tu / tus, su / sus, nuestro(a) / nuestros(as),* and *vuestro(a) / vuestros(as).*

Spanish also uses longer possessive adjectives to clarify or give emphasis. English uses word stress or **(of) mine / yours / his / hers / theirs**, but Spanish uses word order:

It's not **his**; it's **mine**!	*No es **suyo**; ¡es **mío**!*
She has a sweater **of mine**.	*Ella tiene un suéter **mío**.*

The following are the long possessive adjectives in Spanish that always follow the noun and agree with it in gender and number:

mío, mía, míos, mías	*(of) mine*
tuyo, tuya, tuyos, tuyas	*(of) yours (singular, familiar)*
suyo, suya, suyos, suyas	*(of) his, hers, theirs, yours (formal, singular and plural)*

| **nuestro, nuestra, nuestros, nuestras** | *(of) ours* |
| **vuestro, vuestra, vuestros, vuestras** | *(of) yours (familiar, plural, used mostly in Spain)* |

¿De qué color es la blusa tuya? *(What color is **your** blouse / that blouse **of yours**?)*

¿Están aquí los hermanos suyos? *(Are **your** brothers here/ those brothers **of yours** here?)*

¡OJO! Since *suyo* can mean (of) his, hers, yours or theirs, prepositional phrases may be substituted to clarify meaning, for example, *¿Están aquí los hermanos **de Ud., de él, de ella, de ellos/as.***

The long forms of the possessive adjectives can also be used as pronouns (nominalized) to avoid repetition. The number and gender of the pronoun reflects that of the noun being replaced:

—¿Cuánto costó el impermeable **tuyo**? *(How much did **your** raincoat cost?)*

—**El mío** costó $85. *(**Mine** cost $85.)*

¡OJO! The definite article is usually omitted after the verb *ser*:

—¿Es **suya** esa cartera? *(Is that wallet **yours**?)*

—Sí, es **mía**. *(Yes, it's **mine**.)*

¡Practiquemos! ....

A. *El baile.* Rosario y Lupe hacen planes para ir a un gran baile y hablan de la ropa que van a llevar las otras chicas. Rosario le hace a Lupe muchas preguntas sobre las prendas de las otras. Dé las respuestas de Lupe según el modelo.

Modelo: ¿De qué color es el vestido favorito de Marta? / azul
El vestido suyo es azul.

1. ¿Qué diseño tiene el vestido nuevo de Ana? / a rayas
2. ¿De qué están hechos los guantes de Eliana? Parecen muy finos. / seda
3. ¿De qué tela es esa blusa vistosa de Graciela? / lino
4. ¿De qué color son tus medias favoritas, Lupe? / negro
5. ¿De qué tela son las zapatillas de Ana y Luisa? / algodón
6. ¿De qué metal es la pulsera de Eliana? / oro

Place students in teams
(5–7 students) for this
game. You might have
them practice the activity
in groups and then per-
form it from memory for
the class. The team that
can remember the most
wins. This is also a good
review of the chapter
vocabulary.

B. *Un juego: ¿Tiene Ud. buena memoria?* Ud. va a trabajar con otros compañeros en un equipo. Una persona describe una cosa de la lista a continuación; después, la segunda persona repite la descripción de la primera persona y hace su propia descripción. Cada persona tiene que repetir todas las descripciones anteriores y entonces añadir la suya. Usen los adjetivos y pronombres posesivos según el modelo.

Modelo: camisa
   Estudiante A: *La camisa mía es roja y de mangas cortas.*
   Estudiante B: *La camisa suya es roja y de mangas cortas. La mía es azul y tiene dos bolsillos.*
   Estudiante C: *La camisa suya es roja y de mangas cortas, la suya es azul y tiene dos bolsillos, y la mía es blanca y de mangas largas., etc.*

1. pantalones
2. zapatos
3. comida favorita
4. postre preferido
5. almacén preferido
6. carne menos favorita

C. *Una encuesta.* Entreviste a dos personas. Pídales la siguiente información de la lista de abajo. Ellos tienen que contestar con adjetivos o pronombres posesivos. Luego compare Ud. la información que ellos le dieron y comparta algo de interés con la clase.

Modelo: una descripción de su camisa favorita
   —*¿Cómo es su camisa favorita?*
   —*La mía es negra y está hecha de algodón.*

                                          E. 1:   E. 2:

1. El color de su traje favorito
2. Una descripción del reloj que se pone más
3. La tela de sus pijamas
4. Una descripción de sus zapatos más cómodos
5. El diseño y el color de su chaqueta favorita
6. La tela de su traje más vistoso

E. 1:   *E. 2:*

7. Una descripción de sus pantalones vaqueros más viejos

8. Una descripción de su
joyería favorita

DESCRIBIR LO NO-ESPECÍFICO O NO-EXISTENTE: EL SUBJUNTIVO EN LAS CLÁUSULAS ADJETIVALES

You have practiced using the subjunctive to express perceptions and to describe conditions under which something might happen. Spanish also uses the subjunctive in adjective clauses (clauses that describe people, places, or things) to refer to unknown, nonexistent, or questioned people, places, or things.

The unknown: *Necesito un libro que explique la gramática.*

The nonexistent: *No hay nadie aquí que hable francés.*

The questioned: *¿Venden Uds. suéteres que sean de mejor calidad?*

¡OJO!   When the noun is known to exist, the speaker uses the indicative. Compare the following:

Busco un libro que tiene mapas. Lo vi en esta librería la semana pasada pero ahora no lo puedo encontrar. *(I'm looking for a particular book that has maps. I saw it in this bookstore last week but now I can't find it.)*

Busco un libro que tenga mapas. *(I'm looking for a book that has maps; I don't know if it exists or if I'll find it.)*

The personal *a* is often omitted when the existence of the noun is uncertain and the subjunctive is used. Compare the following:

Busco una / la persona que **sepa** hacerlo. (existence or identity uncertain)

Busco a una / la persona que **sabe** hacerlo. (existence or identity certain)

¡OJO!   The personal *a* is always used with *alguien* and *nadie* whether the existence of the noun is certain or not:

Conozco **a alguien** que **sabe** francés.

No conozco **a nadie** que **sepa** francés.

With *tener* and *hay*, the personal *a* is not used:

Hay alguien aquí que habla francés.

No **tengo** nadie aquí que me pueda ayudar.

¡Practiquemos! ....

A. *En el almacén.* Graciela está de compras en el almacén y busca varias cosas. Haga las preguntas que ella le hace a la dependiente y las respuestas afirmativas de la dependiente.

Modelo: falda / ser de cuero
Graciela: ¿Hay una falda que sea de cuero?
Dependiente: Sí, tenemos una falda que es de cuero.

1. bata / ser de algodón
2. vestido / costar menos
3. camisa / tener bolsillos
4. blusa / ser de mi talla
5. pantalones / ser de un solo color
6. falda / quedarme mejor
7. guantes / ser de cuero azul
8. chaleco / de seda

Encourage students to be creative. They might answer affirmatively or think of another appropriate response.

B. *En parejas.* Ud. es cliente en su almacén favorito. Un/a compañero/a, haciendo el papel del / de la dependiente, le muestra varias cosas. Ud. le dice que busca otras cosas. Sigan una conversación según el modelo.

Modelo: *Dependiente: Tenemos unas camisas que cuestan $20.*
Ud.: Busco una camisa que cueste $17.
Dependiente: Lo siento. No tenemos camisas que cuesten $17.

1. Tenemos pantalones que son de algodón.
2. Vendemos muchas camisas que son de lino.
3. Hay algunos trajes que están rebajados en un 15%.
4. Le ofrecemos muchos suéteres que son de lana.
5. Hay muchas carteras que son de plástico.
6. Le ofrecemos varios estilos de zapatos color café claro.
7. Tenemos unas bufandas de seda de Pierre Cardin.

C. *¿Puede Ud. adivinar?* Trabaje con un/a compañero/a de clase. A continuación hay dos columnas, una con una lista de frases y otra con dibujos. Mire Ud. solamente la Columna A (ponga la mano sobre la otra columna). Su compañero/a va a mirar solamente la Columna B. Utilizando las frases de la Columna A, pregúntele a su compañero/a si hay ciertas cosas en la Columna B. Su compañero/a tiene que contestarle sí o no en una frase completa. Sigan el modelo.

Modelo: una camisa / tener bolsillos
Ud.: ¿Hay una camisa que tenga bolsillos?
Su compañero/a: Sí, hay una camisa que tiene bolsillos. o:
No, no hay una camisa que tenga bolsillos.

A

un abrigo / ser caro

una blusa / tener mangas largas

zapatos / tener tacón alto

unos pantalones vaqueros / costar mucho

una bufanda / ser estampada de flores

unos pantalones / estar pasados de moda

una prenda / hacer juego con zapatos
de tenis

B

D. *¿Y Ud.?* Complete las siguientes frases, usando el subjuntivo o indicativo según el caso.

1. No hay nadie en nuestra clase que...

2. Tengo un amigo/a que...

3. Busco un/a novio/a que...

4. Conozco un restaurante que...

5. No hay ningún restaurante cerca que...

6. No conozco un almacén que...

🔲 ¡ESCUCHEMOS UN POCO MÁS!

Ud. va a escuchar una conversación entre Memo y Teresa quienes se encuentran en un almacén y hablan de las últimas modas en el mundo hispano.

Antes de escuchar

In preparation for listening to this segment, answer the following questions in English.

1. What are some popular trends in fashion that you know of?
2. Which items of clothing seem to change most frequently in response to fashion trends?
3. Brainstorm a list of Spanish words and expressions you might hear in a conversation about latest fashion styles.

Después de escuchar

Play your Teacher Tape at this time. Remember to find the beginning of the segment before class and set your counter at zero to facilitate rewinding. You may want to play the segment more than once, or pause the tape occasionally to allow students the opportunity to replay mentally what they have heard.

A. ¿Comprendió Ud.?   Escoja las respuestas correctas.

1. Según Teresa, los cuadros...
   - **a.** están muy de moda.
   - **b.** hacen juego con el suéter de Memo.
   - **c.** están pasados de moda.
   - **d.** son de una tela natural.

2. Según los dos, lo más importante en cuanto a la moda es...
   - **a.** la comodidad.
   - **b.** el precio.
   - **c.** el color.
   - **d.** la tela.

3. Están de moda el algodón y el lino porque...
   - **a.** no hay que plancharlos tanto.
   - **b.** las fibras son naturales.
   - **c.** los diseñadores famosos hispanos los usan.
   - **d.** cuestan menos.

4. Según Teresa, están de moda todo lo siguiente **menos**...
   - **a.** los colores vivos.
   - **b.** los zapatos de tacón bajo.
   - **c.** los pantalones con pinzas.
   - **d.** las telas artificiales.

In this conversation, *pinzas* are pleats.

B. Discutamos.   Conteste las siguientes preguntas.

1. ¿Cómo son las últimas modas para mujeres? ¿Para hombres?
2. ¿A Ud. le gusta la última moda de hoy? Explique.

3. ¡Ud. es diseñador/a! Con un/a compañero/a de clase, diseñe su propia moda del año. ¡Sean creativos! Después, describan las modas para la clase.

¡LEAMOS UN POCO!   *Los anuncios*

Antes de leer

In preparation for reading these advertisements, skim through the entire group of ads and answer the following questions in English.

1. What is being advertised?

2. Check off each item of information below that can be found in one or more of the advertisements:

_____ Telephone number	_____ Address
_____ Entertainment available	_____ Hours / days open
_____ Prices	_____ Types of food
_____ Dress code	_____ Types of payment accepted

trattoria
pizzeria
Calle Regueros, 7
28004 Madrid
Teléfono 419 62 85

EL RINCON DE MARIANO

RESTAURANT

CAFETERIA

Tels.
639 07 74-639 07 75

Ctra. de La Coruña, km. 17
LAS ROZAS

**ESPECIALIDADES EN CARNES Y PESCADOS
ADMITIMOS TARJETAS
CERRADO LUNES**

La Taurina
Bar-Restaurant

ESPECIALIDAD EN CHULETAS A LA PARRILLA Y CORDERO ASADO AL HORNO VINO GARNACHO GRAN TERRAZA
MAR DE BERING, 2 (B.ª HORTALEZA)
**Tels. Part.: 763 22 19
Bar: 763 00 42**

Después de leer

A. *¿Comprendió Ud.?* Now read the ads more carefully and answer the questions below in Spanish.

1. ¿Adónde debe ir si se quiere carne a la parrilla?
2. ¿Cuál es el restaurante más formal? ¿Cómo se sabe esto? ¿Y el menos formal?
3. ¿Qué restaurante tiene un bar?
4. ¿Hay un restaurante que se especialice en pescado?
5. ¿En qué restaurante le gustaría comer? ¿Por qué?

Students may work in pairs or groups for this exercise.

B. *A escribir.* Repase los anuncios de restaurantes en la página 167 otra vez. Escriba su propio anuncio para un restaurante. Incluya muchos detalles sobre el restaurante suyo.

Enlace de todo

Para hacer esta sección, recuerde la gramática de repaso y la gramática funcional de este capítulo: los adjetivos y los pronombres demostrativos, los complementos directos pronominales, las comparaciones, el uso de los complementos directos e indirectos pronominales, el uso de los adjetivos posesivos para clarificar o dar énfasis, y el subjuntivo con las cláusulas adjetivales. También es buena idea repasar el vocabulario presentado al principio de este capítulo antes de empezar.

¡IMAGINEMOS!

A. *Dramatizaciones*. Prepare las siguientes dramatizaciones según las instrucciones.

1. Ud. y un/a amigo/a van al restaurante La Cocina de Sant Millán en España a cenar. Otro/a compañero/a de clase será el / la camarero/a. Al entrar en el restaurante, dígale al / a la camarero/a cuántos son y dónde quieren sentarse. Utilizando la carta de la página 153, pidan Uds. algo de cada categoría. Háganle preguntas al / a la camarero/a si es necesario. No se olviden de pedir la cuenta cuando terminen la comida.

2. Ud. y su amigo/a van de compras a un almacén. Quieren comprar varias prendas de vestir. Otro/a compañero/a de clase será el / la dependiente. Uds. le hacen muchas preguntas al / a la dependiente sobre los diseños, colores, telas y tallas de la ropa. El / la dependiente les muestra a Uds. muchas prendas y les sugiere que se las prueben. Finalmente, Uds. compran dos prendas cada uno/a.

Students can perform their discussions for the class. This idea is borrowed from Robert Di Pietro, University of Delaware, Newark, Delaware.

B. *Diálogo original*. Imagínese que Ud. y su mejor amigo/a quieren perder diez libras. Después de estar a dieta por tres semanas, Uds. comparan y hablan de los resultados:

	Semana 1		Semana 2		Semana 3	
	M	H	M	H	M	H
Estudiante A:	140	180	141	183	140	186
Estudiante B:	137	175	132	168	129	163

Discutan las diferencias entre sus resultados y comparen la comida que han comido durante las tres semanas.

You could have students carry on another conversation in which they compare the results of weeks 4, 5, and 6:

	Semana 4	
	M	H
Estudiante A:	136	182
Estudiante B:	129	163

	Semana 5	
	M	H
Estudiante A:	134	177
Estudiante B:	128	161

	Semana 6	
	M	H
Estudiante A:	131	174
Estudiante B:	128	161

C. *Su nueva prenda*. Imagínese que Ud. quiere comprar una nueva prenda de vestir, sea un chaleco, un vestido, un traje, u otra cosa. Escríbales una carta a los diseñadores Rómulo Lizana y su socio Osvaldo Mendiburu para que ellos se lo diseñen. Incluya descripciones de la tela, el modelo, la talla y el estilo que prefiera y el precio que pueda pagar.

D. *Su propia dieta*. A continuación hay tres avisos médicos sobre el peso. Seleccione uno y escriba su propia dieta por siete días para cumplir con el aviso.

Aviso 1: Ud. necesita rebajar unas diez libras de peso.

Aviso 2: Ud. necesita subir unas diez libras de peso.

Aviso 3: Ud. necesita reducir la cantidad de colesterol que consume.

¡LEAMOS MÁS!   *Diseños elegidos con pinzas*

diseños elegidos con pinzas

A unque existe una fuerte influencia europea en la moda chilena, y en menor medida norteamericana, algunos diseñadores nacionales se destacan por ofrecer modelos con características personales que se ajustan al físico y al gusto de la mujer chilena. Y también algunos han adquirido fama internacional como Rubén Campos, diseñador del vestido de noche de la chilena Cecilia Bolocco coronada recientemente Miss Universo 1987.

B   Asimismo, Luciano Brancoli y Rómulo Lizana, con su socio, Osvaldo Mendiburu, desde hace años se distinguen en el ambiente de la moda por su creatividad y profesionalismo. En estas páginas, los tres diseñadores proponen uno de los vestidos de noche favoritos de su colección. □

✔ RUBEN CAMPOS

C   "Yo no sigo la moda al pie de la letra, porque moda es masa y mi ropa no lo es. La mujer que sabe lo que quiere no sigue la moda, la utiliza sin dejarse utilizar por ella. La chilena es cada vez menos clásica y mis diseños aunque son tradicionales en cuanto al colorido, son de avanzada en relación al diseño, el corte, y la línea. La primavera 87 ya pasó, mi clienta quiere lo que ve en la revistas europeas del año 88. La moda ideal para mi gusto es la de los años '50 –que actualmente está vigente– porque es femenina y destaca la figura. Recientemente realicé un desfile en New York con mucho éxito, donde me solicitaron un pedido de trajes de alta noche que en la actualidad se encuentran en el Departamento 49 de la cadena de Neiman Marcus junto a los modelos de los mejores diseñadores del mundo".□

Con pinzas in this title is a subtle play on words. Literally, *pinzas* are **pleats**, or **tweezers**. The phrase *con pinzas* is used in contexts where very careful selection is being made, as in someone who is very **picky** about whom he or she dates. The play on words comes as the term for careful selection is used about designer clothing, which also happens to use pleats on occasion.

con pinzas: *literally, with pleats, or tweezers* (figuratively, *carefully selected*); se destacan: *are outstanding*; masa: *the majority*; que actualmente está vigente: *which is in style now*; destaca: *emphasizes*; realicé un desfile: *I held a fashion show*; pautas: *guidelines*; suntuario: *luxury*; recatada: *reserved*; exige: *demands*; raconto: *change*; no retro: *unreactionary*; deja de ser: *stops being*; confección: *workmanship*

Juan Pablo Lira
Jaime Villaseca

LUCIANO BRANCOLI

D "No hay pautas que definan la forma de vestir de la chilena porque no existe la masa femenina sino individualidades con gustos diferentes y a cada cual le favorece un estilo determinado. La moda dejó de ser un suntuario, es un ítem de primera necesidad según sea la ocupación de la persona y la vida social que realiza. Para mi gusto la moda ideal de todos los tiempos es la oriental porque es una forma de vestir que muestra la femineidad de la mujer, recatada pero muy sexy. Muestra cubriendo y enfatiza la diferencia de sexos. Aunque detesto el concepto de moda y la imposición de diseñar en función de ella, en cierta forma la clienta me lo exige. Y como todo está dicho respecto a la moda, los diseñadores sólo hacemos un pequeño raconto, introduciendo algunos elementos nuevos. Visualizo la tendencia de la moda hacia un movimiento minimalista igual que en la decoración, todo en negro con golpes de colores primarios. El minimalismo es un movimiento futurista basado en Mondrian y es la única tendencia actual no retro que presenta alternativas para nuestra creatividad. En este momento Italia es el centro del diseño de ropa en el mundo y Estados Unidos, especialmente Nueva York, es el centro de la comercialización rápida".□

RÓMULO LIZANA Y OSVALDO MENDIBURU

E "La moda es una creación constante y cuando pasa a la masa, deja de ser moda. Chile está a la par con la moda internacional y en las calles de París, Nueva York y Santiago se ven mujeres igualmente bien vestidas, aunque en nuestro país la mujer viste más simple porque las ocasiones son diferentes: lo que es cocktail en París, acá es noche. Existe un retorno a lo clásico con materiales perdurables, llevándose mucho el negro y toda clase de largos, ya que en este sentido hay una anarquía. La buena confección y el oficio de la moda ha retomado la importancia debida. Pienso que Francia es el país que dicta la moda actualmente y explota la buena confección, en cambio Italia ocupa la mezcla de materiales y posee un estilo más impactante. Para mí el concepto ideal de moda por su estética, es la medieval italiana", opina el diseñador de vestuario, Rómulo Lizana.□

▶ *Pre-reading*

In preparation for reading this article, quickly skim over the title of the reading and the photographs. Then answer the questions in English.

1. What do you think the reading is about?
2. To what kind of readers do you think this article might appeal?
3. Where might you expect to find this article?
4. Brainstorm a list of words and expressions you already know in Spanish that you might find in this article.

▶ *Skimming / Scanning*

Quickly skim through the two introductory paragraphs (A and B) and put an **x** to the left of each item of information that you noticed.

_____ cómo se llaman los diseñadores

_____ los tipos de diseños

_____ los nombres de los modelos famosos

_____ algunas razones por la fama de los diseñadores

_____ cómo serán los diseños en el siglo 21

Now, find the information requested below by scanning the appropriate paragraph listed. Answer in English or Spanish.

1. Paragraph C: In what ways can the designs of Rubén Campos be considered progressive?

2. Paragraph C: Why is the ideal fashion that of the '50s, according to Campos?

3. Paragraph D: Luciano Brancoli says that style is no longer a luxury. What is it, in his opinion?

4. Paragraph E: Why do women dress more simply in Chile, according to the designers?

▶ *Decoding*

Answer the questions below dealing with grammatical structures and vocabulary that you will encounter when reading the entire article.

1. Paragraph A: What meaning does the verb *existe* have as used here in the indicative rather than the subjunctive mood?

2. Paragraph C:

   a. Can you find the expression that means **down to the letter**?

   b. In the first sentence, to what does the pronoun *lo* refer? In the second sentence, the pronoun *la*?

3. Paragraph D:

   a. In the first sentence, why is the verb *definan* used in the subjunctive?

   b. In the second sentence, why is the verb *sea* used in the subjunctive?

4. Paragraph E: Can you find the expression for **on the other hand** or **in contrast**?

► *¿Comprendió Ud.?*

Después de leer todo este artículo, conteste las preguntas en español.

1. ¿Por qué tiene fama internacional Rubén Campos?
2. ¿En qué sentido son los diseños de Campos tradicionales?
3. ¿Qué clase de pedido recibió Campos últimamente?
4. ¿Cuál es la moda ideal para Brancoli y por qué?
5. ¿Qué tipo de movimiento anticipa Brancoli?
6. Según Lizana, ¿cómo es el retorno a lo clásico?
7. ¿Cuál es el concepto ideal de moda para el diseñador Lizana?

► *¡Discutamos!*

Conteste las siguientes preguntas.

1. De los tres diseñadores, ¿qué diseños le gustan más y por qué?
2. ¿Cree Ud. que hay una diferencia entre la moda chilena y la de los EE.UU.? Explique.
3. ¿Qué importancia cree Ud. que tiene la moda en nuestra vida?
4. ¿Cree Ud. que la moda es una industria que tiene cada vez más importancia? Explique.

Temas para composiciones / conversaciones

1. La última moda para hombres y mujeres en los EE.UU.
2. Los consumidores y la última moda
3. El efecto de la moda en la vida diaria

¡EL GRAN PREMIO!: ¿Puede Ud. hacerlo?

You might discuss the role advertising plays in the consumer world. Have students tell how they are affected by commercials.

Ud. va a escuchar un anuncio de un almacén. Antes de escuchar, repase los nombres de las prendas de vestir y los diseños de telas.

► *Antes de escuchar*

In preparation for listening to this segment, answer the following questions in English.

1. What kinds of information do clothing advertisements usually provide?
2. How do these commercials persuade one to come to the store?
3. Brainstorm a list in Spanish of some clothing items, designs, and fabrics that you might hear.

▶ *Primer paso*

Escuche el anuncio por primera vez y escoja las respuestas correctas.

1. Este anuncio es para...
   a. ropa.   **c.** comida.
   b. muebles.   **d.** joyería.

2. ¿Cuántas combinaciones de prendas hay, según el locutor?
   a. cien   **c.** un millón
   b. mil   **d.** sesenta

3. Según el anuncio, ¿qué cosas se pueden comprar allí? Ponga una **x** a la izquierda de cada una.

   _____ camisas   _____ blusas   _____ chalecos
   _____ faldas   _____ pantalones _____ calcetines
   _____ abrigos   _____ vestidos

▶ *Segundo paso*

Escuche el anuncio otra vez y conteste las siguientes preguntas.

1. ¿Cómo se llama el almacén?
2. ¿Cuáles son los dos diseños de telas que tienen?
3. ¿Cuáles son los tres colores de ropa?
4. ¿Cómo son los precios, según el locutor?
5. ¿Qué debe significar *¡Combínate a lo último!*?

▶ *Tercer paso*

Escuche el anuncio por última vez y escriba un resumen de por lo menos cinco oraciones en español.

▶ *¡Discutamos!*

Conteste las siguientes preguntas.

1. El locutor dice que los precios son **muy interesantes.** ¿Qué piensa Ud. que significa esto?
2. ¿Cree Ud. que éste es un anuncio efectivo? Explique.
3. ¿Qué otra información se puede incluir en este anuncio para ayudar a los radioyentes?
4. Con uno/a o dos compañeros/as de clase, escriba su propio anuncio para ropa. Incluya muchos detalles como los tipos de prendas, colores, diseños, y precios.

Vocabulario

En el restaurante, el / la camarero/a puede decir...

Buen provecho / Que aprovechen. *Enjoy your meal.*
¿Cuántos son? *How many are there (in your party)?*
Les sugiero... *I suggest . . .*
Los camarones están muy ricos / frescos hoy. *The shrimp are very good / fresh today.*
¿Qué les apetece? *What appeals to you?*
¿Quisieran probar...? *Would you like to try . . . ?*
Regreso en seguida. *I'll be right back.*

Antes de pedir, el / la cliente puede decir...

¿Hay / Tienen un plato del día? *Is there / Do you have a daily special?*
Quisiéramos una mesa en el rincón. *We'd like a table in the corner.*
Somos cuatro. *There are four of us.*

En la mesa, el / la cliente puede decir...

¿Cómo están los mariscos? *How are the shellfish?*
Estoy satisfecho/a. *I'm full.*
¡Me muero de hambre! *I'm dying of hunger!*

Antes de salir, el / la cliente puede decir...

¿Están incluidos los impuestos y la propina? *Are tax and tip included?*
Me podría dar un recibo [una nota], por favor? *Could you give me a receipt, please?*

La comida

Los aperitivos *appetizers*
los caracoles *snails*
el ceviche de pescado *marinated fish*
el chorizo casero *homemade sausage*
las gambas ajillo *shrimp in garlic sauce*
los pimientos rellenos *stuffed peppers*

Las bebidas

el agua gaseosa *carbonated water*
el agua mineral *mineral water*
el café con leche *heated milk with strong coffee*
la sangría *drink of red and white wine, sherry, and fruit*
el zumo [jugo] *juice*

Las carnes

la carne de cerdo *pork*
la carne de res *beef*
el cordero asado *roasted lamb*

el cochinillo asado *roasted suckling pig*
las chuletas de ternera *veal chops*
las chuletitas *small chops*
el escalope *scaloppini (breaded and fried cut of beef)*
el filete a la parrilla [plancha] *grilled steak or fish*
el lomo *tender cut of pork or beef*
el pavo *turkey*

Las frutas

las cerezas *cherries*
las ciruelas *plums*
las fresas *strawberries*
los melocotones [duraznos] *peaches*
los plátanos *bananas (green fruit, usually fried)*
la sandía *watermelon*

Los pescados y mariscos

los ahumados *smoked fish*
los langostinos *crawfish*
la trucha *trout*

Los postres

la cuajada *cottage cheese*
los dedos de novia *ladyfingers*
el flan *baked custard with caramel sauce*
la nata *cream*
las natillas *cream custard*

el ponche *punch*
la tarta helada *ice cream cake*

Las sopas

la crema de cangrejos *cream of crab soup*
la sopa de almejas con fideos *clam soup with noodles*
  castellana *soup with eggs, meat, pieces of bread, garlic, and oil*
  de cebolla *onion soup*

Las legumbres / verduras

las aceitunas *olives*
las alcachofas *artichokes*
el apio *celery*
los champiñones *mushrooms*
los espárragos *asparagus*
las espinacas *spinach*
los guisantes *peas*
las judías verdes *green beans*
los pepinos *cucumbers*

Otras comidas

el ajo *garlic*
los huevos revueltos *scrambled eggs*

En el almacén o la tienda, el / la dependiente (sales clerk) *puede decir...*

Aceptamos cambios con tal de que tenga el recibo. *We accept exchanges provided you have the receipt.*
¿Cómo le queda...? *How does . . . fit you?*
¿En qué puedo servirle? *How may I help you?*

Es una ganga. *It's a bargain.*
Está en liquidación. *It's on sale.*
  de moda *stylish*
  pasado de moda *out of style*
¿Qué número calza Ud.? *What size shoe do you wear?*
¿Quiere probarse esto? *Would you like to try this on?*
¿Qué talla usa Ud.? *What size do you wear [in clothing]?*
¿Se ha decidido? *Have you decided?*

El / la cliente puede decir...

Me queda... *It fits me . . .*
  ancho/a *wide*
  apretado/a *tight*
  estrecho/a *narrow*
  largo/a *long*
¿Podría enseñarme otro modelo algo más vistoso? *Could you show me another style that's more dressy?*
  de mejor calidad *of better quality*
  que está en el escaparate o mostrador *that's in the window or counter*
  que haga juego con esto *that matches this*
¿Se puede cambiar o devolver esto? *Can I exchange or return this?*
Voy a llevarme esto. *I'll take this.*
Voy a pensarlo. *I'm going to think about it.*

Para hablar de las prendas de vestir

el algodón *cotton*
el cuero *leather*
la lana *wool*
el lino *linen*
el oro *gold*
la plata *silver*
la seda *silk*

el bolsillo *pocket*
las botas *boots*
los botones *buttons*
la bufanda *scarf*
el cierre *zipper*
el collar *necklace*
el encaje *lace*
el impermeable *raincoat*
las mangas (cortas / largas) *sleeves (short, long)*
los pantalones vaqueros *jeans*
el paraguas *umbrella*
las prendas *clothing items*
la pulsera *bracelet*
las sandalias *sandals*
las zapatillas [pantuflas] *slippers*
los zapatos de tacón alto / bajo *high-heeled / low-heeled shoes*
los zapatos de tenis / deportivos *tennis shoes / casual shoes*

a cuadros *checkered*
a rayas *striped*
azul marino *navy blue*
celeste *sky blue*
claro *light colored*
de un solo color *solid color*
estampado/a de flores *floral print*
oscuro *dark colored*

¿NECESITA REPASAR UN POCO?

Los adjetivos y pronombres demostrativos

Demonstrative adjectives and pronouns are used to point out and refer to people, places, and things. Demonstrative adjectives normally precede the noun and agree with it in gender and number.

This (near to speaker)	este / estos esta / estas
That (near the listener)	ese / esos esa / esas
That (far from both speaker and listener)	aquel / aquellos aquella / aquellas

¿Cuánto cuesta **esta** maleta?

Prefiero **esa** bebida.

¿Están ocupados **aquellos** asientos?

When demonstrative adjectives are used to replace nouns, they are called pronouns (nominalized). The noun is replaced by the demonstrative pronoun with a written accent mark on the stressed vowel: **éste**, **ésas**, **aquél**, and **aquéllas**.

Me gusta **éste**. (este vestido)

¿Cuánto cuestan **ésos**? (esos calcetines)

¿Viste **aquéllos**? (aquellos suéteres)

To refer to a thing, idea, or statement that has not been specifically identified, three neuter demonstrative pronouns can be used. They do not take written accent marks: **esto**, **eso**, and **aquello**.

¿Qué es **esto / eso / aquello**? (What is this / that / that thing over there?)

Los complementos directos pronominales

In Spanish, direct object pronouns replace nouns that receive the direct action of the verb. They answer the questions **what?** or **whom?**

me	*me*
te	*you (familiar)*
lo	*him; you (formal, masc.), it (masc.)*
la	*her, you (formal, fem.), it (fem.)*
nos	*us*
os	*you (familiar, plural)*
los	*them, you (formal, plural, masc.)*
las	*them, you (formal, plural, fem.)*

Direct object pronouns, like indirect object pronouns, are placed before conjugated verbs and direct negative commands, attached to direct affirmative commands, and may either precede or follow infinitives and present participles.

—¿Dónde está la blusa?

—**La** lavé esta mañana. / **La** estoy lavando. (Estoy lavánd**ola**.)

—¿Cree Ud. que debo comprar este vestido?

—¡Cómpre**lo**! / ¡No **lo** compres!

When pronouns are attached to infinitives, present participles or affirmative commands that have more than one syllable, place a written accent on the vowel of the syllable where the stress fell **before** the addition of the pronoun.

Quiero **darlos** a Luisa esta noche.

Está **buscándola** en la tienda de ropa.

¡OJO!   The verbs *esperar* (to look for), *mirar* (to look at), *buscar* (to look for), and *escuchar* (to listen to) take direct object pronouns since the words **for**, **at**, and **to** are included in the meaning of the verbs.

Las comparaciones

To describe characteristics of people and things, use the words *más* (more) and *menos* (less) + **adjective** + *que* (than) for unequal comparisions, and the word *tan* (as) + **adjective** + *como* (as) for equal comparisons.

Este platillo es **más rico** *(richer, more tasty)* **que** ése.

La camarera es **menos agradable** *(less pleasant)* **que** la cajera.

Esta falda es **tan cara** *(as expensive as)* **como** ésa.

To express the superlative form **(the most / least...)** use the definite article *(el, la, los, las)* + **noun** (optional) + *más* or *menos*.

El apartamento Torres es **el** (apartamento) **más alto de** la ciudad.

¡OJO!   These are irregular comparative and superlative forms:

bueno/a	mejor	el / la mejor
malo/a	peor	el / la peor
joven	menor	el / la menor
viejo/a	mayor	el / la mayor

To compare quantities, use *más / menos* (+ **noun**, optional) + *que* for unequal comparisons, and *tanto* (+ **noun**, optional) + *como* for equal comparisons. *Tanto* agrees in gender and number with the noun it describes *(tanto, tanta, tantos, tantas)*.

Yo tengo **menos** (dinero) **que** Ud.

Este avión lleva **tantas** (maletas) **como** el otro.

7 ¡Es para contarlo!

Objetivos funcionales

Cuando Ud. complete este capítulo, podrá hacer lo siguiente en español...

- explicar lo que ocurrió
- relatar lo que dicen otros, persona a persona
- relatar lo que se comunica por los medios de comunicación
- hablar de las noticias

Objetivos culturales

A través del capítulo, leerá y escuchará información sobre...

- la tertulia
- las emergencias
- el chisme
- unas noticias del periódico y de la radio
- un huracán en Puerto Rico

Enlace inicial

🖭 ¡ESCUCHEMOS!

Play your Teacher Tape at this time. If you are using a machine with a counter, you may want to do the following before class. Find the spot on the tape where the segment begins. Set the counter on zero. During class, play the segment. To return to the beginning of the segment, rewind the tape until you reach zero on the counter.

On tape: *someterlo a prueba de alcohol* (to subject to an alcohol test); *agarró a patadas* (kicked repeatedly).

In this chapter two kinds of reporting will be covered: what people report to each other and what newspapers report. A follow-up activity here could be to turn this person-to-person reporting into a news article that might appear in a local paper.

Ud. va a escuchar una conversación breve entre Memo y Roberto, que hablan de unas noticias interesantes del periódico.

A. *¿Comprendió Ud.?* Según lo que han dicho Memo y Roberto, son verdaderas o falsas las siguientes frases?

1. Un agente municipal le mordió una mano a un conductor de coche.
2. El conductor estaba borracho.
3. Los policías no atraparon al conductor.
4. Llevaron al conductor al hospital inmediatamente.
5. El conductor le rompió las gafas a un agente.

B. *Un resumen.* Ahora cuéntele a un/a compañero/a de clase este evento en sus propias palabras en español.

¡LEAMOS! *Breves del exterior*

Lea los siguientes párrafos del periódico y conteste en español las preguntas que vienen después.

A. *Dos noticias.* Eliana no tiene tiempo para leer el periódico. Sin embargo, quiere estar bien informada, y le pide a Fausto que le resuma las noticias de la sección «Breves del exterior» del periódico. Conteste las preguntas a continuación sobre las dos selecciones para formar algo que Fausto le pueda decir.

1. ¿Qué es la Guardia Civil?
2. ¿Cuándo fue fundada?
3. ¿Cuántas mujeres ya están en la Guardia y cuántas ingresarán?
4. ¿Por qué hubo un caos en el aeropuerto de Palma de Mallorca?
5. ¿De dónde son los viajeros?
6. ¿Cuántas horas sería una demora normal?

Breves del Exterior

Ingresarán mujeres en la Guardia Civil española

MADRID, 23 (AP).— Las mujeres podrán ingresar en la Guardia Civil, por primera vez desde que fue establecida hace 143 años la famosa policía rural, dijo el director del cuerpo, Luis Rodan, en una entrevista que publica hoy el diario "El País". Informó que en febrero o marzo del año próximo ingresarán 150 mujeres a la fuerza de 60.000 miembros. Explicó que constituirían unidades especiales de información, fiscales y administrativas, como parte de un programa de modernización de la Guardia Civil, fundada en 1844.

Huelga aisló a miles de viajeros en España

PALMA DE MALLORCA, España, 23 (Reuter).— Finalizó hoy la huelga de 24 horas de los controladores del tráfico aéreo de Barcelona pero las demoras acumuladas provocaron el caos en Palma de Mallorca, el aeropuerto más activo del país en la temporada veraniega. Miles de vacacionistas, la mayoría germano occidentales y británicos, se amontonaron en las salas de espera. Las empresas de vuelos charter dijeron que las demoras de hoy probablemente serían de hasta seis horas.

ingresarán: *they will enter*; huelga: *strike*; temporada veraniega: *summer season*; amontonaron: *(they) crammed together*

B. *Resumen.* Ahora, utilice lo que hizo en el Ejercicio A para decirle a un/a compañero/a de clase un resumen de cada una de las selecciones.

1. Sobre la Guardia Civil, dice aquí en el periódico que...
2. Sobre la huelga de controladores del tráfico aéreo se dice que...

¿NECESITA REPASAR UN POCO?

At the end of this chapter, you will find a brief review of the following structures:

- el uso de **se** para evitar la voz pasiva
- los usos del infinitivo

Review the information as needed and complete the corresponding exercises in the workbook.

Enlace principal

CULTURA A LO VIVO

La tertulia

Hablando del último chisme en una tertulia.

el chisme: *gossip*

¿Cómo se puede oír el último chisme y hablar de las noticias del día? Por medio de **la tertulia**, una costumbre muy común en muchas partes del mundo hispano. Los grupos de amigos a quienes les encanta charlar se reúnen frecuentemente en un café u otro lugar donde beben algo y conversan por un rato. Además de hablar del chisme, comparten sus opiniones sobre varios temas como las últimas noticias, la política y los deportes. Si Ud. está de visita en un país hispano y pasa por un café, es probable que oiga frases como **¡No me digas!** o **¡No lo creo!**

1. ¿Qué hace la gente en una tertulia?
2. ¿A Ud. le gusta esta costumbre? Explique.
3. ¿Cómo oye Ud. el último chisme?

VOCABULARIO Y EXPRESIONES ÚTILES

PARA EXPLICAR LO QUE DICEN LOS OTROS:
PARA INICIAR LA CONVERSACIÓN

The present perfect and past perfect tenses are reviewed in Chapter 8.

—El chisme *(gossip)* es que...; se dice / cuenta que... *(they say that . . .)*; dicen / cuentan que... *(they say that . . .)*; alguien me dijo que...; he oído decir que... *(I've heard people say that . . .).*

ALGUNOS SUCESOS PERSONALES QUE SE CUENTAN REGULARMENTE

¡Ganó la lotería!

Tuvo un choque.

—Manuel se jubiló *(retired)*; le encanta la jubilación. Los Caminero ganaron la lotería *(won the lottery)*. El señor Herrera tuvo un ataque cardíaco *(heart attack)*. María Elena tuvo un choque *(a wreck, fender-bender)*. El policía le puso a Jorge una multa *(gave Jorge a fine)* porque manejaba con exceso de velocidad *(he was driving over the speed limit)* y no paró *(he didn't stop)* en la señal de parada *(stop sign)*.

—Despidieron *(they fired)* a Fausto; debe ser parte de una despedida *(layoff, or firing)* grande. Los Paz se mudaron a la Florida porque el señor Paz cambió de empleo *(changed jobs)*.

Note the difference between *despedirse*, **to say goodbye or to take leave of**, and *despedir*, **to fire or dismiss.**

—¡Mi actriz favorita de la telenovela «Cómo Cambia el Mundo» se divorció *(got divorced)* por quinta vez! Hace muy poco *(Not long ago, recently)* ella dio a luz *(gave birth)* a una niña.

Lo Curro and Las Condes are among the newest posh residential neighborhoods in Santiago de Chile. Lo Curro is the location of the home of former President Pinochet. Names of neighborhoods in Santiago often contain the prefix lo.

ALGUNOS SUCESOS NACIONALES QUE SE CUENTAN

—En la comuna *(residential area, subdivision in Chile)* Lo Curro ayer, hubo un apagón *(power outage)* / un paro obrero *(work stoppage)* / una huelga *(strike)* / una manifestación de protesta *(protest demonstration)*; fue un gran lío *(mess, fight)*.

—Los obreros *(workers)* se declararon en huelga *(went out on strike)*.

ALGUNAS REACCIONES AL CHISME O AL REPORTAJE

—No exagere Ud. *(don't exaggerate)* / ¡Mentiras! *(Lies!)* / Me está tomando el pelo, ¿no? *(You're kidding me, right?)* / No sea Ud. tonto/a *(Don't be silly)* / No diga Ud. tonterías *(silly things)*; ¡Quién sabe! *(Who knows?)* / ¡No me diga! *(You're kidding!)* / ¡Es para contarlo! *(That's really something to talk about!)*.

—No (me) lo creo *(I don't believe it!)* / Ya lo creo *(I believe it!; I'll say!)* / Tiene que enterarse *(to inform yourself)*—lea el periódico.

—Bueno, yo no sé tampoco, pero siempre hay que tener en cuenta *(one must always keep in mind)* el qué dirán *(what people will say)*.

A. ¿Qué pasó?   Graciela mira las noticias en breve en la tele y luego se las cuenta a Teresa, quien reacciona a cada noticia. Trabajen en parejas. Cuenten Uds. lo que dicen ellas según el modelo.

Modelo: En la capital hubo un apagón en la comuna Lo Velázquez anoche.
Estudiante 1: *He oído decir que hubo un apagón en Lo Velázquez anoche.*
Estudiante 2: *¡No me digas!*

1. Los obreros se declararon en huelga.
2. Un pobre ganó el premio de diez millones en la lotería.
3. Elizabeth Taylor se divorció otra vez.
4. Despidieron al secretario de guerra.
5. Hubo un paro obrero en la fábrica SEAT.
6. Veinte mil personas asistieron al concierto de rock anoche.

B. Actividad en parejas: El chisme.   Trabaje con un/a compañero/a de clase. Reporte Ud. algún chisme para cada categoría a continuación. Su compañero/a tiene que reaccionar a lo que Ud. dice.

Modelo: una boda
Estudiante 1: *Se dice que Memo va a casarse con Teresa.*
Estudiante 2: *¡No lo creo!*

1. una despedida en el trabajo
2. un paro obrero por motivos políticos

3. una jubilación

4. una relación amorosa

5. una multa que recibió alguien

6. un ataque cardíaco

7. un choque de automóvil

8. un/a estudiante que ganó veinte millones de pesos en la lotería

Ask students to figure out how much money was won given the exchange rate presented in Chapter 5.

You might have students present their episodes to the class. A panel of critics could select the best one or give awards for most emotional, saddest, most original, most action-packed, etc.

You might show pictures depicting disasters. Relate these events to things happening in your geographical area.

If students' conversations on emergencies require additional vocabulary you may want to supply words such as the following: el ladrón (*thief*), capturar (*to apprehend, to catch*), detener (*to detain*), el prisionero (*prisoner*), la cárcel (*jail*), condenar (*to convict*), salvar (*to save [a life]*), un suicidio (*suicide*), matar (*to kill*), el difunto (*the deceased*), ahogarse (*to drown*).

C. *La telenovela.* Imagínese que Ud. es escritor/a para la telenovela **Cómo Cambia el Mundo.** Trabajando con dos o tres compañeros de clase, escriba un episodio que tenga tres o cuatro personajes, mucha acción y emoción. ¡Sean creativos!

PARA DESCRIBIR UNA EMERGENCIA

—¡Socorro! *(Help!)* / Ayúdeme, por favor *(Help me, please).*

—¿Qué ha pasado?

—Hubo un terremoto *(earthquake)* / un incendio *(fire)* / una explosión de bomba *(bomb explosion)* / un huracán *(hurricane)* / un tornado

(tornado) / un secuestro *(kidnapping)* / un asesinato *(assassination, killing)* / un asalto *(assault)* / un ataque *(attack)* / un robo *(robbery)* / un desastre *(disaster)* en la comuna de Las Condes / en las afueras *(outskirts)* de la ciudad. Hay muchos heridos *(hurt, wounded)*.

—Las bombas no estallaron *(didn't explode)* porque fueron desactivadas *(were disarmed)*.

—Se dice que dos hombres secuestraron *(kidnapped)* a las niñas.

—¡Dios mío! *(Good heavens!)* / ¡Qué horror! *(How awful!)* / Válgame Dios *(Wow!)*. Parece que *(It seems that)* se aumenta *(it's increasing)* la cantidad de crímenes violentos, ¿no le parece? *(doesn't it seem that way to you?; don't you think so?)*

—¡Cálmese! / ¡Tranquilícese! *(Calm down!)*. ¡Tranquilo/a! *(Take it easy!)* No es muy serio *(serious)*.

You may want to give students names for other emergency personnel: la Guardia Civil *(rural police, Spain)* / los Carabineros *(National Guard, Chile)* / la fuerza aérea *(air force)* / la marina *(the navy)* y los marineros *(the sailors)*.

—Llame a los bomberos *(firemen)* / el ejército *(the army)* / los soldados *(soldiers)* / la policía municipal *(city police)* / la Guardia Nacional *(National Guard)* / la Cruz Roja.

—¿Dónde ocurrió? ¿Cómo se originó? *(How did it get started / originate?)* ¿Quién tuvo la culpa? *(was guilty)*?

LAS EMERGENCIAS Y EL TIEMPO

—Se pronostica *(They forecast)* una borrasca *(storm, squall)*, unos aguaceros *(downpours of rain)* y la posibilidad de inundaciones *(floods)* en unas partes; una ventisca *(blizzard, snowstorm)*; mucho hielo en las carreteras *(highways)*.

—El puente *(bridge)* / el tramo *(section or lane of highway)* está cerrado hoy debido al ventisquero *(because of the snowdrift)*.

A. *¡Tranquilo!*   Un amigo de Fausto se pone muy preocupado al leer de los eventos del día. Fausto, una persona más optimista, responde con un comentario más positivo sobre cada evento. Diga lo que le dice según el modelo.

Modelo: un huracán

¡Tranquilo! Aunque el huracán destrozó muchas casas, nadie murió y la mayoría se escapó sin muchas heridas.

1. un robo en el banco
2. el precio de la gasolina sube
3. hay posibilidad de aguaceros mañana
4. hay una huelga de jugadores de béisbol
5. el puente está cerrado por reparaciones

B. *Ud. es reportero/a.*   Hay una lista de noticias a continuación. Trabajando con un/a compañero/a de clase, dé Ud. algunos detalles adicionales sobre cada evento. Su compañero/a tiene que reaccionar en una manera muy emocional al escuchar cada reportaje.

Modelo: Hubo un asesinato anoche en la capital.

Ud.: *La víctima, un taxista, murió en el hospital María del Rosario.*

Su compañero/a: *¡Dios mío!*

1. En las afueras de la ciudad hoy, hubo una inundación.
2. Radio México cuenta esta mañana que la capital ha sufrido un gran terremoto, de 7.5 en la escala Richter.
3. En los EE.UU. un estudio por dos profesores dice que aumentó el número de asaltos el año pasado.
4. Una huelga de controladores del tráfico aéreo causó demoras de hasta seis horas en el aeropuerto de Palma de Mallorca.
5. Hubo un paro obrero en el sector norte.
6. La tormenta causó varios apagones eléctricos por la ciudad.

You might have students bring in a newspaper article and / or photo in English and summarize it in Spanish. Students might also put on a news skit.

C. *¡Qué horrible!*   Imagínese que Ud. acaba de leer el periódico. Haga un resumen en sus propias palabras de algún desastre real o imaginario que se reportó. Incluya la siguiente información y añada otros detalles: ¿Qué se reportó? ¿Dónde ocurrió? ¿Qué lo causó? ¿Qué hizo la gente? ¿Qué dijo la gente? ¿Quién ayudó y qué hizo? Su compañero/a de clase tiene que reaccionar al relato, usando algunas expresiones como **¡No me diga!**

GRAMÁTICA FUNCIONAL

HABLAR DEL PASADO CON HACE Y DESDE *CON EXPRESIONES DE TIEMPO*

Since students have difficulty mastering this grammar point, we have tried to simplify it as much as possible. Depending on the level of your own students, you may want to give them the following additional information: 1. When used with the preterite, the word *que* in the question *¿Hace cuánto tiempo que...?* is sometimes omitted: *¿Hace cuánto tiempo ocurrió el apagón?* 2. An alternative way to ask the question is *¿Cuánto tiempo hace que...?* 3. *Desde* can also be used to express **since + a specific point in time**: *No tiene trabajo desde agosto. (He hasn't had a job since August.)*

Hace con el pretérito

Hace is used with the preterite tense to place a past event at some point in time (to indicate **ago**). This is expressed in the following way:

hace + time expression + *que* + preterite tense

¿Hace cuánto tiempo que ocurrió el apagón? *(How long ago did the power outage occur?)*

Hace tres días que ocurrió el apagón. *(The power outage occurred three days ago.)*

¡OJO!   The *hace* expression may be placed after the verb, in which case *que* is not used:

Un apagón ocurrió **hace una hora**. *(A power outage occurred an hour ago.)*

Hace y *desde* con el presente

To ask or indicate the length of time a past event **has** been going on and continues into the present, use:

● *hace* + time expression + *que* + present tense

¿Hace cuánto tiempo que están en huelga? *(How long have they been on strike?)*

Hace una semana que están en huelga. *(They've been on strike for a week.)* **or**

● present tense + *desde hace* + time expression

Están en huelga **desde hace una semana**.

Hace y *desde* con el imperfecto

To ask or indicate the length of time a past event **had** been going on at a point in the past when some other past event occurred, follow the same models as indicated for present tense, but substitute *hacía* for *hace* and the imperfect tense for the present tense.

¿Hacía cuánto tiempo que trabajaba su tío cuando ganó la lotería? *(How long had your uncle been working when he won the lottery?)*

Hacía treinta años que trabajaba cuando ganó la lotería.
(He had been working for thirty years when he won the lottery.) **or**

Trabajaba desde hacía treinta años cuando ganó la lotería.

¡Practiquemos! . . . .

A. *¿Qué hay de nuevo?*   Teresa les cuenta a sus padres lo que ocurre en su pueblo últimamente. Haga oraciones completas según el modelo.

Modelo: dos días / el pueblo / celebrar el día de la independencia
Hace dos días que el pueblo celebró el día de la independencia.

1. un mes / abrir una escuela secundaria nueva
2. dos semanas / haber un paro obrero
3. una semana / la Cruz Roja / ayudar a las víctimas de la inundación
4. seis horas / los bomberos / tratar de apagar el incendio en la comuna
5. dos días / la señora García / dar a luz a una niña preciosa

B. *¿Hace cuánto tiempo...?*   Pregúntele a un/a compañero/a de clase cuándo ocurrieron los siguientes eventos en su pueblo / ciudad. Siga el modelo. Luego, él / ella tiene que hacerle a Ud. las preguntas. Den algunos detalles de cada evento y compartan sus respuestas con otras personas en la clase.

Modelo: haber una ventisca
Estudiante 1: *¿Hace cuánto tiempo que hubo una ventisca en tu pueblo / ciudad?*
Estudiante 2: *Hubo una ventisca hace un mes. ¡Qué horror! Aunque se cerraron algunas carreteras, hubo muchos accidentes por otras.*

1. haber un apagón
2. pasarle algo interesante a un/a político/a
3. haber algún desastre natural
4. tener una manifestación de protesta
5. declararse en huelga
6. ocurrir algo bueno

Información de *Cambio 16,* España, 1987.

You may want to have students also practice using *desde hace* in this exercise.

TIPO DE MANIFESTACIONES O HUELGAS EN QUE SE HA PARTICIPADO (1)	
	43
Laborales	36
Estudiantiles	24
Políticas	23
Pacifistas	14
Sociales	

(1) Sobre la base del 25 por 100 que declararon haber participado en huelgas y manifestaciones. Los porcentajes suman más del 100 por 100, al admitirse más de una respuesta.

C. *Cómo Cambia el Mundo.* Siempre hay muchos eventos increíbles en nuestra telenovela **Cómo Cambia el Mundo**. Invente Ud. detalles sobre un personaje del programa. Siga el modelo.

Modelo: diez años / trabajar de ingeniero / cuando...
Hacía diez años que trabajaba de ingeniero cuando conoció a Inés.

1. ocho años / estar casado por tercera vez / cuando...
2. cinco años / ser millonario / cuando...
3. cuatro meses / vivir en Valladolid, España / cuando...
4. diez minutos / jugar al golf / cuando...
5. quince años / buscar a la mujer soñada / cuando...
6. ¿——?

PICAROS PICAROS, LOS PERSONAJES DE LA TELENOVELA NOS ENSEÑARON PASO A PASITO COMO LOGRAN UN VERDADERO BESO, ¡DE TELENOVELA!

DESCRIBIR CON LOS ADJETIVOS DESCRIPTIVOS

Descriptive adjectives may precede or follow the nouns they modify.

The adjective precedes the noun if it . . .

Remind students that limiting adjectives usually precede the noun: articles, demonstratives, possessives, cardinal and ordinal numbers, and adjectives of indefinite quantity (*algún, ningún, varios, muchos, pocos, otro*, etc.)

- describes inherent or typical characteristics of the noun that do not distinguish it from others of the same group:

  La **blanca nieve** cubrió el paisaje. (snow is inherently white)

  La **joven chica** sobrevivió el choque. (not distinguished from other girls)

- describes admirable qualities that are seen as inherent in the person:

  Es un placer presentarles a la **distinguida científica**, Ana María Vásquez. (an inherent quality that is not used to differentiate her from other scientists)

- is used in exclamatory expressions without *más* or *tan*:

  ¡Qué **buena idea**!
  ¡Qué **horrible accidente**!

The adjective follows the noun if it . . .

- distinguishes the noun it modifies from others of the same group by indicating such distinguishable qualities as color, size, nationality, or religious or political affiliation:

  Nos habló un **periodista argentino**.
  El chico que desapareció llevaba unos **pantalones azules**.
  Hubo un **accidente trágico** anoche.

- is modified by an adverb:

  Era un **terremoto muy dañino**.

- is a past participle used as an adjective:

  Los bomberos trataban de entrar por la **puerta cerrada**.

- is used in exclamatory expressions with *más* or *tan*:

  ¡Qué suceso **más desafortunado**!

Compare the position of the adjective in the following sentences:

Eliana compró **unas fuertes aspirinas** para su vecina. (The aspirins are typical of extra-strength aspirins commonly found on the market.)
Eliana compró **unas aspirinas fuertes** para su vecina. (The aspirins are especially strong, different from other strong ones available.)

Multiple adjectives

The rules above are followed when placing more than one adjective. If two adjectives are placed together either before or after the noun, the conjunction *y* is placed between them:

Era un huracán **fuerte y peligroso**.

The less distinguishing adjective may also precede the noun:

Era un **fuerte huracán dañino**.

¡OJO! A modified noun may be referred to as a single unit, then described by another adjective:

Sufrió un **ataque cardíaco** extenso.

Changes in meaning depending on placement of adjective

The English translation of some adjectives varies with different placement. The more descriptive meaning is associated with placement after the noun:

Adjective	Meaning before the noun	Meaning after the noun
antiguo	*former*	*old (age)*
gran(de)	*great, famous*	*big, large*
medio	*half*	*average*
mismo	*same*	*himself, herself, itself, themselves*
nuevo	*new, another, different*	*brand new*
perfecto	*sheer, mere [fig.]*	*without error or blemish*
pobre	*unfortunate*	*without money*
propio	*own*	*characteristic*
único	*only*	*unique*
viejo	*long-standing*	*elderly*

¡OJO!   When placed before singular nouns, the following adjectives have shortened forms:

grande   **gran**   bueno   **buen**   malo   **mal**

Ella vendió su antigua *(former)* casa para comprar una casa antigua *(old in age)*.

Plácido Domingo es un gran *(great)* hombre grande *(big)*.

La mujer, que era media *(half)* española, ganaba un sueldo medio *(average)* de veinte mil dólares.

Los mismos *(same)* periodistas iban a hablar con el presidente mismo *(himself)*.

Gonzalo no compró un nuevo *(different)* coche; tuvo mucho dinero y se compró un coche nuevo *(new)*.

Es un perfecto *(sheer)* accidente que Memo tiene una historia perfecta *(without blemish, error)* como bombero, ya que sabemos lo travieso que es.

Las pobres *(unfortunate)* familias que perdieron sus casas en el huracán ahora son familias pobres *(without money)*.

Mi propia *(own)* tía me dijo que los vientos propios *(characteristic)* de un huracán son violentísimos.

Es la única *(only)* solución a tal problema único *(unique)*.

Memo le escribió a su viejo *(long-standing)* vecino para decirle que un amigo viejo *(elderly)* se había salvado del huracán.

You may want to remind students of the superlative forms of adjectives. The suffix -*ísimo* (-*ísima*, -*ísimos*, -*ísimas*) is added to adjectives to express the idea of **extremely** or to heighten the quality. The suffix is added directly to adjectives ending in consonants: *difícil, dificilísimo*. To add the suffix to adjectives ending in a vowel, drop the vowel: *alto, altísimo*. Some spelling changes that occur are: c—qu (*rico, riquísimo*); g—gu (*largo, larguísimo*); z—c (*feliz, felicísimo*). Exception: *amable, amabilísimo*.

¡Practiquemos! ....

When there are multiple ways of combining adjectives and nouns, ask students to explain the meaning they intend to convey. For example: A student says: *Encontré botellas abiertas de medicamentos fuertes.* To elicit more information about what he / she means, you can ask: *¿Son medicamentos normales o más fuertes de lo normal?*

A. *Identificar lo suyo.* La gente de Cidra, Puerto Rico, trata de reclamar lo suyo después de una tormenta grande con muchos vientos. Ya que varias casas fueron destrozadas, los contenidos han sido llevados por el viento por todo el pueblo. He aquí lo que dicen algunas personas que andan buscando lo suyo. Complete las frases incompletas a continuación con las palabras apropiadas.

Modelo: Tenía una cajita de joyería (viejo, precioso)
Tenía una cajita de joyería vieja y preciosa.

1. Encontré botellas (abierto) de medicamentos (fuerte).
2. Encontré un zapato (negro), pero todavía busco los zapatos (nuevo) que acabo de comprar.
3. Teníamos platos (antiguo, toledano).
4. El chaleco mío es de tamaño (grande), de diseño (muy sofisticado), y de seda (fino, japonés).
5. Mi amigo (viejo)—hace diez años que lo conozco—encontró mi libro (favorito).
6. Busco algunas blusas (bien usado, mexicano) de mi compañera de cuarto.
7. ¡Qué desastre (horrible)! Estoy loco (medio) por haber perdido las llaves al coche.
8. Es una coincidencia (perfecto) que encontré mi abrigo (propio).

B. *Lo que les pasó en el huracán.* La profesora Ventura recibió una carta de su primo que vive en Puerto Rico, donde el huracán recientemente destrozó unos pueblos. La profesora resume para una amiga lo que le escribe su primo en unas frases directas y sencillas. ¿Qué dice?

Modelo: La señora Llansó, *la muy desafortunada,* perdió su casa.
La pobre señora Llansó perdió su casa.

1. La tormenta destrozó las casas de familias ricas tanto como las de las familias *que tienen poco dinero.*
2. El señor Gremio, *que tiene mucha fama y es un verdadero héroe,* ayudó a los bomberos.
3. Los vientos rompieron los vidrios en el coche *de último modelo* de Juliana.
4. Por *pura* coincidencia, la hija de los Fierro estaba en los EE.UU.
5. Uno de los bomberos salvó a doña Milagro, una señora *que tiene unos 95 años.*

6. Porque las inundaciones destrozaron su coche *que tenía antes*, Robert tuvo que comprar *otro* coche.

7. Don Emilio, que era un hombre *que pesaba mucho*, ha bajado de peso por la situación de estrés.

8. ¡Ay Dios! ¡La gente *desafortunada*!

C. *Entrevista.*   Entreviste a otra persona en su clase. Hágale preguntas utilizando los sustantivos de la Columna A y cualquier combinación de adjetivos de la Columna B. ¡Cuidado con la posición de los adjetivos!

Modelo: *¿Es un perfecto accidente que estudias español?*

1. accidente	viejo
2. amigo/a	nuevo
3. libro	propio
4. cuarto	medio
5. clase	perfecto
6. novio/a	joven
7. trabajo	interesante
8. padres	grande
	azul
	aburrido
	pobre
	difícil
	único

REPORTAR CON LA VOZ PASIVA

You already know how to form the active voice, used in sentences in which the subject or agent performs an action:

Los oficiales del gobierno fundaron la Guardia Civil en 1844.
(The government officials founded the Civil Guard in 1844.)

Sometimes, however, you may wish to place more emphasis on the receiver of the action than on the agent. For this purpose, Spanish uses the passive voice, formed by *ser* + **a past participle** that agrees in gender and number with the subject of *ser*. Usually, the agent is expressed, following *por.*

La bomba **fue desactivada por** los bomberos. *(The bomb was disarmed by the firemen.)*

Las casas **habían sido destrozadas por** el terremoto. *(The houses had been destroyed by the earthquake.)*

Sometimes, however, the agent is not expressed.

La Guardia Civil **fue fundada** en 1844. *(The Civil Guard was founded in 1844.)*

Un policía **es secuestrado**. *(A policeman is kidnapped.)*

Note that *ser* can be used in any tense, though it is most commonly used in the preterite.

Los resultados de las elecciones fueron publicados esta tarde. *(The results of the elections were announced this afternoon.)*

The passive voice is not used in Spanish as much as in English and is most common in formal, written Spanish.

¡OJO!   *Estar* is used to express the condition or state resulting from an action. The agent is not expressed.

El hombre **está herido**. *(The man is in **the state of being injured**; no action or agent is expressed.)*

La bomba **estaba desactivada** cuando llegó la policía. *(The bomb **was disarmed** when the police arrived; no agent is expressed.)*

The past participle is also used with the verbs *tener* and *dejar* to express the result of an action:

Tengo escrita la carta. (***I have** the letter **written**.)*

Dejé pagada la cuenta. (***I left** the bill **paid**.)*

As with all adjectives, the past participles in these constructions must agree in gender and number with the subject.

¡Practiquemos! ....

A. *Memo el bombero.* En Santiago de Chile, Memo era bombero. A continuación, está explicándole a la profesora Ventura algo sobre sus aventuras en esa época. Cambie sus frases de la voz activa a la pasiva, según el modelo:

Modelo: Mi tatarabuelo fundó el Cuerpo de Bomberos.
             El Cuerpo fue fundado por mi tatarabuelo.

1. Mi tatarabuelo escribió la carta de fundación en 1850.
2. Los primeros bomberos del Cuerpo compraron la Casa de Bomberos.
3. En los años '40, mi familia compró el primer camión.
4. El Cuerpo ayuda a 150 familias cada año.
5. El Cuerpo recibe más de 300 llamadas telefónicas pidiendo ayuda cada año.
6. A pesar de nuestros mejores esfuerzos, un incendio destrozó 75 casas en 1990.
7. La gente del pueblo va a renovar la Casa dentro de dos años.
8. A fines de este año, celebramos el aniversario de la fundación.

B. *Algunas noticias.* Ud. y un/a amigo/a hablan sobre las siguientes noticias que leyeron en el periódico. Describan otro detalle de cada evento, utilizando la voz pasiva.

Modelo: La policía encontró una bomba en una oficina esta mañana.
             Afortunadamente, la bomba fue desactivada.

1. Los arqueólogos descubrieron otro artefacto en su excavación ayer.
2. Mil personas participaron en una manifestación de protesta.
3. El tornado destrozó unas casas anoche.
4. Hubo un robo en el Museo de Arte Contemporáneo.
5. La policía detuvo a una mujer que manejaba con exceso de velocidad.
6. Anunciaron el ganador del gran premio del Festival de la Canción.

C. *La escena de un desastre.* Imagínese que Ud. reporta la escena de un terremoto. ¿Qué diría para que los oyentes comprendieran lo horrible que es? Use la voz pasiva con **ser** (y el agente) en cuatro frases y **se** (sin el agente) en cuatro frases más.

Modelo: Con el agente: *Los edificios fueron completamente destrozados por la fuerza del terremoto.*
             Sin el agente: *Se vio a muchas personas heridas.*

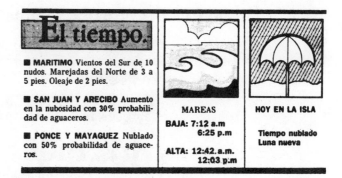

 ¡ESCUCHEMOS UN POCO MÁS!

Ud. va a escuchar una conversación entre Lupe, Roberto y Teresa, quienes hablan del huracán que acaba de pasar por Puerto Rico.

Antes de escuchar

In preparation for listening to this segment, answer the following questions in English.

1. What are some specific details that might be discussed?
2. Brainstorm a list of Spanish words and expressions you already know that you might hear in this selection.

Después de escuchar

Play your Teacher Tape at this time. Remember to find the beginning of the segment before class and set your counter at zero to facilitate rewinding. You may want to play the segment more than once, or pause the tape occasionally to allow students the opportunity to replay mentally what they have heard.

A. ¿Comprendió Ud.?   ¿Son verdaderas o falsas las siguientes frases? Corrija las oraciones falsas.

1. Lupe todavía no puede comunicarse con ningún pariente de Puerto Rico.
2. Todo el Parque Nacional fue destruído.
3. La electricidad todavía está cortada en muchas partes.
4. Se dice que mil personas murieron.
5. No hubo muchos heridos.
6. No hubo suficiente advertencia del huracán.

B. ¡Discutamos!   Conteste las siguientes preguntas.

1. Describa Ud. algún desastre que ocurrió en su pueblo / ciudad.
2. Con un/a compañero/a de clase, haga un resumen de lo que dijeron Lupe, Roberto y Teresa.

¡LEAMOS UN POCO!   *Secuestradas dos niñas*

En Bogotá

Secuestradas dos niñas

Recuperados $35 millones en mercancías

BOGOTA. (Colprensa). Dos menores de edad fueron secuestradas ayer en Bogotá, cuando se dirigían al colegio, por desconocidos que se las llevaron en una camioneta no identificada.

El doble plagio se presentó en la calle 38 con carrera 15 en horas de la mañana, en instantes en los que las secuestradas identificadas como Jackeline y Yazmín Sierra Calderón de 5 y 11 años de edad respectivamente, fueron interceptadas por dos hombres quienes rápidamente las introdujeron en una camioneta panel de color azul.

Según los informes oficiales, los responsables del secuestro no han hecho ninguna exigencia a los familiares de las menores.

Secuestradas: *kidnapped;* se dirigían: *were on their way to*; plagio: secuestro; se presentó: ocurrió; exigencia: *demands*

Antes de leer

In preparation for reading this article, look at the headline and first paragraph and answer the following questions in English.

1. What is this reading about?

2. In which paragraphs of a newspaper article might you typically find the most succinct information? More details?

3. Brainstorm a list of Spanish words you might need to know to read about crimes reported in the papers.

Después de leer

A. *¿Comprendió Ud.?*   Conteste las siguientes preguntas.

1. ¿Qué les pasó a las dos niñas?
2. ¿Cómo ocurrió?
3. ¿Había acusados?
4. ¿Llamaron los captores a los padres de las niñas?

You might ask students to share their paragraphs with the class.

In the ¡IMAGINEMOS! section, students will create their own news article.

B. *¡Discutamos!*   Trabajando con dos o tres compañeros de clase, escriba un párrafo final a este artículo. Expliquen Uds. dónde y cómo se encontró a las niñas y lo que dijeron e hicieron los captores. Incluyan muchos detalles.

Enlace de todo

Para hacer esta sección, recuerde la gramática de repaso y la gramática funcional de este capítulo: el uso de **se** para evitar la voz pasiva, los usos del infinitivo, **hacer** y **desde** con expresiones de tiempo, la posición de los adjetivos descriptivos y la voz pasiva. También es buena idea repasar el vocabulario presentado al principio de este capítulo antes de empezar.

¡IMAGINEMOS!

A. *Dramatizaciones.*   Prepare las siguientes dramatizaciones según las instrucciones.

1. Ud. manejaba su coche sin cuidado y tuvo un choque. Hable con el / la policía para convencerlo/la de que la culpa no era suya y relate los eventos antes del choque mismo. Un/a compañero/a de clase es el / la chofer del otro coche, y él / ella siempre presenta información contraria a la suya. Cuando sus compañeros de clase vean su dramatización, podrán juzgar quién tuvo la culpa.
2. Imagínese que Ud. es víctima de un incendio en una residencia estudiantil. En una entrevista por televisión, Ud. habla con el / la alcalde de la ciudad para reportarle los daños que sufrió. Incluya información sobre cuánto perdió y algunas recomendaciones para evitar la misma pérdida en el futuro. Para relatar los eventos del pasado, utilice la voz pasiva. También utilice **se** para evitar la voz pasiva de vez en cuando.

3. Imagínese que Ud. es reportero/a de televisión. Ud. describe una inundación fuerte y habla de un puente que acaba de caerse por la fuerza del agua. Describa la escena para su público en casa. Incluya una descripción precisa del número de coches que cayeron y una entrevista con una víctima herida en la caída. Utilice **hace / hacía** y **desde hace / desde hacía** con expresiones de tiempo.

4. Ud., como científico/a que estudia los terremotos, ha regresado recientemente de México donde investigó un terremoto muy serio. Con un/a compañero/a de clase, haga una entrevista al estilo de una charla televisada para explicar lo que pasó en ese terremoto. Hable de los detalles del terremoto (cuándo, dónde, etc.), los resultados (las heridas, la pérdida económica y personal, etc.) y algunas recomendaciones para minimizar el sufrimiento que resulta de un terremoto.

B. *Ser reportero.* Ud. es reportero/a para *El Mercurio*, un periódico diario de Santiago de Chile. Su editor le ha dado la tarea de escribir un pequeño artículo sobre un apagón y sus efectos en la vecindad. Escriba dos párrafos en la forma siguiente:

1º párrafo: presentación de los hechos (qué, quién, cuándo)

2º párrafo: elaboración y más detalles (incluso por qué)

C. *Un desaparecido*. Ud. tiene un amigo cuyo hermano desapareció hace dos días. Escriba un anuncio para el periódico como el de **Secuestradas dos niñas** en la página 198. En el anuncio incluya una descripción general del hermano, una descripción de lo que llevaba en el instante en que desapareció, las circunstancias bajo las cuales desapareció y lo que debe hacer uno si tiene información. Escriba por lo menos siete frases.

¡LEAMOS MÁS! *Gilbert rumbo a RD*

Huracán pasa al sur de PR

Gilbert rumbo a RD

Por CELESTE REXACH BENITEZ
El Mundo

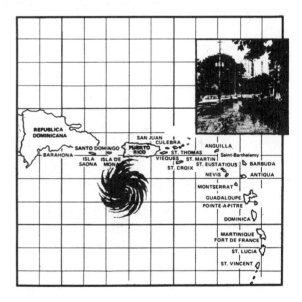

A LA TORMENTA TROPICAL GILBERT se convirtió anoche en el tercer huracán de la actual temporada y el primero en rozar de cerca a Puerto Rico, pasando su centro al anochecer a unas 160 millas al sur de Ponce. Al amanecer amenazaba con dejar sentir sus efectos sobre la República Dominicana.

B Al cierre de esta edición no se informó de víctimas a causa del mal tiempo, aunque informes preliminares de la Defensa Civil indicaron el desalojo de 25 familias en Guayama tarde anoche debido a inundaciones costeras por las fuertes lluvias.

C Temprano en la tarde comenzaron a sentirse los efectos del mal tiempo al reportarse árboles caídos, antenas de televisión derribadas y una antena de una radioemisora en Arecibo que cayó a causa de los fuertes ventarrones.

D El alto oleaje entre 9 y 15 pies ocasionó que la marea arropara tres tramos de la carretera 3 en los puntos de Naguabo, Humacao y Patillas, provocando el congelamiento de tránsito temprano en la noche de ayer, informó la Defensa Civil.

E Además, 24 árboles fueron derribados en el municipio de San Juan a causa de las fuertes ráfagas, informó José Rivera, director de la Defensa Civil municipal.

F Gilbert entró al Caribe oriental con vientos de 39 mph y adquirió fuerza de huracán a las 10:45 anoche, generando vientos de hasta 74 millas con velocidad de traslación rumbo al oeste de 15 mph.

G "Los efectos sobre Puerto Rico son de mucha agua, vientos fuertes con ráfagas de sobre 50 millas por hora", dijo Carreras.

H   En cuanto a la trayectoria de Gilbert, Carreras explicó que el huracán se movía en dirección noreste a suroeste, aunque había cierta tendencia esta madrugada a desplazarse hacia el norte.

I   "También con las lluvias vamos a tener inundaciones por toda la isla, y como hemos tenido tanta lluvia durante las últimas semanas, el terreno está saturado y con cualquier aguacero que ocurra lo más probable es que el cuadro sea algo crítico", añadió.

J   Los pronósticos ofrecidos por Carreras arrojaron que hoy continuará la actividad de aguaceros con un 100% de probabilidad de lluvia para toda la isla, pero que las condiciones climatológicas se normalizarían nuevamente mañana.

Cancelan vuelos en aeropuerto

K   Mientras, la aerolínea American Airlines canceló anoche todos los vuelos hacia Nueva York, debido a las fuertes ráfagas de viento que traía Gilbert.

L   Debido a que Gilbert ha seguido cobrando fuerza desde que se originó el jueves como una simple onda tropical, se espera que azote a la República Dominicana durante las primeras horas de hoy con mayor intensidad que aquí en Puerto Rico.

M   Por su parte, el Departamento de Asuntos del Consumidor hizo hincapié ayer en cuanto al reglamento 11, que ha estado vigente desde el pasado 24 de agosto, el cual establece la congelación en los precios de los artículos de primera necesidad durante situaciones de emergencia.

N   Así lo anunció Pedro Ortiz Alvarez, director de esa entidad gubernamental, al indicar que los comerciantes no podrán alterar los precios de artículos como agua envasada, velas, baterías, combustible enlatado para cocinar, carbón mineral y vegetal, y clavos de zinc galvanizado, entre otros.

O   Gilbert constituye el tercer huracán de la temporada. Debbie y Florence habían azotado a algunos sectores de México y el estado de Luisiana y otros adyacentes.

P   De acuerdo con el conocido meteorólogo William Grey, de la Universidad de Colorado, esta temporada de huracanes – que se extiende desde el 1 de julio hasta el 31 de noviembre – iba a ser activa, cuando se formarían 11 sistemas, de los cuales siete serían huracanes.

Q   Hasta el momento se han formado nueve sistemas, de los cuales tres han sido huracanes. A lo largo de toda la temporada, los meses más susceptibles a huracanes son septiembre y octubre.

rumbo a: *headed towards*; rozar: *to graze, or pass near*; amenazaba: *was threatening*; derribadas: *overturned, fallen down*; ventarrones: *strong winds*; oleaje: *waves*; la marea: *tide*; arropara (arropar): *covered*; congelamiento: *freezing*; ráfagas: *gusts*; desplazarse: *to shift, move from place to place;* cuadro: *scene*; arrojaron: *projected*; cobrando: *gathering*; onda: *wave or depression*; azote (azotar): *lash*; hacer hincapié: *to take a firm stand*; vigente: *in force*; envasada: *bottled*; velas: *candles*; combustible enlatado: *bottled gas*; carbón mineral y vegetal: *charcoal*; clavos: *nails*

▶ *Pre-reading*

You may find it necessary to explain to students that the tropical storm Gilbert turned into Hurricane Gilbert.

In preparation for reading this article, quickly skim over the title of the reading, the photo, and the caption. Then answer the questions in English.

1. What do you think the reading is about? How do you know?

2. What additional information do the photo and caption provide?

3. What do you think PR means? RD?

4. Which of the following do you think might be the best equivalent for the title: *Gilbert va hacia RD, Gilbert sale de RD, Gilbert baila con RD?*

5. Brainstorm a list of Spanish words and expressions you already know that might be found in this selection.

▶ *Skimming / Scanning*

Quickly skim through each paragraph and then match each main idea below to the letter of the corresponding paragraph: D, F, H, J, N, P.

_____ **1.** la velocidad de los vientos

_____ **2.** los artículos cuyos precios no subirán durante la emergencia

_____ **3.** los problemas del tráfico

_____ **4.** el pronóstico del tiempo

_____ **5.** una descripción de la temporada de huracanes

_____ **6.** la dirección en que se movía el huracán

Now find the information requested below by scanning the appropriate paragraphs listed. Answer in English or Spanish.

1. Paragraph A: Where was the hurricane with respect to Puerto Rico the night before this article appeared?

2. Paragraph B: How many families have been moved from their homes?

3. Paragraphs C, D, E and F: Name at least three effects of the storm. What elements of the storm caused those effects—the wind, the rain, the waves, the high tides, etc.?

4. Paragraphs F and H: What have the wind speeds of the hurricane been? In which direction was it moving?

5. Paragraph I: What had happened recently in Puerto Rican weather that will compound the effects of Gilbert?

6. Paragraphs M and N: In emergency situations, prices are frozen on what kinds of things? Give some examples of these.

▶ *Decoding*

Answer the questions below dealing with grammatical structures and vocabulary that you will encounter when reading the entire article.

1. Paragraph A:

a. Which of these is the best meaning for *actual*: **current, actual,** or **active**?

b. What word related to *noche* means **the beginning of the night,** or **dusk**?

c. What word related to *mañana* means **dawn**?

2. Paragraph B: What do you think *desalojo* means? What other related words do you know? (Refer to Chapter 5.)

3. Paragraphs A and C: *Al anochecer, al amanecer, al cierre*, and *al reportarse* are all expressions using *al* and a verb or noun to mean **upon**, or **at the time of** + verb. Which of these expressions use a verb as a noun? What form of the verb is used?

4. Paragraph E: What is the passive voice construction in this paragraph?

5. Paragraph I:

   a. What expression tells the reader that the saturation of the ground is **recent**?

   b. Why are *ocurra* and *sea* in the subjunctive?

6. Paragraph O:

   a. What is the Spanish cognate of **adjacent**?

   b. What do you notice about the spelling of the state of Louisiana?

▶ *¿Comprendió Ud.?*

Después de leer todo este artículo por completo, conteste las siguientes preguntas.

1. Describa el progreso del huracán desde la noche hasta el amanecer.

2. Describa los efectos del huracán. Incluya detalles sobre la fuerza de las ráfagas de viento, el oleaje y los aguaceros.

3. ¿Gilbert iba en dirección a qué isla? ¿Dónde se esperaba que azotara?

4. Mientras que el huracán esté cerca de Puerto Rico, ¿cómo son los pronósticos climatológicos?

5. Describa el reglamento 11 y la ayuda que se da en situaciones de emergencia.

6. ¿Cuándo es la temporada de huracanes?

▶ *¡Discutamos!*

Conteste las siguientes preguntas.

1. ¿Qué haría Ud. si estuviera en la República Dominicana durante este huracán?

2. Describa el clima donde Ud. vive. ¿Hay algunos desastres climatológicos de vez en cuando? ¿Cómo son?

Temas para composiciones / conversaciones

1. Un reportaje meteorológico sobre la trayectoria de un huracán

2. Un artículo sobre los / las héroes que salvan vidas durante un desastre climatológico

¡EL GRAN PREMIO!: ¿Puede Ud. hacerlo?

Ud. va a escuchar una selección de las noticias por radio sobre una alarma contra bombas en una línea de trenes.

▶ *Antes de escuchar*

In preparation for listening to the segment, answer the following questions in English.

1. What characteristics do you notice about the style of speech of radio news broadcasters?

2. What information or experiences can you and your classmates share about train travel in Europe?

3. Brainstorm a list of Spanish words and expressions you already know that might be heard in this selection.

▶ *Primer paso*

Play your Teacher Tape at this time. Remember to find the beginning of the segment before class and set your counter at zero to facilitate rewinding. You may want to play the segment more than once, or pause the tape occasionally to allow students the opportunity to replay mentally what they have heard.

On tape: portavoz: *spokesman*; sin mayor novedad: *without other surprises/events*

Answers for EL GRAN PREMIO, Primer paso: 1, b; 2, b; 3, c; 4, d.

Escuche el anuncio por primera vez y escoja las respuestas a las siguientes frases.

1. El tren era...
   a. uno regular.
   b. uno de gran velocidad que corre la línea París a Lyon.
   c. el que corre la línea París a Madrid.
   d. uno de gran velocidad que cubre el centro de París mismo.

2. El trayecto del tren estaba en...
   a. España.
   b. Francia.
   c. Inglaterra.
   d. Italia.

3. La alarma resultó...
   a. verdadera.
   b. en un desalojo de la vecindad.
   c. falsa.
   d. en una completa destrucción del tren.

4. Para resolver el problema, los viajeros...

a. tuvieron que regresar a París.

b. fueron evacuados del tren en Madrid.

c. telefonearon para avisar que una bomba iba a estallar.

d. fueron trasbordados por carretera a otro convoy.

▶ *Segundo paso*

Answers for EL GRAN PREMIO, Segundo paso: 1. Uno de los empleados, un individuo de la Empresa Estatal de Ferrocarriles de Francia. 2. Al paso del tren por una pequeña estación. 3. El tren fue evacuado y los viajeros fueron trasbordados por carretera hasta otro convoy.

Escuche la selección otra vez y conteste las siguientes preguntas.

1. ¿Quién telefoneó para avisar sobre la alarma?

2. ¿Dónde iba a estallar la bomba?

3. ¿Qué se hizo para resolver el problema?

▶ *Tercer paso*

Escuche las noticias por última vez y escriba un resumen de por lo menos tres frases en español.

▶ *¡Discutamos!*

Conteste las siguientes preguntas.

1. ¿Por qué sale esta noticia en la radio en un país donde se habla español?

2. ¿Qué haría Ud. si fuera uno/a de los pasajeros?

Vocabulario

Para iniciar la conversación

alguien me dijo que... *someone told me that . . .*

el chisme *gossip*

dicen / cuentan que... *they say that . . .*

he oído decir que... *I've heard people say that . . .*

se dice / cuenta que... *they say that . . .*

Algunos sucesos personales

el ataque cardíaco *heart attack*

cambiar de empleo *to change jobs*

el choque *wreck; fender-bender*

dar a luz *to give birth*

desmayarse *to faint*

despedir a alguien *to fire someone (from a job)*

la despedida *firing, layoff*

divorciarse *to get divorced*

ganar la lotería *to win the lottery*

hace muy poco *not long ago, recently*

jubilar (la jubilación) *to retire (retirement)*

manejar con exceso de velocidad *to drive over the speed limit*

parar en la señal de parada *to stop at the stop sign*

ponerle a alguien una multa *to give someone a fine*

Algunos sucesos nacionales

el apagón *power outage*

la comuna (Chile) *residential area, subdivision*

declararse en huelga *to go out on strike*

la huelga *strike*

el lío *mess, fight*

la manifestación de protesta *protest march*

el obrero *worker*

el paro obrero *work stoppage*

Algunas reacciones al chisme o al reportaje

¡Es para contarlo! *That's really something to talk about!*

Me está tomando el pelo, ¿no? *You're kidding me, right?*

¡Mentiras! *Lies!*

¡No diga Ud. tonterías! *Don't say stupid things!*

¡No exagere Ud.! (exagerar) *Don't exaggerate! (to exaggerate)*

¡No me diga! *You're kidding!*

¡No (me) lo creo! *I don't believe it!*

¡No sea Ud. tonto/a! *Don't be silly!*

el qué dirán *what people will say*

¿Quién sabe? *Who knows?*

tener en cuenta *to have in mind*

Tiene que enterarse. *You have to inform yourself.*

¡Ya lo creo! *I believe it!*

Para describir una emergencia

las afueras de la ciudad *the outskirts of town*

el asalto *assault*

el asesinato *assassination*

el ataque *attack*

aumentarse *to increase*

los bomberos *firemen*

¡Cálmese / Tranquilícese! *Calm down!*

La Cruz Roja *the Red Cross*

desactivar una bomba *to disarm a bomb*

el desastre *disaster*

¡Dios mío! *Good heavens!*

el ejército *army*

estallar *to explode*

la explosión *explosion*

la Guardia Nacional *National Guard*

los heridos *hurt, wounded (people)*

la huelga *strike*

el huracán *hurricane*

el incendio *fire*

la multa *fine*

¿No le parece? *Doesn't it seem that way to you?*

originar *to get started, originate*

Parece que... *It seems that . . .*

la policía municipal *city police*

¡Qué horror! *How awful!*

el robo *robbery*

secuestrar (el secuestro) *to kidnap (the kidnapping)*

serio *serious*

¡Socorro! / Ayúdeme, por favor! *Help!*

los soldados *soldiers*

tener la culpa *to be guilty*

el terremoto *earthquake*

el tornado *tornado*

¡Tranquilo/a! *Take it easy!*

¡Válgame Dios! *Wow!*

Las emergencias y el tiempo

el aguacero *downpour of rain*

la borrasca *storm, squall*

la carretera *highway*

la inundación *flood*

el puente *bridge*

se pronostica *they forecast*

el tramo *section or lane of highway*

la ventisca *blizzard, snowstorm*

el ventisquero *snowdrift*

¿NECESITA REPASAR UN POCO?

Se *para evitar la voz pasiva*

An alternative structure to the passive voice is the use of the pronoun *se* with the third person form of the verb, which agrees in number with the object. This form is more commonly used when the agent is not expressed.

Se desactivó la bomba. *(The bomb was disarmed.)*

Se escriben las respuestas. *(The responses are being written.)*

¡OJO! When the receiver of the action is a person, the impersonal *se* is used with a third person singular verb followed by the personal *a*:

Siempre **se responde a** los terroristas. *(The terrorists are always answered.)*

Los usos del infinitivo

In Spanish, the infinitive is used in a variety of ways.

1. As the subject of the sentence: **(El) Manejar** con exceso de velocidad no es buena idea. *(Driving over the speed limit isn't a good idea.)*
   (El) Jubilarse le encantó. *(Retiring delighted him.)*

2. As the object of a preposition: **Al ver** a los heridos, empezamos a llorar. *(Upon seeing the wounded, we began to cry.)* The use of *al* means **upon or while doing something** and shows that two actions occur simultaneously.

3. To express a written impersonal command as found on public signs: No **fumar**. *(No smoking.)*

4. With verbs of perception: *mirar, oír, escuchar, ver, sentir, observar.* The gerund form may also be used. Note the difference in word order between Spanish and English.

   Vi entrar al actor. *(I saw the actor come in.)*

   Vi entrando al actor. *(I saw the actor coming in.)*

5. After a conjugated verb:
   Verb + infinitive

   Prefiero enterarme de las noticias. *(I prefer to inform myself of the news.)*

   Verb + *a* + infinitive

   Empecé a dudar lo que me dijo. *(I began to doubt what he told me.)*

   Verb + *de* + infinitive

   Acabo de hablar con la madre de la niña secuestrada. *(I've just talked with the mother of the kidnapped child.)*

   Verb + *en* + infinitive

   Pensaban en despedir a algunos empleados. *(They were thinking about firing some employees.)*

   Verb + *con* + infinitive

   Anoche **soñé con** ganar la lotería. *(Last night, I dreamed about winning the lottery.)*

   Verb + *por* + infinitive

   Nos preocupamos mucho **por** sobrevivir el desastre. *(We worried a lot about surviving the disaster.)*

8 ¿Podría acompañarme a...?

Objetivos funcionales

Cuando Ud. complete este capítulo, podrá hacer lo siguiente en español...

- hablar más de las diversiones
- hacer, aceptar y rechazar invitaciones
- persuadir a alguien a que acepte una invitación
- hacer una llamada telefónica

Objetivos culturales

A través del capítulo, leerá y escuchará información sobre...

- las diversiones
- la corrida de toros
- la agenda cultural
- las invitaciones
- el acampar

Enlace inicial

 ¡ESCUCHEMOS!

Ud. va a escuchar una conversación breve entre Teresa y Roberto, quienes hablan de sus planes para el fin de semana.

Play your Teacher Tape at this time. If you are using a machine with a counter, you may want to do the following before class. Find the spot on the tape where the segment begins. Set the counter on zero. During class, play the segment. To return to the beginning of the segment, rewind the tape until you reach zero on the counter.

On tape: *¡Te conozco, mosco!* (**I always recognize you**—implies that Roberto knows Teresa very well)

A. *¿Qué hacer?*   Entre las muchas posibilidades, ¿qué actividad decidieron hacer Teresa y Roberto esta tarde?

1. asistir a una conferencia sobre el psicoanálisis
2. ir a un concierto
3. tocar el piano y cantar
4. visitar a unos amigos

B. *¿Comprendió Ud.?*   ¿Verdadero o falso? Corrija los errores.

1. Para Roberto, lo mejor del concierto es la entrada gratis.
2. Teresa quiere ir al concierto pero Roberto prefiere ver una película.
3. Teresa quiere que Roberto consiga las entradas.
4. Los dos van a encontrarse en el instituto del concierto.

You may want to give students an example of a *brindis* or toast: *¡Salud, pesetas y amor y tiempo para gozarlos!*

In Spanish-speaking countries, church ceremonies are not legally recognized. A couple usually is married first by civil authorities (*ceremonia civil*), which is treated as a sort of wedding rehearsal. For most couples, the most meaningful ceremony is the *ceremonia religiosa* which is scheduled a few days later.

¡LEAMOS!   Una invitación escrita y formal

Mire las dos partes de la invitación y conteste las siguientes preguntas.

A. *¿Comprendió Ud.?*

1. Encuentre la siguiente información.
   a. los nombres completos de la novia y del novio
   b. la fecha y hora de la boda
   c. el lugar de la ceremonia
   d. el lugar de la recepción
2. ¿Qué frases se usan para invitar a alguien a la ceremonia? ¿Al brindis?

The content of this invitation is re-entry from chapters 2, 3 and 4. The function of receiving and responding to invitations, whether written or oral, is the focus of this chapter.

An alternative, and more common, term for *padres de velación* is *padrinos de boda*.

In the ¡IMAGINEMOS! section, students will write a letter to the bride and groom to explain that they cannot attend the wedding.

padrinos de velación: *best man and maid of honor*; Ver.: Veracruz, México; brindis: *toast (also a party given in someone's honor where drinks and hors d'oeuvres are served);* se efectuará: will take place

¿NECESITA REPASAR UN POCO?

At the end of this chapter, you will find a brief review of the following structures:

- el presente perfecto
- el pluscuamperfecto
- **se** impersonal

Review the information as needed and complete the corresponding exercises in the workbook.

Enlace principal

CULTURA A LO VIVO

Agenda cultural

Conferencias

Entrada libre

"Tchaikowsky", por **Luis Camilión**, a las 19, en Perú 294.

"Los autores de televisión", por **Juan C. Cernadas Lamadrid, Nelly Fernández Tiscornia** y **Ricardo Halac**, a las 20, en Sarmiento 2233.

"Del psicoanálisis grupal al psicoanálisis compartido", por **Gerardo Stein**, a las 21.30, en Rodríguez Peña 1674.

Presentación de libros

"**Guía para la identificación de las aves de Argentina y Uruguay**", de **Tito Narosky** y **Darío Yzurieta**, a las 19, en Florida 460.

Música y danza

Clásica

Teatro Colón, Libertad 621, a las 21: "**La Bohème**", y en el Salón Dorado a las 17.30: **Motomu Itsuki**, canto, y **Akemi Minato**, piano.

Popular

Teatro Payró, San Martín 766, a las 21.30: **Liliana Vitale**.

Encotel, Sarmiento 151, piso 2°, a las 19: **Antigua Jazz Band**. Entrada libre.

Cine arte

Teatro Municipal General San Martín, Corrientes 1530, sala Leopoldo Lugones, a las 15, 17, 19, 21 y a las 23: "**Me hicieron criminal**", de Busby Berkeley.

Sala del Instituto, Rodríguez Peña 1062, a las 14, 16.30, 18.30, 20.30 y a las 22.30: "**Ginger y Fred**", de Federico Fellini.

Bellas artes

En exposición

Jorge L. Acha, pinturas, y Colectiva, "Antes y después", en DSG, Scalabrini Ortiz 1394; lunes a viernes, de 10 a 13, y de 16 a 21; sábado, de 10 a 13. Cierra el 29 de setiembre.

Claudia Baian, dibujos, en La Porte Ouverte, Billinghurst 1926; de 10 a 12, y de 15 a 21. Cierra el 27.

Alicia Binda, fotografías, en Fundación Banco de Boston, R. Sáenz Peña 567, piso 8°; de 10 a 19.30. Cierra el 28.

Tomás Yamada, pintura orienta, en Club Aleman de Equitación, Dorrego 4046; martes

Fina Dugó, esculturas, y Colectiva, pinturas, en Sisley Gallery, Arenales 834; lunes a viernes, de 10 a 21; sábado, de 10 a 13.

El mundo hispano le ofrece varios modos de diversión a la gente. Esta **Agenda cultural** del periódico anuncia conferencias y seminarios, presentaciones de libros, conciertos, obras de arte, y exposiciones de arte. ¡Qué lo pase(n) bien!

1. De la lista de actividades en la Agenda cultural, ¿cuáles serían las más populares en los EE.UU.? ¿Las menos populares? ¿Por qué?

2. De las actividades en la Agenda cultural, ¿cuál le interesa a Ud. más? ¿Por qué? ¿Cuál le interesa menos? ¿Por qué?

VOCABULARIO Y EXPRESIONES ÚTILES

PARA HACERLE UNA INVITACIÓN A ALGUIEN

—¿Quiere(s) / Quisiera(s) / Le (Te) gustaría ir al cine esta noche?

—Me gustaría / Quiero invitarla(lo)(te) a una fiesta.

—¿Le (Te) interesa ir al museo el sábado?

—¿Podría(s) acompañarme a un baile el viernes?

—¿Qué le (te) parece / Qué tal si paseamos por el parque?

—Sugiero / Propongo que vayamos a una corrida de toros.

PARA ACEPTAR UNA INVITACIÓN

Point out to students that in Spain, **OK!** is *¡Vale!*

—¡De acuerdo! *(O.K.!)* ¿A qué hora vas a pasar por mí? *(What time are you going to come by for me [pick me up]?)*

—¡Claro! ¡Qué buena idea! / ¡Con mucho gusto! Nos vemos el sábado. / Sí. ¡Qué bien! / ¡Me parece una idea estupenda! /

—¡Sería un placer! *(It would be a pleasure!)* / ¿Cómo no? *(Why not?)* ¡Me gustaría / Me encantaría! / ¡Regio! *(Fantastic!*—South America) / ¡Chévere! *(Great!*—Caribbean)

PARA RECHAZAR (TO REJECT) UNA INVITACIÓN

—Me gustaría, pero por desgracia [lamentablemente] tengo otros planes / estoy ocupado/a; Lo siento pero no estoy libre *(I'm not free)* / no puedo.

—Muchas gracias [Se (Te) lo agradezco *(thank)* mucho] pero tengo que... / tengo otro compromiso *(another commitment)*; Pero preferiría....

—Que lo pase(n) bien *(Have a good time)*.

PARA PERSUADIR A ALGUIEN

—¿Pero por qué no puede(s) cambiar sus (tus) planes?

—¿Seguro/a? Vamos a divertirnos mucho. Todos nuestros amigos van a estar allí.

—¡Por favor! Queremos que nos acompañe(s). / Estoy seguro que va(s) a divertirse(te) mucho. / Por favor, hágame (hazme) el favor de acompañarme.

—Mire(a), ¿no puede(s) pensarlo?

¿ADÓNDE PODEMOS IR ESTE FIN DE SEMANA?

Remind students that *copas* usually refer to some alcoholic beverages while *bebidas* are non-alcoholic beverages.

—Vamos a una discoteca / un club / una reunión para... reunirnos con unos amigos / tomar unas copas *(have some drinks)* / divertirnos / conocer a nuevas personas.

—Vamos a un museo / un centro cultural para... ver una exposición de arte / hablar de las obras de arte *(works of art)*, los cuadros *(paintings)*, los retratos *(portraits)*, las esculturas *(sculptures)*, las pinturas murales *(murals)*.

—Vamos al cine / al teatro para ver... una película / una obra de teatro *(play)* / un estreno *(premiere)* / un espectáculo *(show)*. Tenemos que conseguir las entradas [los billetes / los boletos] *(tickets)* en la ventanilla [taquilla] *(box office)*.

—Vamos a la sinfonía / al ballet folklórico / al concierto de rock / música clásica / jazz / flamenco / para... gozar de *(to enjoy)* la música / la orquesta / los cantantes *(singers)* / los músicos *(musicians)* / los bailadores *(dancers)* / el conjunto *(band)*.

Point out to students that the only possible endings for *agrícola* are **-a** or **-as**.

—Vamos a una feria para... ver una corrida de toros y admirar los productos agrícolas y los animales / ver los bailes regionales / las carreras *(races)* / los concursos *(contests)* / los fuegos artificiales *(fireworks)*.

A. *El fin de semana de Roberto y Teresa.* Roberto y Teresa piensan en las actividades que pueden hacer el fin de semana. Roberto sugiere que vayan a varios lugares pero Teresa quiere saber qué pueden hacer en cada lugar. Dé las respuestas de Roberto.

Modelo: la playa
Vamos a la playa para tomar el sol y descansar.

1. el museo	**4.** la discoteca	**7.** el estreno
2. el ballet folklórico	**5.** la sinfonía	**8.** el cine
3. la feria	**6.** el club	

B. *Una entrevista.* Pídale la siguiente información a un/a compañero/a de clase.

1. if he / she would like to go to a concert this evening
2. what he / she would prefer to do this weekend
3. if he / she is going to invite someone to do something
4. what activities he / she has done over the past six months
5. if he / she would prefer to go to the ballet or bullfight and why
6. his or her favorite activity for entertainment
7. if he / she has a commitment for tomorrow night
8. what cultural activity he / she would like to do

C. *Ud. y sus planes con otros amigos.* Ud. quiere hacer planes con un/a amigo/a para el fin de semana. Converse con un/a compañero/a de clase según las instrucciones aquí y en la página 216.

Ud.:

1. Invite your friend to go to the museum with you on Saturday afternoon.
2. Persuade your friend to go to the theater Saturday evening.
3. Express your pleasure at your friend's acceptance and agree to buy the tickets even though you don't like to wait in line.
4. Tell your friend that you will pick him / her up at 7:00. Arrange plans for a light dinner after the show.

Su amigo/a:

1. Reject the invitation to the museum because you have another commitment.
2. Accept the invitation to the theater provided that your friend gets the tickets.
3. Ask your friend what time he / she will pick you up.
4. Agree with the time and the dinner plans.

PARA HACER UNA LLAMADA TELEFÓNICA

—Quisiera hacer una llamada pero no sé el número.

—Tiene que consultar la guía telefónica.

—Para hacer una llamada local, Ud. puede marcar *(to dial)* directamente.

—Operador/a [Telefonista], me gustaría hacer una llamada de larga distancia / por cobrar *(collect)* / de persona a persona.

—¿Puede comunicarme con el 187-45-89?

—¿Sabe Ud. la zona telefónica *(area code)* / el código del país *(country code)* / el código de la ciudad *(city code)*?

—¿Es una línea compartida o particular? *(party or private line?)*

—Operador/a, tengo un número equivocado *(wrong number)* / no hay señal *(dial tone)*.

—Lo siento. La línea está ocupada / el teléfono no suena *(isn't ringing)* / el teléfono está descompuesto [fuera de servicio] *(out of service)*.

—Perdón, señor, quiero hacer una llamada de una cabina telefónica *(telephone booth)*. ¿Puede explicarme lo que tengo que hacer?

—Hay que descolgar el auricular *(to pick up the receiver)*, meter la ficha *(to insert the telephone token)* en la ranura *(slot)*, marcar el número, esperar hasta que alguien conteste, empujar el botón *(to push the button)*, y empezar a hablar.

PARA HABLAR POR TELÉFONO

—¡Diga! (España) / ¡Bueno! (México) / ¡Hola! o ¡Haló! (otras partes de Latinoamérica).

—¿Está (en casa) Lupe? / ¿Podría hablar con Lupe, por favor?

—¿De parte de quién, por favor? *(Who's calling, please?)*

Point out to students an alternative for *por cobrar* is *de cobro revertido.*

You may want to tell students that the country code for Mexico is 52, and each city has its own code, which serves as an area code; for instance, Monterrey is 83 and the region including Querétaro is 463. The area code is called the *Lada.*

Explain to students that the sound of a phone ringing or the busy signal may sound like shorter bursts of a dial tone, or may have a distinctive ringing noise as in the U.S.

Explain to students that with most pay phones you push the button after you hear your party answer, thus enabling the coins to drop. If you push the button first and no one answers, your money is lost.

Quisiera hacer una llamada por cobrar, por favor.

—Soy [De parte de] Jorge Carpio Merode.

—No se encuentra *(He's / She's not here just now.)* / ¿Cómo se deletrea? *(How is it spelled?)*

—¿Me podría decir cuándo va a regresar? Si no es molestia *(If it's no trouble)*, ¿podría dejarle un recado [mensaje]? *(Could I leave her a message?)*

—Hola, Lupe. Te habla Jorge. *(It's Jorge.)*

A. *Una llamada a Teresa.* Roberto llama a Teresa para hablar más de sus planes para el fin de semana pero ella no está en casa. Trabaje Ud. con un/a compañero/a de clase y tengan Uds. una conversación entre Roberto y la madre de Teresa.

Lo que dice la madre de Teresa:

1. Hello.
2. Who's calling, please?
3. She's not here right now.
4. Around 2:00.
5. Sure.
6. Roberto. What is your phone number?
7. I'll give her the message.
8. You're welcome. Goodbye.

Lo que dice Roberto:

1. Hello. Is Teresa there?
2. It's Roberto.
3. When do you think she'll be back?
4. If it's not too much trouble, could I leave her a message?
5. Would you ask her to call Roberto?
6. My phone number is 2-64-78-54.
7. Thank you very much.
8. Goodbye.

Explain to students that spelling each letter of your name using a proper name is a task that telephone operators in Hispanic countries often ask people to do when they are calling collect or person-to-person, as is the case in English with problem sounds.

B. *Ud. y las llamadas.* A veces no se oye bien por teléfono, o es necesario clarificar la información. Trabaje con un/a compañero/a de clase. Siéntese con su compañero/a, espalda a espalda. Ud. tiene que deletrear su nombre y darle su dirección y número de teléfono a su compañero/a. Cuando deletrea su nombre y apellido, dé el nombre de una persona como ejemplo de cada letra. Su compañero/a tiene que escribir toda la información. Después cambien de papeles and repitan la actividad.

Modelo: Soy John Smith. Smith: S como en Susana, M como en María, I como en Inés, T como en Tomás, H como en Hortensía. Vivo en la Calle Quinta 516; mi número de teléfono es el 5-55-28-92.

C. *Una encuesta*.   Entreviste a un/a compañero/a de clase. Pídale la siguiente información.

1. what he / she does if he / she doesn't know someone's phone number
2. what he / she does if the number isn't in the telephone book
3. when he / she talks to the operator
4. how he / she finds area codes
5. when he / she makes collect calls
6. what kinds of problems he / she has had recently with the telephone or phone calls
7. how he / she would explain how to use an American pay phone to someone who is visiting from Spain
8. what he / she says when the person he / she is calling isn't in

D. *La guía telefónica*.   Estudie esta página de la guía telefónica que se presenta a continuación y conteste las preguntas en la página 220.

```
HERRERA ALVAREZ ALEJANDRO ARQ
   CJON DEL MANZANO S-N CP 75160 ................................. 4-2167
HERRERA ARTEAGA CARMEN
   PROLG CORREGIDORA SUR 34-103 .......................... 4-3281
HERRERA ARTEAGA LUIS
   L BALDERAS 13-1 ............................................... 4-4372
HERRERA CECILIA MENDEZ DE DRA
   E CARRANZA 31  CP 76160 .................................. 4-9734
HERRERA CARRASCO ARTURO
   U M DE LAS CASAS CASA 41 CP 76150 ................ 4-5163
HERRERA CASTAÑEDA ALICIA
   AV LA ACORDADA  302 ....................................... 4-1288
HERRERA CASTAÑEDA GUADALUPE
   AV MIGUEL ANGEL 5 ......................................... 2-6341
HERRERA CASTAÑEDA JUAN RAMON
   HDA CHICHIMEQUILLAS 123 CP 76180 ................ 6-4182
HERRERA CASTAÑON JUANA
   AND TEATRO DE LA REPUBLICA 10 ..................... 6-2432
HERRERA CASTRO JOSE ING
   AVE DE LAS CASAS 13-8 CP 76030 ..................... 4-3541
HERRERA CATALINA ORONA DE
   PERU 10 CP 39120 ............................................ 6-4561
HERRERA CATALINA VALENCIA VDA DE
   MAR DEL NORTE 29 ZP 76 .................................. 4-1723
HERRERA CORNEJO JENARO DR
   RIO PLATA 159 CP 76180 .................................... 6-0161
HERRERA CORRAL JORGE
   FRESNOS 1259 ................................................. 8-0425
HERRERA DE LA ROSA MA DEL PILAR
   APALACHE  140-4 .............................................. 6-3874
HERRERA DIAZ JESUS LIC
   V CARRANZA 6-2 ZP 76 ...................................... 2-8357
```

The use of *viuda* in lists such as the telephone directory is especially common if the woman's husband was a prominent figure.

Vda. = viuda: *widow*; C.P. = código postal: *(zip code)*; MA = María

1. En esta lista, ¿qué apellido aparece primero, el materno o el paterno?

2. ¿Cuál es el nombre completo...

del ingeniero?　　del licenciado?　　del arquitecto?

de la viuda?　　del doctor?

3. ¿Cuál es la dirección de las siguientes personas?

Alicia Herrera Castañeda　　Luis Herrera Arteaga

Cecilia Méndez de Herrera　　Catalina Orona de Herrera

4. Haga una comparación entre los números de teléfono que utilizamos en los EE.UU. y los de esta guía telefónica.

This is a good opportunity to re-enter more practice on names, titles, and addresses.

GRAMÁTICA FUNCIONAL

DAR MANDATOS FAMILIARES

Direct commands are used to tell someone directly to do or not to do something. Since direct commands can often sound very assertive, it is advisable to use *por favor* or *¿quieres?* as a tag question with them.

Singular familiar *(tú)* commands have different forms in the affirmative and negative. The affirmative form is the same as the third person singular of the present indicative.

Eight irregular verbs have a shortened familiar command form in the affirmative:

decir	**di**	poner	**pon**	tener	**ten**
hacer	**haz**	salir	**sal**	venir	**ven**
ir	**ve**	ser	**sé**		

Estudia conmigo ahora. (***Study*** *with me now.*)

Lee este anuncio. (***Read*** *this announcement.*)

Ven aquí, Memo. (***Come*** *here, Memo.*)

The negative singular familiar command corresponds to the *tú* form of the present subjunctive.

No empieces a trabajar ahora. (***Don't begin*** *to work now.*)

No compres las entradas. (***Don't buy*** *the tickets.*)

In Latin American usage, the *Uds.* form of the present subjunctive is used to give the **you** plural affirmative or negative command, whether it is in a familiar or formal context.

Vengan a mi casa a las seis. (***Come*** *to my house at 6:00.*)

No lleguen muy tarde. (***Don't arrive*** *very late.*)

*In Spain, the vosotros command forms are used to refer to **you** plural, familiar:*
*Affirmative: Remove the -r from the infinitive and add -d: hablar **hablad** venir **venid***
*Negative: Use the vosotros form of the present subjunctive: hablar **no habléis** venir **no vengáis**.*

As you learned in Chapter 6, all object pronouns are attached to the affirmative command forms; in this case, a written accent mark is often needed to retain the original verb stress. The pronouns precede the negative verb forms.

Póntelo porque hace frío. (***Put** it on because it's cold.*)

No se vayan ahora. (***Don't leave** now.*)

¡OJO! As in English, we can express more polite commands in Spanish by using the infinitive with expressions such as: *debes..., necesitas..., tienes que..., hay que..., es necesario / recomendable / importante..., ¿quieres...?, ¿puedes...?, ¿me haces el favor de...?*

The infinitive is often used on public signs as a command: *No fumar*.

¡Practiquemos! ....

A. *Las preparaciones para el fin de semana.* Roberto y Teresa hacen sus planes para el sábado. Teresa quiere que Roberto haga varias cosas. Dele a Roberto los mandatos que le dice Teresa, dándole una razón por cada uno de ellos, según el modelo.

Modelo: preparar la cena
          Prepárala ahora porque tenemos hambre.

1. levantarte temprano
2. ir al supermercado por la mañana
3. hacer la reservación
4. conseguir las entradas
5. ponerte un suéter
6. no salir tarde de tu casa
7. no decir eso a nadie
8. pasar por mí a las siete

B. *El hermanito de Teresa y el teléfono.* Rafa, el hermanito de Teresa, trata de usar el teléfono público pero no hace las cosas en el orden correcto. Teresa lo ayuda. Dé Ud. los mandatos negativos de Teresa según el modelo.

Modelo: Rafa marca el número.
          Rafa, no lo marques ahora.

1. Rafa mete la ficha en la ranura.
2. Rafa empuja el botón.
3. Rafa descuelga el auricular.

4. Rafa llama al operador.

5. Rafa espera una señal.

6. Rafa repite el número.

7. Rafa deja un recado.

8. Rafa hace una llamada por cobrar.

C. *Con cortesía, por favor.* Ud. quiere darle mandatos a un/a amigo/a, pero sabe que es mejor ser más cortés. Cambie los siguientes mandatos a varias expresiones de cortesía.

Modelo: Ven conmigo a la sinfonía.
¿Me haces el favor de venir conmigo a la sinfonía?

1. Haz tu trabajo primero.

2. Sal temprano para ir al teatro.

3. Háblame un poco.

4. Consulta la guía telefónica.

5. No cambies tus planes.

6. Consigue las entradas.

7. No hagas cola por mucho tiempo.

8. Ve a la feria.

D. *Ud. y sus planes para el fin de semana.* Ud. quiere hacer planes para el fin de semana. Dele tres mandatos afirmativos y tres mandatos negativos a su amigo/a o novio/a sobre estos planes.

Modelo: *Ven a mi casa a las ocho.*
No me llames temprano.

HABLAR DEL PASADO RECIENTE: EL PRESENTE PERFECTO DEL SUBJUNTIVO

The review grammar section of this chapter reviews the present perfect indicative as a way to describe an action that was completed in the past and has some relationship to the present: ***He hecho*** *mucho trabajo esta semana y tengo mucho más que hacer.*

In Chapters 3, 5 and 6 you have been practicing various ways to use the present subjunctive to express perceptions, to describe conditions under which something might happen, and to describe unspecific or non-existent referents. The present perfect subjunctive is often used in such contexts to describe something that has already occurred. The same expressions that require the present subjunctive can also be used with the present perfect subjunctive. The present perfect subjunctive is formed by using the present subjunctive of *haber (haya, hayas, haya, hayamos, hayáis, hayan)* + the past participle.

> Espero que él **haya comprado** las entradas. *(I hope that **he's bought** the tickets.)*

> Busco un lugar que tú no **hayas visitado** antes. *(I'm looking for a place that you **haven't visited** before.)*

¡Practiquemos! ....

A. *Lo que ha hecho Jorge hoy.* Nadie ha visto a Jorge hoy. Rosario y Lupe hablan de las cosas que tal vez haya hecho él. Haga Ud. unos comentarios sobre sus actividades probables, utilizando expresiones de las dos columnas según el modelo.

Modelo: *Es posible que haya hecho mucho trabajo.*

1. Es probable que...	pasear por el parque
2. No es seguro que...	ir a hacer una llamada telefónica
3. Es cierto que...	visitar el museo de arte moderno
4. Es imposible que...	tener muchos compromisos
5. Es verdad que...	quedarse en una feria admirando los productos agrícolas
6. Es posible que...	
7. Es una lástima que...	conseguir boletos para un estreno
8. No es verdad que...	ver bailes regionales

B. *Teresa y Roberto y el fin de semana.* Teresa sugiere que Roberto y ella hagan varias cosas durante el fin de semana. Roberto le dice que no pueden hacer cada cosa hasta que hayan hecho otras cosas. Dé Ud. las respuestas de Roberto según el modelo. ¡Sea creativo/a!

Modelo: No podemos ir al cine hasta que...
No podemos ir al cine hasta que mi hermanito haya llegado a casa.

1. Asistimos a la conferencia tan pronto como...

2. Vemos una corrida de toros cuando...

3. No salimos a bailar hasta que...

4. Nos reunimos con nuestros amigos después de que...

5. Visitamos el museo cuando...

6. Vamos al ballet folklórico tan pronto como...

7. Tomamos unas copas y charlamos después de que...

8. No conseguimos las entradas para el estreno hasta que...

C. *Las posibilidades.* Describa las cosas que tal vez hayan hecho las siguientes personas esta semana. Use el presente perfecto del indicativo o del subjuntivo como corresponda a cada frase.

Modelo: No es verdad / yo
No es verdad que yo haya visto una exposición de arte.

1. Es bueno / el presidente de los EE.UU.
2. Es posible / el / la profesor/a de español
3. Es verdad / yo
4. Es imposible / mi novio/a
5. Es probable / mi cantante favorito
6. No es posible / mi madre
7. Es seguro / mi mejor amigo/a
8. Es lástima / yo

D. *Una encuesta en la clase de español.* Entreviste a dos personas en su clase de español para ver si ellos han hecho las siguientes actividades. Después, comparta la información con sus compañeros de clase. Hablen Uds. de los resultados de la encuesta según lo siguiente:

Hay alguien en la clase que ha...
No hay nadie en la clase que haya...

1. ir a una corrida de toros
2. tomar unas copas en España
3. visitar el Museo del Prado en Madrid
4. escribirle a alguien en México
5. hacer cola para conseguir entradas en un país hispano
6. sacar fotos en un jardín botánico en el extranjero
7. reunirse con jóvenes hispanos
8. gozar de un baile flamenco

E. *¿Y la familia de Ud.?* Haga una lista de cuatro cosas que ha hecho alguien en su familia y cuatro cosas que no ha hecho nadie. Utilice el siguiente modelo:

Hay alguien que ha...
No hay nadie que haya...

DAR MÁS DETALLES CON PERO, SINO, Y SINO QUE

Both *pero* and *sino* mean **but**, although they cannot be used interchangeably.

Pero introduces additional information when there is no direct contradiction between the information given in the two clauses of the sentence. In this case, it means **however** or **on the other hand**:

A Lupe le gusta jugar a los deportes **pero** hoy prefiere ir al teatro. *(Lupe likes to play sports, **but** she prefers to go to the theater today.)*

Roberto no es aficionado a las corridas **pero** hoy va a una corrida con sus amigos. *(Roberto isn't a fan of bullfights, **but** today he's going to a bullfight with his friends.)*

Sino is used to contradict the first part of a sentence that is negative. In this case, it means **but instead** or **but rather**:

No vamos al teatro esta noche, **sino al parque**. *(We're not going to the theater tonight, **but rather** to the park.)*

Sino que is used to connect two contradictory clauses, both of which have conjugated verbs:

No fuimos al parque ayer **sino que visitamos** a nuestros abuelos.

¡**OJO!** Note that when *sino* and *sino que* are used, the verb in the main clause is always preceded by *no*. When *pero* is used, the verb in the main clause may or may not be preceded by *no*, depending on the meaning of the sentence.

¡Practiquemos! ....

A. *Lo que prefiere hacer Teresa.* Teresa habla de lo que prefiere hacer para divertirse. Complete sus frases utilizando **pero, sino,** o **sino que.** Ojo: Se puede usar más de una de estas palabras en algunos casos.

Modelo: No me gusta ir al ballet...a un concierto de jazz.
No me gusta ir al ballet, sino a un concierto de jazz.

1. Prefiero la música...me gusta ver los deportes también.
2. Generalmente no salgo con amigos...me quedo en casa.
3. No sé mucho de las corridas de toros...es interesante verlas.
4. No me gustaría ver una película esta noche...salir a bailar.
5. Los domingos mi familia no va al parque...miramos un partido de fútbol.
6. Sugiero que no vayamos al teatro...al cine.
7. Es divertido charlar con amigos...a veces es bueno quedarse sólo en casa.
8. La semana pasada no fuimos al club...nos divertimos en casa.

B. *Las opiniones de Teresa.* Teresa y Roberto hablan de las diversiones y el tiempo libre. Dé Ud. los comentarios de Teresa según el modelo.

Modelo: Es bueno quedarse en casa a veces, pero...
Es bueno quedarse en casa a veces, pero es más divertido salir con amigos.

1. Normalmente no me quedo en casa, pero...
2. Los sábados no me gusta ir al museo sino...
3. Esta noche prefiero ir al cine, pero...
4. No voy al museo para criticar las obras de arte sino...
5. Mi familia no se queda en casa los fines de semana sino que...
6. No voy a tomar el sol hoy, pero...
7. Es interesante ver los fuegos artificiales, pero...
8. Mis amigos no fueron a la feria sino que...

C. *Una entrevista.* Entreviste a un/a compañero/a de clase sobre lo que prefiere hacer para divertirse según las categorías a continuación. Trate de obtener mucha información sobre sus gustos. Después de la entrevista, dígale a la clase los resultados según el modelo.

Modelo: ir al teatro
Los resultados: *A José no le gusta ir al teatro sino al cine.*
A José le encanta ir a la sinfonía, pero nunca tiene bastante dinero para comprar las entradas.

1. asistir a una conferencia
2. ir a un concierto de jazz
3. escuchar música clásica
4. hablar de las obras de arte
5. ir al museo los sábados
6. ir a la sinfonía
7. ver una corrida de toros
8. quedarse en casa

D. *¿Puede Ud. recordar bien? Los gustos.* Trabaje en grupos de cuatro o cinco personas. Uds. van a completar las frases a continuación. Cada persona tiene que repetir lo que han dicho las otras personas del grupo y añadir su propia información.

Modelo: No me gusta _____ sino _____ .
Estudiante 1: *No me gusta quedarme en casa sino pasear por el parque.*
Estudiante 2: *A Mary no le gusta quedarse en casa sino pasear por el parque. A mí no me gusta acampar sino tomar el sol,* etc.

1. No me gusta _____ sino _____ .
2. Generalmente prefiero _____ pero hoy _____ .

3. Mis padres no _____ sino que _____.

4. Mi amigo/a es _____ pero _____.

5. Los sábados normalmente yo no _____ pero este sábado _____.

6. Mis amigos y yo no _____ sino que _____.

🔲 ¡ESCUCHEMOS UN POCO MÁS!

Ud. va a escuchar una conversación entre Memo, Teresa y Lupe, que hablan de lo que podrían hacer si estuvieran en sus países nativos, Chile, España o Puerto Rico.

Antes de escuchar

In preparation for listening to this segment, answer the following questions in English.

1. What kinds of activities do you think Teresa might mention? Memo? Lupe?

2. Brainstorm a list of Spanish words and expressions you might hear in this conversation.

Después de escuchar

A. ¿Comprendió Ud.?   Conteste las siguientes preguntas.

1. ¿Qué haría Memo si estuviera en Chile?

2. ¿A qué tradición norteamericana se parece la fiesta chilena?

3. ¿Qué está muy de moda últimamente en España?

4. ¿Cómo se baila, sólo o en pareja?

5. ¿Cuáles son dos festivales favoritos de Lupe?

6. ¿Qué son décimas?

7. ¿Qué pueden hacer los amigos aquí?

B. Discutamos.   Conteste las siguientes preguntas.

1. ¿A cuál de los eventos le gustaría Ud. asistir? Explique.

2. ¿Ha visto un rodeo norteamericano? ¿Qué pasó?

3. ¿Sabe bailar una sevillana? ¿lambada? ¿salsa? ¿cumbia? ¿limbo? ¿merengue? ¿cha cha?

4. En grupos de tres personas, inventen una décima y preséntela a la clase.

Play your Teacher Tape at this time. Remember to find the beginning of the segment before class and set your counter at zero to facilitate rewinding. You may want to play the segment more than once, or pause the tape occasionally to allow students the opportunity to replay mentally what they have heard.

Point out to students that all of the mentioned dances, except the *limbo*, are danced by two people.

You might wish to teach students the dances you know, or contact a local international club for guest demonstrations of dances.

The *cumbia* (Colombia) is a dance reminiscent of the importation of laborers from Africa. With one hand and one foot of each person bound to his or her partner, the couple dances in very small steps, holding an imaginary candle to light their path.

N o tiene mucho dinero, pero, ¿desea divertirse? Piense en la posibilidad de un buen campamento... la solución perfecta cuando se desea "lo bueno, bonito y barato".

Pero, antes de irse piense en algunas cosas que hay que llevar o hacer, pues el éxito de su campamento dependerá de la planificación previa del mismo.

ACAMPAR
Divertido y barato

Seguridad en todo lugar y momento

*Martillo
*Pistola o machete
*Repelente contra insectos
*Focos y pilas
*Zapatos gruesos o tenis
*Fósforos secos
*Mecates
*Suero antiofídico
*Botiquín de emergencias
*Reserva de dinero

Grupos

Es muy común encontrar familias que acampan en grupo. Además de ser más económico porque se puede compartir el equipo entre todos, es más seguro y facilita las labores del campamento.

Para ellos, se sugieren tres menús. Algunos de los platos se pueden preparar con anticipación y se llevan congelados, para no pasarse todo el día cocinando.

Otro consejo funcional para cuando acampan varias familias: que cada día una familia se encargue de cocinar; de esa forma todos participan y colaboran, tanto los niños como los hombres y las mujeres.

Siempre es aconsejable llevar galletas y frutas, para "picar" entre comidas. Recuerde, además, planear con anticipación cuáles utensilios de cocina necesita, para evitarse el típico "si hubiéramos traído...".

Para el buen éxito de cualquier campamento, no importa si es en la playa, un río o la montaña, lo más importante es planear, hacer listas de cosas que hay que llevar, las compras de comida.

éxito: *success*; congelados: *frozen*; se encargue (encargarse): *is responsible for*; picar: *to nibble at food*; evitarse: *to avoid*; si hubiéramos traído: *if we had brought*.

Help students to guess the meaning of new words by narrowing down those that they recognize. The word *mecate* for **rope** is used in Mexico, Honduras, other Caribbean area countries, and the Phillippines. Other words for **rope** are *cuerda, cordel* and *soga*. Another word for **flashlight** is *linterna (eléctrica)*.

Antes de leer

In preparation for reading this article, look at the title, drawing, and subtitle, and answer the following questions in English.

1. What is this reading about?

2. What additional information does the subtitle provide?

3. Brainstorm a list of words in Spanish you might find in this article.

The article points out an activity that North Americans and Hispanics have in common (camping), and the pistol, machete and antiserum point to a difference that is due to the differences in **physical features of the land.** While camping in the U.S., for many persons, is a way of taking the comforts of home into the woods, camping in Latin America is likely to bring the camper into contact with a more untarnished natural world. The pistol and the machete are for protection against poisonous snakes or other wild animals; the machete also serves to cut away fast-growing underbrush, and the antiserum is for snakebites.

4. Have you ever gone camping? If so, what advice can you give to someone who is going for the first time?

5. A list of camping supplies appears in the middle of the article. Some of those supplies are pictured below. Label them in Spanish.

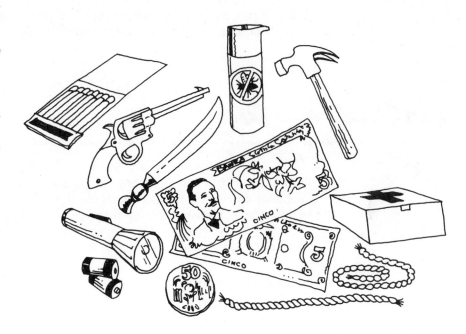

In the ¡IMAGINEMOS! section, students will create their own list of necessities for a camping trip as well as some commands for their friends concerning what they are to do prior to the trip.

Después de leer

A. *¿Comprendió Ud.?* Lea el artículo y conteste las siguientes preguntas.

1. ¿Qué adjetivos se usan para describir el acampar?

2. ¿De qué depende el éxito del campamento?

3. ¿Por qué es bueno que las familias acampen en grupos?

4. ¿Qué es necesario que hagan las familias?

5. ¿Cuál es otra palabra en el artículo que significa **merendar**?

B. *Discutamos.* Conteste las siguientes preguntas.

1. En su opinión, ¿cuáles son otras provisiones que se deben llevar al campamento?

2. ¿Qué provisiones de campamento llevaría Ud. si fuera a acampar en un lugar muy aislado?

3. ¿Con qué frecuencia acampa Ud.? Describa su última experiencia.

4. Complete las siguientes frases:

    a. Cuando yo quiero ir a acampar, busco un lugar que...

    b. Para mí, acampar es bueno / malo porque...

    c. Cuando acampo con mi familia, no...sino...

5. Dé tres mandatos familiares que Ud. puede darle a algún miembro de su familia o a un amigo cuando Uds. acampan.

Enlace de todo

Para hacer esta sección, recuerde la gramática de repaso y la gramática funcional de este capítulo: el presente perfecto, el pluscuamperfecto, el **se** impersonal, los mandatos familiares, el presente perfecto del subjuntivo y los usos de **pero**, **sino**, y **sino que**. También es buena idea repasar el vocabulario presentado al principio de este capítulo antes de empezar.

¡IMAGINEMOS!

A. *Dramatizaciones* Prepare las siguientes dramatizaciones según las instrucciones.

1. Invite a un/a amigo/a a hacer algo el sábado por la noche. Hablen de lo que pueden hacer (ir al cine, al teatro, a la discoteca, etc.). Hagan los planes para la noche (dónde van a encontrarse, a qué hora, si Ud. va a llevar al / a la amigo/a a casa, etc.).

2. Un/a amigo/a lo / la ha invitado a Ud. a ir al ballet el sábado. Después de hacer los planes, Ud. se da cuenta de que ya tiene un compromiso con otro/a amigo/a. Llame a su amigo/a por teléfono para rechazar la invitación al ballet. Dé su excusa y sugiera que Uds. salgan el domingo a hacer algo diferente.

3. Ud. está charlando por teléfono con un/a amigo/a sobre dos otros amigos que han empezado a salir juntos. Nadie los ha visto esta semana y Uds. hablan de lo que posiblemente hayan hecho ellos. Hablen de varias posibilidades (Es posible que hayan...) en cuanto a las diversiones.

4. Ud. y su amigo/a van a una feria el domingo. Su amigo/a no recuerda muchos detalles, y Ud. tiene que llamarlo/la para decirle que haga varias cosas para el domingo. Dele algunos mandatos familiares

(conseguir las entradas, pasar por su casa, etc.). Ud. tiene que hablar con la madre de su amigo/a primero, puesto que ella contesta el teléfono.

B. *A acampar*.   Ud. y dos amigos van a acampar en las montañas este fin de semana. Haga una lista de por lo menos diez cosas que quieren llevar al campamento y para qué se necesita cada cosa. Después haga una lista de cinco mandatos familiares para sus amigos a fin de que puedan prepararse mejor para el viaje.

C. *Una invitación*.   Ud. quiere invitar a un/a amigo/a a ir al museo, pero hace mucho tiempo que Ud. no lo / la ve. Escríbale una carta en que Ud. (1) le cuenta un poco sobre lo que Ud. ha hecho recientemente; (2) le pregunta sobre la vida de él / ella; y (3) lo / la invita a ir al museo y a cenar el sábado. Hable de las cosas que Uds. pueden hacer en el museo. Dígale que llame a Ud. para hablar más de los planes. Escriba por lo menos diez frases.

D. *Su respuesta a una invitación*.   Imagínese que Ud. ha recibido una invitación a la boda de Emilia y Martín, la cual está en la página 211. Ud. quiere escribirles una carta a los novios para decirles que no puede ir a la boda. Escríbales una carta en la que Ud. (1) rechaza con cortesía la invitación; (2) explica por qué no puede ir; (3) habla de lo que Ud. ha hecho últimamente; y (4) les desea a ellos buena suerte y felicidad.

E. *Su agenda cultural*.   Mire de nuevo la Agenda cultural en la sección *Cultura a lo vivo* en la página 212. Escriba una lista de tres actividades que a Ud. le gustaría hacer y por qué y tres actividades que no le interesan y por qué.

¡LEAMOS MÁS!

The *cueca* is the national dance of Chile, and represents a courtship between a Chilean cowboy and a Chilean cowgirl. Both dancers wear black hats which have a wide brim and a low crown and hang around their necks onto their backs, short black bolero style jackets, white shirts and a red tie. The woman wears a long black skirt. The man wears black pants with fancy silver buttons down the outside seam. Both dancers wear cowboy boots and spurs with very large round showy rowls that jangle during the dance. The steps of the dance are short stomps in a circular motion which is also imitated in the swirling of a red handkerchief offered by the man to the woman. The handkerchief becomes the symbol of his loving pursuit of the woman, her coquetish resistance, and finally their mutual attraction. Music for the dance usually is made by a guitar or a *charango*, a wooden flute, a tambourine, an accordian and a drum.

GRUPO "ALMA CHILENA" PRESENTO EXITOSA PEÑA FOLKLORICA EN CAMBRIDGE

A   Gran exito de público tuvo la primer Peña Folklórica organizada por el conjunto "Alma Chilena" el pasado 5 de mayo en el Templo Masónico de Cambridge.

B   Ataviado en vistosos trajes típicos el grupo "Alma Chilena" abrió la velada artística con una presentación de danzas tradicionales del centro de Chile como la *refalosa*, la *trastadera* y el baile nacional chileno, la *cueca*.

C   El grupo "Alma Chilena" fue fundado en Boston en 1971 por su actual director Al Gómez. "El conjunto está integrado por una docena de residentes chilenos del área que consideran que es importante dar a conocer el variado folklore de nuestra patria lejana", dijo con entusiasmo a EL MUNDO el Sr. Gómez después de la lucida presentación de su grupo.

D   También participó en la velada el conjunto *"Quechahue"* dirigido por *Juan Hernández*, quien durante seis meses le ha enseñado a un grupo de 8 adolescentes los bailes típicos de la isla de Chiloé, situada en el sur de Chile.

E   Después de un aplaudido solo en charango, por el joven Alex Gómez, hijo del director de "Alma Chilena", hizo su debut en público el conjunto musical "Grupo Sur", integrado por los chilenos Roberto Castillo, Antonio Véliz y Juan Tellos unidos al mexicano Gerardo Calderón.

F   Clausuró la velada un programa de bailes del norte de Chile interpretados por el grupo anfitrión "Alma Chilena".

G   "Fue un esfuerzo muy meritorio el reunir a un público tan numeroso para presentarles una auténtica peña folklórica con comida, música y danzas tal como se estila en mi pais", dijo a EL MUNDO Manolo Chávez, chileno oriundo de Valparaíso que hoy reside en Medford y que como muchos de los asistentes, atendió a la Peña Folklórica acompañado de su familia.

exitosa: *successful;* peña: *group of friends, club;* conjunto: grupo musical; ataviado: *decked out;* velada: *social evening;* lejana: *lejos;* lucida: *shining;* charango: *small guitar used by Andean indians;* clausuró: *terminó;* anfitrión: *host;* se estila: *es el estilo;* oriundo: *nativo de;* atendió: *to tend to, to take care of*

▶ *Pre-reading*

In preparation for reading this article, quickly skim over the title of the reading. Then answer the questions in English.

1. What do you think the reading is about?

2. What words in the title give you clues about the article?

3. Brainstorm a list of Spanish words and expressions you might find in this article.

▶ *Skimming / Scanning*

Quickly skim through each paragraph and then match each topic below with the letter of one of the following paragraphs: A, B, C, D, E, F, G.

_____ **1.** el debut musical por un solo y con un conjunto

_____ **2.** otros conjuntos que participaron y lo que hicieron

_____ **3.** cuándo fue la Peña

_____ **4.** los beneficios de presentar la Peña

_____ **5.** orígenes y miembros del grupo «Alma Chilena»

_____ **6.** lo que presentó el grupo «Alma Chilena»

_____ **7.** cómo se clausuró la velada

Now, find the information requested below by scanning the appropriate paragraphs listed. Answer in English or in Spanish.

1. Paragraph A: ¿Qué presentaron los miembros del grupo «Alma Chilena»?

2. Paragraph B: ¿Cómo se llaman los tres bailes con que se abrió la velada artística?

3. Paragraph C: ¿Quiénes son los miembros del grupo?

4. Paragraph D: ¿Son adultos los miembros del conjunto «Quechahue»?

5. Paragraph E: ¿Cuál es la relación entre el director del grupo «Alma Chilena» y Alex Gómez?

6. Paragraph G: Además de danzas, ¿de qué consiste una auténtica peña folklórica?

▶ *Decoding*

Answer the questions below dealing with grammatical structures and vocabulary that you will encounter when reading the entire article.

1. Paragraphs A, D, E and F: Explain the use of *por* in these paragraphs.
2. Paragraphs A, B, C and D: Find the verbs in the preterite tense in these four paragraphs and explain why they are in that tense.
3. Paragraph D: Which tense is used to describe what Juan Hernández has been doing recently?
4. Paragraph G: What noun in this paragraph is related to the verb *asistir?*

▶ *¿Comprendió Ud.?*

Después de leer todo el artículo, conteste las siguientes preguntas.

1. ¿Cuándo y dónde fue la Peña?
2. ¿Cómo se llama el baile nacional de Chile?
3. ¿Cómo se llaman dos otros bailes que se presentaron?
4. ¿Cuáles son dos otras regiones de Chile que se mencionan?

▶ *¡Discutamos!*   Conteste las siguientes preguntas.

1. En sus propias palabras, describa lo que pasó en la velada.
2. Describa el grupo «Alma Chilena»: quiénes son, el propósito por el que existen como grupo y lo que hacen.

Temas para composiciones / conversaciones

1. La vida diaria de los miembros de «Alma Chilena». (Imagínese)
2. Una investigación sobre los bailes folklóricos de Chile.

🔲 ¡EL GRAN PREMIO!: ¿Puede Ud. hacerlo?

Ud. va a escuchar una entrevista entre un locutor de radio y un profesor que va a dar una presentación el próximo fin de semana.

▶ *Antes de escuchar*

In preparation for listening to the segment, answer the following questions in English.

1. What kind of presentation might a professor be giving?
2. Brainstorm a list of questions in Spanish you expect the interviewer to ask.

▶ **Primer paso**

Play your Teacher Tape at this time. Remember to find the beginning of the segment before class and set your counter at zero to facilitate rewinding. You may want to play the segment more than once, or pause the tape occasionally to allow students the opportunity to replay mentally what they have heard.

Answers for EL GRAN PREMIO, Primer paso: 1. b; 2. d; 3. a.

Escuche la entrevista por primera vez y escoja las respuestas a las siguientes frases.

1. El profesor habla de su...
   a. último libro.
   b. seminario.
   c. último viaje.
   d. premio que ganó.
2. El tema de su presentación será...
   a. la medicina y la salud.
   b. las diversiones para los jóvenes.
   c. el matrimonio y el divorcio.
   d. el crecimiento humano.
3. El título de su sesión es...
   a. el entrenamiento psicodinámico.
   b. el entretenimiento.
   c. el entrevistarse.
   d. el entristecimiento.

▶ **Segundo paso**

Answers for EL GRAN PREMIO, Segundo paso: 1. El estrés, las dificultades humanas, los conflictos familiares, los cambios sociales. 2. Conocernos mejor a nosotros mismos y utilizar los recursos que tenemos. 3. El domingo, de 12:00 a 5:00. 4. En Houston, en el Holiday Inn.

Escuche la entrevista otra vez y conteste las siguientes preguntas.

1. ¿Sobre qué problemas tratará su seminario?
2. ¿Cuáles son las dos partes del plan de entrenamiento que presentará el profesor?
3. ¿En qué dia y a qué hora será el seminario?
4. ¿En qué ciudad y en qué edificio tendrá lugar el seminario?

▶ **Tercer paso**

Call students' attention to the number of times the speaker repeats the title and time of his presentation.

Escuche la entrevista por última vez y escriba un resumen de por lo menos cinco frases en español.

▶ **¡Discutamos!**

Conteste las siguientes preguntas.

1. ¿Qué clases de personas cree Ud. tendrán interés en el seminario?
2. ¿Le gustaría a Ud. saber más sobre el tema del entrenamiento psicodinámico? ¿Por qué?
3. ¿Cree Ud. que el entrenamiento psicodinámico es una buena manera de resolver sus problemas? ¿Por qué sí o por qué no?

Vocabulario

Para aceptar una invitación

¿A qué hora vas a pasar por mí? *What time are you going to come by for me?*

¿Cómo no? *Why not? (Of course)*

¡Chévere! *Great! (Caribbean)*

¡Sería un placer! *It would be a pleasure!*

¡Regio! *Fantastic! (South America)*

Para rechazar una invitación

Se / te lo agradezco (agradecer) *I thank you (to thank)*

el compromiso *commitment*

estar libre *to be free*

Que lo pasen bien. *Have a good time.*

Para hablar de las actividades

el / la bailador/a *dancer*
el / la cantante *singer*
la carrera *race*
el concurso *contest*
el conjunto *band*
el cuadro [la pintura] *painting*

---

la entrada [el billete, el boleto] *ticket*
la escultura *sculpture*
el espectáculo *show*
el estreno *premiere*
los fuegos artificiales *fireworks*
gozar de *to enjoy*
el / la músico/a *musician*
la obra de arte *work of art*
  de teatro *play*
la pintura mural *mural*
el retrato *portrait*
la taquilla [la ventanilla] *box office*
tomar unas copas *to have some drinks*

Para hacer una llamada telefónica

la cabina telefónica *telephone booth*
el código del país / de la ciudad *country / city code*
descolgar el auricular *to pick up the receiver*
empujar el botón *to push the button*
la guía telefónica *phonebook*
la línea compartida / particular *party / private line*

---

la llamada por cobrar *collect call*
marcar *to call*
meter la ficha *to put in the telephone token*
el número equivocado *wrong number*
la ranura *slot*
la señal *signal*
El teléfono está descompuesto [fuera de servicio]. *The telephone is out of order.*
El teléfono no suena [sonar]. *The phone isn't ringing [to ring].*
la zona telefónica *area code*

Para hablar por teléfono

¿Cómo se deletrea? *How is it spelled?*
¿De parte de quién? *Who's calling?*
De parte de... *It's . . . (person who's calling)*
No se encuentra *He's / She's not here just now.*
¿Podría dejarle un recado [mensaje]? *Could I leave him / her a message?*
Si no es molestia... *If it's no trouble . . .*
Te habla... *It's . . .*

¿NECESITA REPASAR UN POCO?

El presente perfecto

The present perfect is used to describe actions that have been completed recently and may have effects on the present or continue into the present. The present perfect is often used instead of the preterite to describe any past action.

The present perfect is formed by using the present tense of *haber* + the past participle:

he	**hemos**
has	**habéis**
ha	**han**

The past participle for regular verbs is formed by dropping the infinitive ending and adding **-ado** for **-ar** verbs and **-ido** for **-er** / **-ir** verbs:

hablar	**hablado**
comer	**comido**
vivir	**vivido**

The following verbs have irregular past participles:

abrir	**abierto**
decir	**dicho**
escribir	**escrito**
morir	**muerto**
romper	**roto**
volver	**vuelto**
cubrir	**cubierto**
describir	**descrito**
hacer	**hecho**
poner	**puesto**
ver	**visto**

¡OJO! **-Er** / **-ir** verbs that have stems ending in a vowel have a written accent over the **í** in the **-ido** ending: leer **leído**. The past participle, when used in any perfect tense, always ends in **-o**.

All object pronouns must be placed immediately before *haber*.

—¿**Has oído** el anuncio?	*(Have you heard the ad?)*
—No, no **lo he oído**.	*(No, I haven't heard it.)*
—¿**Han comprado** las entradas?	*(Have they bought the tickets?)*
—No, todavía no **las han comprado**.	*(No, they still haven't bought them.)*

El pluscuamperfecto

The pluperfect (past perfect) in Spanish is used to refer to a past event that had been completed prior to another past event. The pluperfect is formed by using the imperfect of *haber* + the past participle.

había	**habíamos**
habías	**habíais**
había	**habían**

Mi hermano ya **había hecho** la llamada cuando yo regresé.

*(My brother **had** already **made** the call when I returned.)*

Al hablarle, supe que tú la **habías invitado** a cenar.

*(Upon talking to her, I found out that you **had invited** her to have dinner.)*

Se impersonal

In the *¿Necesita repasar un poco?* section of Chapter 7, you reviewed the use of *se* as a way to avoid the passive voice. The pronoun *se* is also used to denote an impersonal subject of a verb without reference to a specific person or persons performing an action. In English, impersonal subjects are expressed with the words **one** (**One** should behave politely in public), **you** (**You** should get your books early), **they** (**They** say it's easy to do). In Spanish, *se impersonal* is used with a third person singular verb.

Aquí **se habla** rápido.	*(**They** speak fast here.)*
Se espera que llegue pronto.	*(**One [You]** hopes that he / she arrives soon.)*
Se cree que ese matador es el mejor del mundo.	*(**They** think that that matador is the best in the world.)*

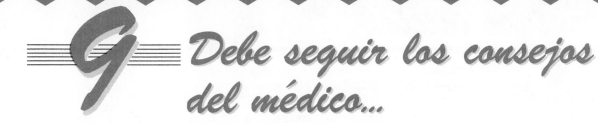

CAPÍTULO

9 Debe seguir los consejos del médico...

Objetivos funcionales

Cuando Ud. complete este capítulo, podrá hacer lo siguiente en español...

- expresar la persuasión, los deseos y los mandatos
- pedir y recibir consejos
- expresar reacciones
- hablar de la salud

Objetivos culturales

A través del capítulo, leerá y escuchará información sobre...

- las enfermedades
- los médicos y los curanderos
- cómo se puede dormir mejor
- la ansiedad
- el estilo de vida perjudicial

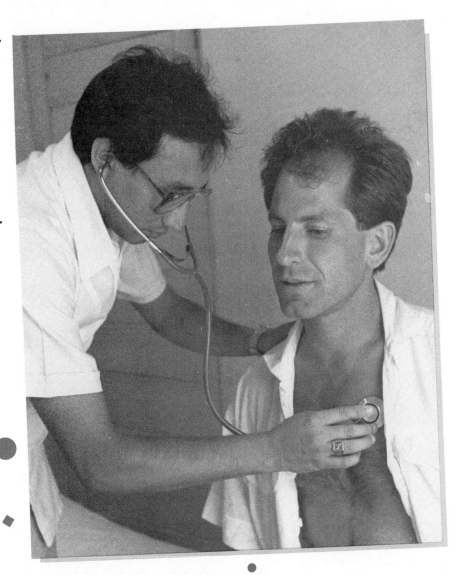

Enlace inicial

🔊 ¡ESCUCHEMOS!

Play your Teacher Tape at this time. If you are using a machine with a counter, you may want to do the following before class. Find the spot on the tape where the segment begins. Set the counter on zero. During class, play the segment. To return to the beginning of the segment, rewind the tape until you reach zero on the counter.

Ud. va a escuchar una conversación entre Lupe y Memo, quienes hablan del ataque cardíaco que sufrió el padre de Lupe.

A. ¿Verdadero o falso?   Corrija los errores.

1. El padre de Lupe sufrió un ataque cardíaco en casa.

2. Él todavía está muy enfermo.

3. Aunque le gusta el chocolate, no debe comerlo.

4. Al padre de Lupe le gusta la dieta que tiene que seguir.

B. ¿Comprendió Ud.?   ¿Qué consejos le dio el médico al padre de Lupe? Ponga una **x** a la izquierda de cada uno.

_____ **1.** El médico le dijo que volviera al trabajo en dos días.

_____ **2.** El médico le dijo que comiera frutas y vegetales frescos.

_____ **3.** El médico le dijo que descansara mucho.

_____ **4.** El médico le dijo que comiera pescado con grasa.

_____ **5.** El médico le dijo que fuera a terapia.

¡LEAMOS!

El chicle sin azúcar, eficaz contra la caries

A. ¿Qué se recomienda?   Escoja la idea principal de este artículo.

_____ **1.** Se recomienda que mastique un chicle antes de comer.

_____ **2.** Se recomienda que evite el chicle totalmente.

_____ **3.** Se recomienda que mastique un chicle sin azúcar después de comer.

_____ **4.** Se recomienda que evite el azúcar en las comidas.

B. ¿Comprendió Ud.?   Conteste las siguientes preguntas.

1. Según el estudio, ¿qué efecto tiene el chicle sin azúcar en los dientes? ¿Cómo saben los investigadores esto?

2. ¿Cómo se puede obtener los mejores resultados con el chicle?

3. ¿Ha hecho Ud. lo que se recomienda en este artículo?

EL CHICLE SIN AZUCAR, EFICAZ CONTRA LA CARIES

Mascar un chicle sin azúcar después de la comida resulta un método muy eficaz para evitar la caries.

Esta interesante conclusión es el resultado de un reciente estudio realizado por la Escuela de Dentistas de Indiana. Según dicha investigación, la saliva que se produce al mascar esta golosina neutraliza las cavidades producidas por los ácidos. Así, afirma el Doctor K.K. Park, «si no puede cepillarse los dientes después de una comida, lo mejor es masticar un poco de chicle sin azúcar».

Para obtener los mejores resultados deberá seguir la siguiente regla, bautizada por los científicos como *del 5 y del 15:* empiece haciendo una pompa de chicle sin azúcar 5 minutos tras terminar la comida y mastíquelo durante 15 minutos como mínimo.

La necesidad de respetar este tiempo ha sido establecido por los investigadores después de medir el nivel de acidez de la boca con un aparato específico.

Tell students that two verbs are used in this article to mean to chew: *mascar* and *masticar*.

mascar o masticar un chicle: *to chew gum*; la caries: *cavity*; golosina: *delicious tidbit, goody*; pompa: *bubble*; nivel: *level*; aparato: *device, apparatus*

4. ¿Qué piensa Ud. de esta recomendación?

5. ¿Qué otras recomendaciones tiene Ud. para evitar las caries?

¿NECESITA REPASAR UN POCO?

At the end of this chapter, you will find a brief review of the following structures:

- **saber** y **conocer**
- los mandatos con **Ud.**, **Uds.**, y **nosotros**

Review the information as needed and complete the accompanying exercises in the workbook.

Enlace principal

CULTURA A LO VIVO

En muchos países latinoamericanos, los estudiantes de medicina tienen que hacer un año de servicio social en las zonas rurales. Viven en el campo o en las montañas y atienden a la gente pobre.

En el mundo hispano, algunas personas llamadas curanderos ofrecen medicinas tradicionales como hierbas, remedios caseros y oraciones. Esto es especialmente común en las zonas rurales donde la gente no tiene

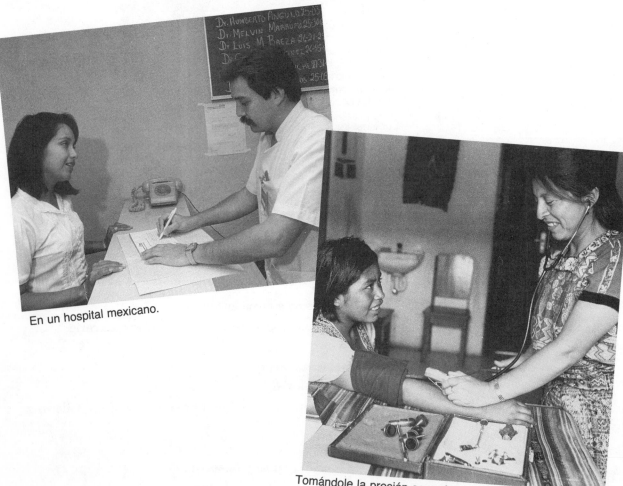

En un hospital mexicano.

Tomándole la presión sanguínea en una clínica en Guatemala.

mucho acceso a los médicos profesionales. Sin embargo, los curanderos también han llegado a ser populares en las comunidades hispanas de los EE.UU. En varias regiones también hay parteras que atienden a las mujeres encintas con el nacimiento de sus hijos.

1. ¿Qué opina Ud. del requisito que tienen los estudiantes de medicina en algunos países latinoamericanos?

2. ¿Hay un programa de servicio social en nuestro país?

3. ¿Conoce Ud. a alguien que use la medicina tradicional? ¿Tiene Ud. algunos remedios caseros?

VOCABULARIO Y EXPRESIONES ÚTILES

You might try a TPR activity using a doll or picture of a body. Point to each part while repeating the Spanish word. Introduce new words in groups of 6, having students point to each part you give in Spanish, and then asking them to identify them orally.

Remind students that the basic vocabulary for parts of the body is in the Appendix.

LAS PARTES DEL CUERPO

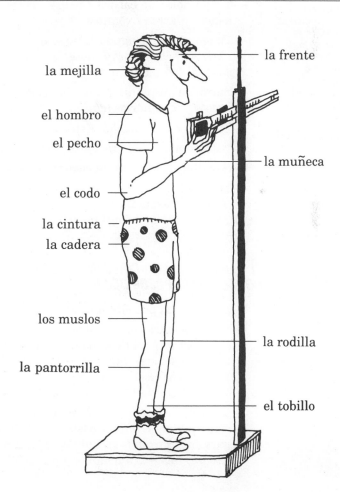

la frente

la mejilla

el hombro

el pecho

la muñeca

el codo

la cintura
la cadera

los muslos

la rodilla

la pantorrilla

el tobillo

Many words are not translated in the vocabulary presentation since they are cognates. However, the main words students are to be held responsible for appear in the end-of-chapter list together with their translations.

Have students note false cognate: *constipado* = have a cold; *estreñido* = constipated.

In Chile, an *agüita* is one of a variety of hot herbal teas, which, according to the rules of indigenous medicine, can be beneficial to cure these infirmities: *para dolor de dientes y úlceras de estómago: canela* (cinnamon); *para el hígado: cedrón* (cedar) *o boldo* (jalap); *para dolores menstruales: manzanilla / camomila* (camomile).

In many Latin American countries, *catarro* refers to a chest cold.

OTRAS PALABRAS

las costillas *(ribs)*; las encías *(gums)*; el hígado *(liver)*; el hueso *(bone)*; los pulmones *(lungs)*

EL / LA PACIENTE PUEDE DECIR...

—¿Puedo pedir una cita [un turno]? *(Can I make an appointment?)*

—Estoy de buena (mala) salud / exhausto/a

—Estoy resfriado/a [constipado/a] *(I have a cold)*. / Me tomé una agüita. *(I took some herbal tea [Chile].)*

—Me siento débil *(I feel weak)* / mareado/a *(dizzy)*.

—Me duele la garganta. Me duelen los oídos.

—Tengo dolor de cabeza / fiebre *(fever)* / fiebre de heno *(hay fever)* / asma / diarrea / vómitos.

—Tengo un dolor agudo *(sharp)* o intermitente *(comes and goes)* / la nariz tapada *(stuffy nose)* / las glándulas hinchadas *(swollen glands)* / el tobillo torcido *(twisted ankle)*.

—Sufro de insomnio / una infección / un catarro *(cold)* / una tos *(cough)* / escalofríos *(chills)*.

—Toso *(I cough)* mucho. Estornudo *(I sneeze)*. Vomito.

—Estoy embarazada [encinta] *(pregnant)*.

—Soy diabético/a y alérgico/a al polen.

—Me doblé *(I sprained)* el pie. Me torcí *(I twisted)* el tobillo. Me lastimé *(I hurt)* la espalda. Me corté el brazo. Me quemé *(I burned)* la mano. Sangro *(I'm bleeding)* mucho.

EL / LA MÉDICO/A O CIRUJANO/A (SURGEON) EN EL CONSULTORIO PUEDE DECIR...

—¿Cuáles son sus síntomas?

—Voy a tomarle una radiografía / ponerle una inyección / recetarle *(to prescribe)* una medicina / darle un electrocardiograma / hacerle un análisis de sangre *(to do a blood test)* / tomarle la presión sanguínea *(blood pressure)* / ponerle o quitarle los puntos *(to put in or take out stitches)* / operarle.

—Guarde cama *(Stay in bed)*. Cuídese *(Take care of yourself)*. Tome estas píldoras *(pills)* / pastillas *(tablets)* / gotas *(drops)* / este jarabe para la tos *(cough syrup)* / estos antibióticos. Póngase esta pomada *(cream)* / este linimento.

—¿Ha tenido Ud. el sarampión *(measles)* / las paperas *(mumps)* / la varicela *(chicken pox)* / la rubéola *(German measles)* / la mononucleosis / la bronquitis / la sinusitis / la laringitis / una infección intestinal o viral / la hepatitis / la indigestión / un infarto o ataque al corazón?

—¿Le han sacado las amígdalas *(tonsils)* / el apéndice *(appendix)*?

—¿Cuánto pesa Ud.? *(How much do you weigh?)* / ¿Cuánto mide Ud.? *(How tall are you?)* / ¿Cuál es su grupo sanguíneo *(blood type)*?

EL / LA DENTISTA PUEDE DECIR...

—Voy a sacarle la muela del juicio *(wisdom tooth)* / limpiarle las encías / rellenarle el diente *(to fill the tooth)*. Voy a ponerle una corona *(crown)* / novocaína / los frenos *(braces)* / un empaste *(filling)*.

—Ud. tiene una caries *(cavity)*. Se debe limpiar los dientes con pasta dentífrica *(toothpaste)*, un cepillo de dientes *(toothbrush)* e hilo dental *(dental floss)*.

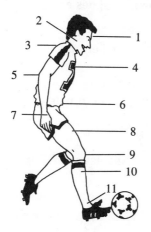

A. *Las partes del cuerpo.* La sobrina de Lupe está tratando de memorizar las partes del cuerpo. Ayúdela a identificar cada parte del dibujo a la izquierda.

B. *¿Cuáles son los síntomas?* Describa los síntomas de las siguientes enfermedades.

Modelo: el catarro

Le duele la garganta a la persona y él o ella tose y estornuda mucho. También tiene la nariz tapada.

1. la gripe
2. la indigestión
3. el asma

4. la bronquitis
5. una alergia al polen
6. la laringitis

C. *Ud. es médico/a.* Varios pacientes tienen los síntomas a continuación. ¿Qué va a hacerle Ud. al / a la paciente y qué consejos le dará para que se mejore?

Modelo: Me duele el estómago.
Le voy a poner una inyección. Le aconsejo que coma solamente comidas blandas por dos semanas.

1. Tengo un dolor agudo en el pecho.
2. Me torcí el tobillo.
3. No puedo respirar bien.
4. Me duele la muela.
5. Tengo escalofríos.
6. Creo que tengo fiebre.
7. Tengo las glándulas hinchadas.
8. Me duelen los oídos.

D. *Una entrevista.* Entreviste a un/a compañero/a de clase. Pídale la siguiente información. Después cambien los papeles.

1. Does he / she have any allergies? If so, to what?
2. Has he / she had his or her appendix or tonsils removed? A tooth? When?
3. Has he / she ever twisted or sprained anything?
4. When was the last time he / she had the flu? What did he / she do?
5. When was his or her last visit to the doctor? For what? To the dentist? For what?
6. How often does he / she get sick? What kinds of illnesses does he / she often get?
7. Has he / she ever had stitches? For what?
8. What types of medicine has he / she taken? For what?

EN CASO DE EMERGENCIAS

—Pida una ambulancia o un/a médico/a. / Alguien está inconsciente. / Ella se desmayó. *(She fainted.)* / Ocurrió un accidente.

—¿Cuál es el nombre de su compañía de seguros *(insurance company)* y el número de su póliza de seguros *(insurance policy)*?

—Llévelo/la a la sala de emergencia / sala de operaciones / sala de recuperación *(recovery room)* / sala de parto *(delivery room)*. Su familia está en la sala de espera.

PARA PEDIR CONSEJOS

—¿Qué me recomienda / aconseja? *(What do you recommend / advise?)* / ¿Qué debo hacer? *(What should I do?)* / ¿Qué sugiere? *(What do you suggest?)* / ¿Qué opina o qué cree? *(What do you think?)*

PARA EXPRESAR REACCIONES

—¡Pobrecito/a! / Siento mucho... *(I'm very sorry . . .)* / ¡Qué lástima! *(What a shame!)* / ¡Qué suerte! *(What luck!)* / ¡Por Dios! *(For goodness' sake!)*

—¡Magnífico! / ¡Estupendo! / ¡Es increíble! / ¡Imagínate! *(Imagine that!)* / ¿De veras? *(Really?)* / ¡Qué bien!

—No puedo más *(I can't take anymore)*. / No puede ser *([That] can't be)*.

PARA RESPONDER A LOS CONSEJOS

—De acuerdo / ¡Buena idea! / Me parece buena idea. / Ud. tiene razón *(You're right)*. / Voy a seguir los consejos o las recomendaciones *(I'm going to follow the advice or recommendations)*.

—Le / Te agradezco los consejos *(Thank you for the advice)*.

—¿Cómo es posible? / No sé. / No estoy seguro/a *(I'm not sure)*. / ¡Qué barbaridad! *(How ridiculous!)*

A. *Las reacciones de Graciela.*   Lupe y Graciela están hablando de la salud del padre de Lupe. Dé las reacciones de Graciela a lo que dice Lupe.

Modelo: Lupe: Mi padre sufrió un infarto.
Graciela: *¡Qué lástima! ¿Cómo está ahora?*

1. El médico dice que mi padre tiene que guardar cama.
2. El médico me dijo que yo, por mi parte, tengo buena salud.
3. Cuando papá salga del hospital, tenemos que evitar las grasas y la sal.
4. Nos recomienda que no nos preocupemos.
5. Mi mamá me dice que yo trabajo demasiado.
6. El médico dice que si no me cuido, yo también sufriré un infarto.

B. ¿Qué debe hacer Memo? Memo tiene muchos problemas. Dele unos consejos según el modelo.

Modelo: Tengo fiebre.
Debes (Es necesario) descansar y tomar aspirinas.

1. Tengo escalofríos y me siento muy débil.
2. Se me cayó un empaste.
3. Me lastimé la espalda.
4. Tengo muchas preocupaciones en el trabajo y estoy triste.
5. Me falta dinero.
6. No tengo bastante tiempo.

C. ¿Y Ud.? Alguien le da la siguiente información a Ud. Dele sus reacciones.

1. Ud. acaba de ganar la lotería.
2. El cirujano tiene que sacarle a Ud. las amígdalas.
3. La médica le aconseja a Ud. que descanse mucho.
4. Ud. debe trabajar más horas cada semana.
5. Su primo está en el hospital.
6. No hay clases hoy.
7. ¡Pida una ambulancia!
8. Su amiga está en la sala de operaciones.

D. Una entrevista: las emergencias. Entreviste a un/a compañero/a de clase sobre la última emergencia médica que él o ella ha tenido o la última vez que él o ella o un/a miembro/a de la familia fue al hospital. Obtenga la siguiente información y luego cambien los papeles.

1. when the emergency occurred
2. what kind of emergency it was
3. who helped get him or her to the hospital
4. what happened at the hospital
5. what happened the next day

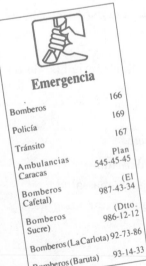

Emergencia

	166
Bomberos	169
Policía	167
Tránsito	
Ambulancias	Plan 545-45-45
Caracas	
Bomberos (Cafetal)	(El) 987-43-34
Bomberos (Sucre)	(Dtto. 986-12-12
Bomberos (La Carlota)	92-73-86
Bomberos (Baruta)	93-14-33

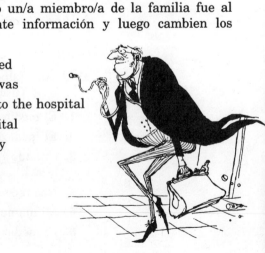

GRAMÁTICA FUNCIONAL

EXPRESAR LA PERSUASIÓN, LOS DESEOS Y LOS MANDATOS CON EL SUBJUNTIVO

You have already practiced using the subjunctive (1) to express perceptions (impersonal expressions); (2) to describe conditions under which something might happen (adverbial clauses); and (3) to describe nonspecific or non-existent referents (adjective clauses). The subjunctive is also used in the subordinate clause with a change of subject to persuade and dissuade and to express a desire or command.

The following verbs always take the subjunctive in the subordinate clause:

aprobar *(to approve of)*	oponerse a *(to oppose, be opposed to)*
desear	preferir
esperar	querer

Prefiero que Ud. **se quede** en cama. *(I prefer that you stay in bed.)*

Se opone a que **salgamos** esta noche. *(He's opposed to our going out tonight.)*

¡OJO!: The expression *Ojalá... (If only, I wish (hope) . . .)* always takes the subjunctive.*

The following verbs also require the use of the subjunctive. They are generally preceded by an indirect object pronoun that refers to the subject of the subordinate clause:

aconsejar	permitir	recomendar
exigir *(to require)*	prohibir	rogar *(to beg)*
mandar	proponer	sugerir
pedir		

Le recomiendo que Ud. **descanse**. *(I recommend that you rest.)*

Mis padres no **me permiten** que **vaya** a fiestas. *(My parents don't allow me to go to parties.)*

These verbs are also frequently used with an infinitive instead of the subjunctive when there is no subordinate clause introduced by *que*. The indirect object pronoun indicates the person to whom the action is directed.

---

* The expression *Ojalá* is of Arabic origin and literally means **May Allah grant . . .**

Mis padres no **me permiten ir** a fiestas. *(My parents don't allow me to go to parties.)*

Te recomiendo tomar la medicina. *(I recommend that you take the medicine.)*

Me aconseja ir al médico. *(He advises me to go to the doctor's.)*

The verbs *decir, escribir, informar,* and *insistir* are used with the indicative if a fact is stated. The same verbs can be used with the subjunctive if a command is given:

Insiste en que yo duermo mucho. *(He insists that I sleep a lot.)* [reporting a fact]

Insiste en que yo duerma mucho. *(He insists that I (should) sleep a lot.)* [a command]

¡Practiquemos! ....

A. ***Jorge va al consultorio.***   Jorge va al consultorio de la médica. Diga qué recomendaciones le da la médica a Jorge.

Modelo: recomendar / no salir de la casa
Le recomiendo que no salga de la casa.

1. desear / acostarse temprano
2. preferir / dormir ocho horas cada noche
3. aconsejar / beber ocho vasos de agua al día
4. pedir / ir al laboratorio para un análisis de sangre
5. sugerir / no hacer demasiado trabajo
6. querer / pedir otra cita en dos semanas
7. insistir en / no preocuparse mucho
8. ojalá / cuidarse mejor

To elaborate on this exercise, ask students to give two or three endings for each sentence; or assign one sentence each to groups of 3–4 students and challenge them to come up with as many completions as possible.

B. ***¿Y Ud.?***   Complete las siguientes frases utilizando el subjuntivo.

Modelo: Le suplico a mi hermana que...
Le suplico a mi hermana que se cuide mejor.

1. Prefiero que mi profesor/a...
2. Mis padres quieren que yo...
3. Mi novio/a me ruega que...
4. Ojalá que mi amigo/a...
5. El / La profesor/a nos exige que...
6. El gobierno nos manda que...
7. Mi consejero/a no me permite que...
8. Espero que mis padres...

C. *El horóscopo del mes.* Trabaje con un/a compañero/a de clase. Imagínese que uno de los horóscopos a continuación es para su compañero/a mientras el otro es para Ud. Lea Ud. el horóscopo de su compañero/a (¡sin que lo lea él / ella!) y hágale algunas recomendaciones. Luego, su compañero/a tiene que leer el horóscopo de Ud. y hacerle a Ud. algunas recomendaciones.

Durante las dos primeras semanas podrá tomar decisiones que le permitan mejorar en su trabajo. Deje el resto del mes para el ocio porque, intelectualmente, se sentirá perezoso.

Modelo: *Te recomiendo que tomes algunas decisiones durante las dos primeras semanas y que te diviertas durante el resto del mes.*

Hasta el 16 puede manejar su vida con facilidad. A partir del 21 debe intentar relajarse mental y emocionalmente porque se encontrará muy tenso.

Hasta el 14 predomina el ciclo emocional. Por tanto, dará prioridad a la vida afectiva sobre la vida profesional. En cambio, del 16 al 23 estará muy activo laboralmente. Los últimos días tendrá que descansar.

D. *Ud. es consejero/a.* Es probable que Ud. les haga recomendaciones a sus amigos en la universidad de vez en cuando. Haga una lista de cinco recomendaciones o consejos que les ha dado durante el semestre / trimestre. Use cinco expresiones variadas.

Modelo: *Te recomiendo que estudies más.*

HABLAR DEL PASADO CON EL IMPERFECTO Y EL PLUSCUAMPERFECTO DEL SUBJUNTIVO

La formación del imperfecto del subjuntivo

The imperfect subjunctive is formed by dropping the **-ron** of the third person plural preterite, and adding the following endings:

yo	**-ra**
tú	**-ras**
él / ella / Ud.	**-ra**
nosotros/as	**-ramos**
vosotros/as	**-rais**
ellos / ellas / Uds.	**-ran***

* Throughout most of Spain, the imperfect subjunctive is formed by adding the following endings to the stem of the third person plural preterite: **-se, -ses, -se, -semos, -seis, -sen.** This form may also be used for literary or stylistic purposes.

tomar	→	tomaron	→	toma-	+ ra	= **tomara**
leer	→	leyeron	→	leye-	+ ras	= **leyeras**
vestir	→	vistieron	→	vistie-	+ ra	= **vistiera**
ir	→	fueron	→	fué-	+ ramos	= **fuéramos**
poner	→	pusieron	→	pusie-	+ rais	= **pusierais**
morir	→	murieron	→	murie-	+ ran	= **murieran**

¡OJO!: There is a written accent mark on the vowel immediately preceding the *nosotros/as* endings: *tomáramos, fuéramos.*

In Chapter 10, students will also learn how to use the imperfect and pluperfect subjunctive to express emotions, sentiments, doubts, and hypotheses.

Los usos del imperfecto del subjuntivo

You have practiced using the present subjunctive to describe perceptions, conditions, nonspecific referents, desires, and commands. You will recall that, in sentences that have the subjunctive in a subordinate clause, when the main clause refers to the present or future, the present or present perfect subjunctive is used. When these same ideas are expressed in the past, the imperfect (past) subjunctive is used. Generally, a main verb in the preterite, imperfect, pluperfect, conditional, or conditional perfect triggers the use of the imperfect or pluperfect subjunctive in the subordinate clause.

The imperfect subjunctive is, therefore, used . . .

- to express perceptions in the past (Chapter 3).

   Era importante que **llegáramos** a tiempo. *(It was important that we arrived on time.)*

- to express conditions under which something was to happen (Chapter 5).

   The adverbial expressions you learned previously require the subjunctive only if an event was **anticipated** in the past. Compare the following:

   Íbamos a cenar tan pronto como **llegara** Marta. *(We were going to have dinner as soon as Marta arrived.)*; anticipated action contingent on another event

   Cenamos tan pronto como **llegó** Marta. *(We had dinner as soon as Marta arrived.)*; completed actions

- to describe nonspecific or non-existent referents in the past (Chapter 6).

   Buscábamos una casa que **nos gustara**. *(We looked for a house that we liked.)*

- to persuade and dissuade and to express a desire or command in the past (Chapter 9).

> El médico **me recomendó** que **me cuidara mejor**. (*The doctor recommended that I take better care of myself.*)

The imperfect subjunctive is also used frequently to give recommendations or advice; verbs often used for this purpose are *deber, querer,* and *poder*:

> **Debiera** guardar cama por una semana. (*You should stay in bed for a week.*)

¡OJO!   Although the imperfect subjunctive is usually used with a main verb that is in a past tense, sometimes the main verb expresses a comment or reaction in the present that refers to something that happened in the past. In this case, the imperfect subjunctive is still used, even though the main verb is in the present tense:

> **Me alegro** que **estuvieras** aquí ayer. (*I'm happy that you were here yesterday.*)

La formación del pluscuamperfecto del subjuntivo

The pluperfect subjunctive is formed with the imperfect subjunctive of *haber* plus the past participle:

hubiera llegado

hubieras comido

hubiera visto

hubiéramos dicho

hubierais hablado

hubieran leído

Los usos del pluscuamperfecto del subjuntivo

The pluperfect subjunctive (*pluscuamperfecto del subjuntivo*) is used to refer to an action in the subordinate clause that occurred prior to the past action of the main clause:

> **Dudaba** que Lupe **hubiera estado enferma**. (*I doubted that Lupe had been sick.*)

> **Era** triste que ella no **hubiera conocido** a sus abuelos. (*It was sad that she had not known her grandparents.*)

¡Practiquemos! ....

You may want to do each
exercise as you review the
corresponding part of the
explanation on pages
251–253 instead of doing
all exercises together.
Thus students can learn
and practice each use be-
fore proceeding to the
next.

A. *Jorge y los consejos de la médica.*   En el Ejercicio A en la página 250, Ud. hizo los mandatos que le dio la médica a Jorge. ¿Qué le aconsejó la médica que hiciera él? Use las mismas frases del Ejercicio A y el imperfecto del subjuntivo según el modelo.

Modelo: recomendar / no salir de casa
Le recomendó que no saliera de casa.

B. *Los problemas médicos.*   Describa un problema con la salud que Ud. ha tenido últimamente. Complete las siguientes frases con el imperfecto del subjuntivo.

Modelo: Era bueno que yo...
Era bueno que yo fuera al consultorio del médico.

1. Quería ir al consultorio antes que...
2. Buscaba un médico que...
3. Fui al consultorio sin que mi madre...
4. Era necesario que yo...
5. El médico me sugirió que...
6. Fue una lástima que yo...
7. El médico me dijo que podría trabajar con tal que...
8. La enfermera me recomendó que...

C. *Para mantenerse en forma.*   Imagínese que una vez Ud. trató de cambiar su estilo de vida para empezar a mantenerse en mejor forma. ¿Qué pasó? Dé muchos detalles utilizando el pasado. También incluya las siguientes expresiones con el pasado del subjuntivo o del indicativo como corresponda a cada expresión. Luego, comparta sus experiencias con otros compañeros de clase.

1. Esperaba que...
2. Era bueno que...
3. Perdí (Aumenté de) peso aunque (no)...
4. Quería conocer a alguien que...
5. Mi amigo/a me sugirió que...
6. Hablé con otra persona que...

D. *Su reunión de la escuela secundaria.* Imagínese que Ud. fue a la reunión de sus compañeros de la escuela secundaria. Complete las siguientes frases sobre lo que habían hecho sus compañeros, empleando el pluscuamperfecto del subjuntivo.

Modelo: Era increíble que...
         Era increíble que muchos no hubieran viajado fuera del país.

1. Estaba alegre de que...
2. Dudaba que...
3. No había nadie que...
4. Buscaba a alguien que...
5. Nos sorprendió que...
6. No podía encontrar a nadie que...

DESCRIBIR LOS EVENTOS INESPERADOS CON SE

In Chapters 7 and 8 you practiced using *se* to avoid the passive voice and to denote an impersonal subject. *Se* is also used to describe an unexpected happening, one not deliberately brought about by the person(s) involved. This *se* construction is formed in this way: *se* + **indirect object pronoun + third person singular or plural of verb.**

The indirect object pronoun refers to the person to whom the action happened. The verb agrees in number with the subject that immediately follows it. The following verbs are commonly used to denote unexpected happenings:

acabar *(to end, run out)*
caer *(to fall)*
descomponer *(to break down)*
escapar *(to escape)*
ocurrir *(to happen, occur to [an idea])*
olvidar *(to forget)*
perder *(to lose)*
quedar *(to leave behind)*
romper *(to break)*

Se nos ocurrió la idea. *(The idea occurred to us.)*
Se me olvidaron las píldoras. *(I forgot the pills.)*

¡Practiquemos! ....

A. _Faustino, el travieso_. El hijo de Eliana y Fausto es muy travieso. Además de hacer cosas que no debe hacer, después de hacerlas, no admite que tiene la culpa. Haga las respuestas de Faustino a las preguntas de su mamá sobre las emergencias diarias que siguen.

Modelo: Oye, Faustino, ¿rompiste ese vaso de cristal?
No, Mami, se me rompió mientras lo miraba.

1. Oye, Faustino, ¿dejaste escapar el gato?
2. Faustino, ¿sabes quién dejó caer las aspirinas en el suelo?
3. Hijo mío, ¿rompiste el juguete de tu hermanita?
4. Oye, Faustino, ¿quién rompió la ventana de los vecinos?
5. Faustino, ¿perdiste el cepillo de dientes que te dio el dentista?
6. Hijo mío, ¿olvidaste la tarea otra vez?
7. Faustino, ¿por qué se quedaron en la escuela tus libros?

B. _Una encuesta_. Pregúntele a un/a compañero/a de clase si le han ocurrido las siguientes cosas. Reaccione Ud. a cada respuesta según el modelo.

Modelo: rompérsele el brazo
Estudiante 1: _¿Jamás se te ha roto el brazo?_
Estudiante 2: _No, nunca se me ha roto el brazo._
Estudiante 1: _¡Qué bueno que nunca se te haya roto el brazo!_

1. caérsele un empaste
2. perdérsele algo valioso
3. olvidársele la tarea
4. escapársele un animal doméstico
5. ocurrírsele una idea estupenda
6. acabársele los refrescos en una fiesta
7. quedársele en casa un informe importante para una clase
8. descomponérsele algo en la residencia / en el apartamento

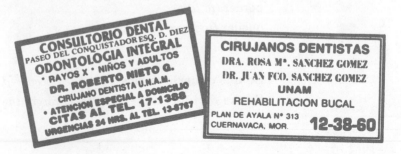

Ask other students in the class to respond to their classmates' stories, using the imperfect subjunctive: *¡Qué lástima que se le cayera el vaso!*

C. *Los eventos inesperados.* Describa una cosa inesperada que se le ocurrió a cada persona de la siguiente lista. Explique dónde y cómo se le ocurrió.

Modelo: Su padre
A mi padre se le cayó su vaso de agua cuando teníamos invitados a cenar en casa. Discutía la política con mi tío cuando se le cayó.

1. Su novio/a o un/a amigo/a

2. Su mejor amigo/a

3. Su hermano/a

4. Su profesor/a

5. Su compañero/a de clase

6. Uno/a de sus padres

7. Ud.

8. ¿——?

¡ESCUCHEMOS UN POCO MÁS!

Ud. va a escuchar una conversación entre Eliana y su médico, el que le hace unas recomendaciones.

Antes de escuchar

In preparation for listening to this segment, answer the following questions in English.

1. What kinds of suggestions do you think the doctor might have for staying healthy?

2. What might be one question you would like to ask the doctor?

3. Brainstorm a list of Spanish words and expressions you already know that you might hear.

Después de escuchar

Play your Teacher Tape at this time. Remember to find the beginning of the segment before class and set your counter at zero to facilitate rewinding. You may want to play the segment more than once, or pause the tape occasionally to allow students the opportunity to replay mentally what they have heard.

A. *¿Comprendió Ud.?*   Conteste las siguientes preguntas.

1. ¿Qué le recomienda el médico a Eliana en cuanto a la dieta y al ejercicio?

2. ¿Qué le sugiere el médico a Eliana que haga su esposo?

3. Según el médico, ¿de qué está sufriendo Eliana?

4. ¿Cuándo quiere el médico que regrese Eliana al consultorio?

B. *¡Discutamos!*   Conteste las siguientes preguntas.

1. ¿Qué opina Ud. de las recomendaciones que hace el médico?

2. ¿Qué recomendaciones ya sigue Ud.? Explique.

3. ¿Qué pregunta quisiera Ud. hacerle al médico?

¡LEAMOS UN POCO!   *Ansiedad*

MARIANO CASADO

La ansiedad es una enfermedad que debe ser tratada.

Ansiedad

EL doctor Alfonso Chinchilla, Jefe de Sección de Psiquiatría del Hospital Ramón y Cajal de Madrid, publica en el último número de la revista *Semer* un artículo sobre una afección tan frecuente en el momento actual como es la ansiedad que, aunque en otros países es sinónimo de angustia, en nuestro idioma tiene matices diferenciales. La ansiedad es una sensación de inseguridad, con síntomas principalmente respiratorios, ahogo, falta de aire y con sensación, incluso, de muerte inminente, sin que haya nada que lo justifique.

Se estima que alrededor del 10 por ciento de la población padece en algún momento de cuadros *ansiosos,* que independientemente del sufrimiento que originan al paciente, le pueden ocasionar múltiples complicaciones orgánicas como son: úlcera de estómago por estrés, hipertensión, depresión secundaria con ideas suicidas, y también, en algunos casos, puede ocasionar aumento del consumo del alcohol para paliar los síntomas, conflictos familiares y matrimoniales y, naturalmente, un aumento de hasta el 5 por ciento del absentismo laboral. El tratamiento se realiza fundamentalmente con psicoterapia y ansiolíticos, calculándose aproximadamente que en España se gastan unos 4.000 millones de pesetas al año en estos medicamentos para el tratamiento de los cerca de 3,5 millones de personas que consultan por esta enfermedad.

While the words *ansiedad* and *angustia* are considered synonyms, this article uses *ansiedad* as a medical term to refer to the illness described.

ansiedad: *anxiety*; tratada: *treated (an illness)*; afección: *disease*; angustia: *worry, distress, anxiety*; matices: *nuances of meaning*; ahogo: *shortness of breath*; padece de: *suffers from*; cuadros ansiosos: *scenes or periods of anxiousness*; ocasionar: causar; paliar: *to alleviate, lessen*; tratamiento: *treatment*; se realiza... con: *is given, accomplished . . . by means of*; ansiolíticos: *antidepressants*

Antes de leer

In preparation for reading this article, look at the title, photo, and caption, and answer the following questions in English.

1. What is this reading about?
2. What prediction can you make about the woman in the photograph?

3. Brainstorm a list of Spanish words you might need to know to read about the effects of anxiety on your health.

Después de leer

In the ¡IMAGINEMOS! section, students will create a list of stressful happenings often experienced by students that can cause anxiety.

A. *¿Comprendió Ud.?*   Lea el artículo y conteste las siguientes preguntas.

1. ¿Qué síntomas tienen los que padecen de la ansiedad?

2. ¿Cuáles son tres complicaciones orgánicas que pueden ser causadas por la ansiedad?

3. ¿Por qué puede causar la ansiedad un aumento del consumo del alcohol?

4. ¿Qué efecto puede tener esta enfermedad en el trabajo?

5. ¿Cómo se trata la ansiedad?

6. ¿Cuántos españoles padecen de esta enfermedad?

B. *¡Discutamos!*   Conteste las siguientes preguntas.

1. ¿Le sorprende a Ud. la información que presenta este artículo? Explique.

2. ¿Ha sentido Ud. mucha ansiedad este año? ¿Qué ha hecho para aliviarla?

3. ¿Cree Ud. que hay una relación entre la ansiedad y la enfermedad? Explique.

4. ¿Qué le recomienda Ud. a alguien que padezca de la ansiedad?

Enlace de todo

Para hacer esta sección, recuerde la gramática de repaso y la gramática funcional de este capítulo: **saber** y **conocer**, los mandatos con **Ud.**, **Uds.**, y **nosotros**, el subjuntivo para expresar persuasión, deseos y mandatos, el imperfecto y el pluscuamperfecto del subjuntivo, y el uso de **se** para expresar los eventos inesperados.

¡IMAGINEMOS!

A. *Dramatizaciones*.   Prepare las dramatizaciones en la página 260 según las instrucciones.

1. Ud. va al consultorio del / de la médico/a porque cree que tiene la gripe. Descríbale sus síntomas al / a la médico/a y pídale sus consejos. El / La médico/a le hará unas preguntas sobre su salud, le explicará lo que tiene que hacer (tomarle la presión, etc.) y le recomendará varias cosas para que se mejore. Reaccione Ud. a sus consejos.

2. Ud. es consejero/a y tiene un programa de radio. Una persona llama por teléfono para que lo / la ayude con un problema muy serio. Escuche su problema, hágale unas preguntas para obtener más información, y dele unos consejos para resolver el problema. La persona va a reaccionar a sus recomendaciones.

3. Ud. y su amigo/a hablan de las maneras de cuidarse bien y de mantener la buena salud. Describan Uds. el estilo de vida que se debe mantener y las otras cosas que se pueden hacer para tener buena salud.

4. Ud. acaba de regresar del consultorio del / de la médico/a porque tiene un catarro. Su amigo/a va a hacerle preguntas sobre lo que le dijo el / la médico/a. Dígale a su amigo/a lo que le dijo el / la médico/a que hiciera para mejorarse.

B. *La angustia.* Con un/a compañero/a de clase, escriba una lista de diez sucesos de angustia que ocurren con frecuencia en las vidas de los estudiantes. Pónganlos en orden según el nivel de angustia que ocasionan: 1 significa menos angustia y 10 significa más angustia. Compartan su lista con otras personas en la clase.

C. *Querida Abby.* Con un/a compañero/a de clase, escríbale una carta corta a Querida Abby en que describen un problema (verdadero o ficticioso) que Uds. tienen. Después, toda la clase va a intercambiar las cartas y Ud. y su compañero/a van a escribir sus consejos en otra carta mientras que otra pareja va a contestar la carta suya. Luego lea su carta a la clase y entonces diga lo que la otra pareja les recomendó que hicieran para resolver el problema.

D. *El horóscopo de la semana.* Trabaje con dos o tres compañeros de clase. Escriban un horóscopo para uno de los siguientes signos del zodíaco: Acuario, Piscis, Aries, Tauro, Géminis, Cáncer, Leo, Virgo, Libra, Escorpio, Sagitario, Capricornio. Escriban una recomendación para cada categoría a continuación, utilizando expresiones como **Les recomendamos que...; Les sugerimos que...;** y los mandatos con **Uds.**

1. La salud
2. El amor
3. La vida intelectual
4. La diversión
5. La familia

¡LEAMOS MÁS!   *¿Tiene Ud. un estilo de vida perjudicial?*

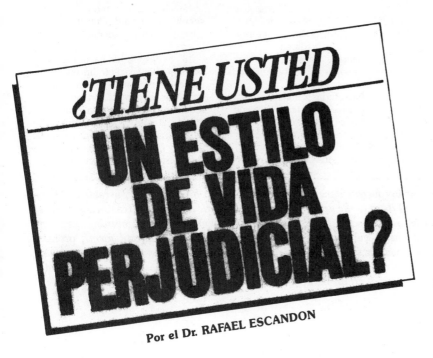

Por el Dr. RAFAEL ESCANDON

A   EN LOS PAISES industrializados, donde la gente lleva un estilo de vida intenso y sobrecargado, el enemigo número uno de artesanos y profesionales es la arteriosclerosis. Esta enfermedad, que en años pasados era conocida como un mal que afectaba mayormente a los ancianos, pero que actualmente afecta hasta a personas jóvenes, consiste en el endurecimiento de las arterias, y trae como consecuencias otras enfermedades, especialmente de las arterias coronarias del corazón y de los vasos sanguíneos del cerebro.

B   No sólo el alcohol afecta el corazón; también el tabaco, las drogas, el uso de té, café y otras sustancias estimulantes, la intemperancia en la alimentación y la falta de ejercicio son los causantes de enfermedades cardiacas que arrastran al sepulcro a jóvenes y ancianos.

C   Una forma eficaz de padecer de una enfermedad coronaria consiste en caer en el hábito de preocuparse excesivamente. El trajín cotidiano, el trabajo, las responsabilidades hogareñas, los estudios, la diversión y las actitudes emocionales incontroladas imponen una carga excesiva sobre el corazón y ponen la base para que ocurran trastornos cardiacos que en muchos casos incapacitan físicamente y hasta producen la muerte.

D   Con el desarrollo de la ciencia y la tecnología, pareciera que el hombre tuviera más tiempo para descansar y olvidarse de las preocupaciones cotidianas, pero no sucede así. Llevamos un estilo de vida que nos mantiene en intensa agitación. Eduardo Criado, famoso dramaturgo español de nuestros días, expuso este problema de la siguiente manera: "Vivís esclavos de la prisa. Desde niños competís en

rapidez con vuestros dientes, con vuestra estatura, con vuestros estudios. Vivís a ritmo de cronómetro. Tomáis píldoras para activar vuestro trabajo y gotas para descansar más en menos tiempo. Para poder correr, lo exigís todo preparado. Habitáis casas prefabricadas, vestís trajes prehilvanados y coméis alimentos premasticados. Queréis correr más que el cerebro, que el sonido, que el calor. Tenéis prisa para todo. Para edificar y para destruir. Para reír y para llorar. Para nacer. . . para vivir. . . para morir" (Heese, *Leer, hablar y escribir*, p. 50).

El Club Coronario

E   En la actualidad, muchos profesionales, artesanos y aun ministros religiosos son víctimas de ataques al corazón, a consecuencia del exceso de trabajo y del aumento de los problemas de la vida.

F   Hace poco aparecieron en una revista unos consejos negativos y perjudiciales que dan acceso al "Club Coronario", no importa cuál sea la edad de la persona. Estas son las reglas, que si se cumplen rigurosamente le asegurarán a la persona una pronta afiliación al club de los enfermos del corazón:

1. Nunca diga: "No".
2. Insista en que todos lo aprecien y en conformar a todos.
3. Nunca delegue responsabilidades. Si es miembro de una comisión, de todas maneras haga todo el trabajo usted mismo.
4. Nunca haga planes de tomarse un día libre, pero si está obligado a hacerlo, visite a uno de sus compañeros y pase el día hablando acerca de los problemas mutuos.
5. Nunca haga planes de pasar una velada en su casa, pero si alguna vez sucede que no tenga ninguna

reunión o no tenga ningún compromiso, acepte sin falta otra invitación para ir a otra parte.

6. Acepte todos los compromisos que le den; haga lo mismo durante sus vacaciones. (Deposite toda la ayuda financiera que reciba en una cuenta especial que bien pudiera llamarse: "fondo del corazón", para que le ayude a pagar los gastos médicos cuando sufra su ataque cardíaco.)

7. Nunca se tome el tiempo necesario para llegar con calma a una cita. (Esto hará dos cosas: mostrará a la gente cuán ocupado está usted y mantendrá la reputación que tienen los predicadores y las personas ocupadas de conducir sus automóviles muy velozmente.)

8. Cuando su doctor le aconseje tomar las cosas con más calma, ignórelo y jáctese del hecho de que prefiere gastarse que oxidarse.

9. Asegúrese de superar a sus demás compañeros y trate de pasar su propia marca cada año.

10. Echese todas las cargas encima; de todos modos usted piensa que es la única persona que da rendimiento en el trabajo.

11. No le preste mayor atención a su familia; de todos modos su trabajo viene primero y no hay tiempo para lo que usted considera cosas de menor importancia.

12. Considere como deber cívico ser miembro de todo club en la ciudad y llegue a ser presidente de cuantos pueda.

13. Si después de hacer todo esto no tiene éxito, acepte un puesto de mayor responsabilidad y trabaje sin descanso. Si cumple con todos estos requisitos, lo más seguro es que tendrá un ataque de corazón y podrá pertenecer sin problema alguno al famoso Club Coronario (*Ministerio Adventista*, septiembre-octubre, 1983).

---

sobrecargardo: *overburdened*; vasos sanguíneos: *blood vessels*; arrastran al sepulcro: *(they) drag to the grave*; trajín; *work, hustle and bustle*; trastornos: *upsets*; prehilvanados: *pre-sewn*; premasticados: *pre-chewed*; velada: *evening*; predicadores: *preachers*; velozmente: *quickly*; jáctese: *brag (command form)*; prefiere gastarse que oxidarse: *prefers to live life to its fullest rather than withering away by not doing anything ("It's better to burn out than to rust")*; rendimiento: *performance, production*; cumple con: *fulfill*

▶ *Pre-reading*

In preparation for reading this article, quickly skim over the title and the text. Then answer the questions in English.

1. What do you think the reading is about?

2. Look at the shape of the text. Why do you think the author selected a numbered format for some of the points of the article?

3. What kinds of information do you expect to find in this article?

4. Brainstorm a list of Spanish words and expressions you might expect to find in this article.

▶ *Skimming / Scanning*

Quickly skim through each paragraph and then match each topic below with the letter of the appropriate paragraph: A, B, C, D, E or F.

_____ **1.** las actividades diarias que causan problemas cardíacos

_____ **2.** una definición de la arteriosclerosis

_____ **3.** las reglas que siguen las personas que tendrán enfermedades del corazón

_____ **4.** los hábitos de dieta y régimen que causan enfermedades cardíacas

_____ **5.** lo que dice un dramaturgo sobre nuestras vidas

_____ **6.** las personas que son víctimas de ataques al corazón

Now find the information requested below by scanning the appropriate paragraphs listed. Answer in English or Spanish.

1. Paragraph A: In industrialized countries, what is the leading disease?

2. Paragraph B: List the substances that can cause heart disease.

3. Paragraph C: List three daily activities that can contribute to heart disease.

4. Paragraph D: What is Eduardo Criado trying to say in his description of our daily routines?

5. Paragraph F: What is the «Club Coronario»? How does one become a member? What is the author's tone in the 13 numbered items?

▶ Decoding

Answer the questions below dealing with grammatical structures and vocabulary you will encounter when reading the entire article.

1. Paragraph A
   a. Can you find the noun that comes from the adjective _duro_ meaning **hard**?
   b. You already know that the word _vaso_ means **drinking glass**; what does it mean in this context?

2. Paragraph C: In the last sentence, why is the verb _ocurran_ used in the subjunctive?

3. Paragraph D: Can you identify the subject of the verbs used by Eduardo Criado? (hint: he is from Spain)

4. Paragraph F
   a. What expression means **a short while ago**?
   b. Why is the verb _sea_ used in the subjunctive?
   c. What verb form is used most throughout the list of 13 items and why?

▶ *¿Comprendió Ud.?*

Después de leer este artículo por completo, conteste las siguientes preguntas.

1. ¿De qué trata este artículo?
2. ¿Qué clase de persona tiene la posibilidad de tener enfermedades del corazón?
3. ¿Qué relación hay entre la preocupación y los problemas coronarios?
4. ¿Cree Ud. que hoy en día la gente tiene más tiempo para descansar y que debe dejar de preocuparse tanto? Explique.
5. ¿De qué trata la lista de 13 frases?
6. Sin mirar la lista, ¿cuáles son algunos mandatos negativos que se ofrecen?
7. ¿Realmente existe el «Club Coronario»? ¿Cómo se sabe eso?

▶ *¡Discutamos!*

Conteste las siguientes preguntas.

1. ¿Conoce Ud. a alguien que haya sufrido de una enfermedad cardíaca? ¿Sabe Ud. por qué se enfermó? ¿Qué le aconsejó el médico que hiciera para mejorarse?
2. ¿Es posible que Ud. sea miembro/a del Club Coronario? ¿Por qué?
3. ¿Puede Ud. añadir tres consejos más a la lista?
4. ¿Cómo podría Ud. mejorar su estilo de vida y su salud para evitar hacerse miembro/a del Club Coronario?

Temas para composiciones / conversaciones

1. Las preocupaciones de los jóvenes de hoy y el estrés
2. Los diez mandatos para una vida saludable
3. La alimentación y los estudiantes

No Rompa Corazones

Examínese regularmente con el médico.

LUCHAMOS POR SU VIDA

Asociación Puertorriqueña del Corazón • TEL. 751-6595

🔲 ¡EL GRAN PREMIO!: ¿Puede Ud. hacerlo?

Play your Teacher Tape at this time. Remember to find the beginning of the segment before class and set your counter at zero to facilitate rewinding. You may want to play the segment more than once, or pause the tape occasionally to allow students the opportunity to replay mentally what they have heard.

Ud. va a escuchar un informe del Servicio Hispano de Información *(Hispanic Information Service)* que trata sobre la salud de las personas mayores.

▶ Antes de escuchar

In preparation for listening to this segment, answer the following questions in English.

1. What types of information might be provided in this announcement?

2. Brainstorm a list of Spanish words and expressions you might hear.

▶ Primer paso

Escuche el informe por primera vez y escoja las respuestas correctas.

Answers for EL GRAN PREMIO, Primer paso: 1, b; 2, c; 3, b.

1. El anuncio trata sobre...

    a. el ejercicio.   **c.** la salud mental.

    b. el comer.   **d.** el trabajar.

2. El locutor habla de las personas entre...

    a. 20 y 40 años.   **c.** 30 y 50 años.

    b. 25 y 50 años.   **d.** 30 y 65 años.

3. Para cuidar su salud...

    a. coma más grasa y comestibles frescos.

    b. aumente el consumo de fibra y mantenga su peso ideal.

    c. no se preocupe mucho por su peso ideal.

    d. consuma tres litros de agua cada día.

▶ Segundo paso

Escuche el informe otra vez y conteste las siguientes preguntas.

Answers for EL GRAN PREMIO, Segundo paso: 1. Por sus padres, sus hijos y sus nietos. 2. Una dieta variada y saludable. 3. Grasa, sal, alcohol. 4. Aumentar el consumo de fibra y mantener su peso ideal.

1. ¿Por quiénes se preocupan las personas de edad madura?

2. ¿Qué tipo de dieta se debe seguir?

3. ¿Qué cosas se deben evitar en la dieta?

4. ¿Qué otras cosas se deben hacer para mantener la buena salud?

▶ Tercer paso

Explore with students the importance they give to good nutrition.

Escuche el informe por última vez y escriba un resumen de por lo menos cinco oraciones en español.

▶ *¡Discutamos!*

Conteste las siguientes preguntas.

1. ¿Sigue Ud. las recomendaciones del locutor? Explique.

2. ¿Conoce Ud. a personas mayores que no se alimenten bien? Explique. ¿Cómo puede ayudarles a seguir una dieta mejor?

3. ¿Qué otros consejos puede Ud. darles a las personas mayores para que cuiden su salud?

Vocabulario

Las partes del cuerpo

la cadera *hip*
la cintura *waist*
el codo *elbow*
las costillas *ribs*
las encías *gums*
la frente *forehead*
el hígado *liver*
el hombro *shoulder*
el hueso *bone*
la mejilla *cheek*
la muñeca *wrist*
los muslos *thighs*
la pantorrilla *calf*
el pecho *chest*
los pulmones *lungs*
la rodilla *knee*
el tobillo *ankle*

El / La paciente puede decir...

alérgico/a *allergic*
el asma *asthma*
el catarro *cold*
cortar(se) *to cut (oneself)*

débil *weak*
diabético/a *diabetic*
doblar(se) *to sprain (one's . . .)*
el dolor agudo / intermitente *sharp / intermittent pain*
embarazada [encinta] *pregnant*
los escalofríos *chills*
estar resfriado/a [constipado/a] *to have a cold*
estornudar *to sneeze*
la fiebre (de heno) *(hay) fever*
las glándulas hinchadas *swollen glands*
el insomnio *insomnia*
lastimar(se) *to hurt (oneself)*
mareado/a *dizzy*
Me siento... *I feel*
Me tomé una agüita. *I took some herbal tea (Chile).*
la nariz tapada *stuffy nose*

¿Puedo pedir una cita [un turno]? *Can I make an appointment?*
quemar(se) *to burn (oneself)*
sangrar *to bleed*
torcer(se) [torcido] *to twist (one's . . .) [twisted]*
la tos [toser] *cough [to cough]*

El / La médico/a o cirujano/a (surgeon) en el consultorio puede decir...

el análisis de sangre *blood test*
el antibiótico *antibiotic*
la bronquitis *bronchitis*
¿Cuánto mide Ud.? *How tall are you?*
¿Cuánto pesa Ud.? *How much do you weigh?*
cuidarse *to take care of oneself*
las gotas *drops*
el grupo sanguíneo *blood type*

guardar cama *to stay in bed*
la indigestión *indigestion*
el infarto [ataque] al corazón *heart attack*
la infección intestinal / viral *intestinal / viral infection*
la inyección *injection*
el jarabe para la tos *cough syrup*
la laringitis *laringitis*
operar *to operate*
las paperas *mumps*
la pastilla *tablet*
la píldora *pill*
la pomada *cream*
la presión sanguínea *blood pressure*
los puntos *stitches*
la radiografía *x-ray*
recetar *to prescribe*
la rubéola *German measles*
sacarle las amígdalas / el apéndice *to take out one's tonsils / appendix*
el sarampión *measles*
la varicela *chicken pox*

El / La dentista puede decir...

la caries *cavity*
el cepillo de dientes *toothbrush*
la corona *crown of a tooth*
el empaste *filling*
los frenos *braces (on teeth)*
el hilo dental *dental floss*
la muela del juicio *wisdom tooth*
la pasta dentífrica *toothpaste*

rellenar el diente *to fill the tooth*

En caso de emergencias

la ambulancia *ambulance*
la compañía de seguros *insurance company*
desmayarse *to faint*
inconsciente *unconscious*
la póliza de seguros *insurance policy*
la sala de emergencia *emergency room*
de operaciones *operating room*
de parto *delivery room*
de recuperación *recovery room*

Para pedir consejos

¿Qué debo hacer? *What should I do?*
¿Qué me recomienda / aconseja? *What do you recommend / advise?*
¿Qué opina [cree]? *What do you think?*
¿Qué sugiere? (sugerir) *What do you suggest?*

Para expresar reacciones

¿De veras? *Really?*
Esto no puede ser. *That can't be.*
¡Imagínate! *Imagine that!*
¡No puedo más! *I can't take it anymore!*
¡Pobrecito/a! *Poor thing!*
¡Por Dios! *For goodness' sake!*
¡Qué lástima! *What a shame!*
¡Qué suerte! *What luck!*

Siento mucho... (sentir) *I'm very sorry . . . (to be sorry)*

Para responder a los consejos

De acuerdo *O.K.*
Le / Te agradezco los consejos. *Thank you for the advice.*
No estoy seguro/a. *I'm not sure.*
¡Qué barbaridad! *How ridiculous!*
Tiene razón. *You're right.*
Voy a seguir los consejos / las recomendaciones. *I'm going to follow the advice / recommendations.*

Otras palabras y expresiones útiles

acabar *to end, run out*
aprobar *to approve of*
caer *to fall*
descomponer *to break down*
escapar *to escape*
exigir *to require*
ocurrir *to happen, occur to [an idea]*
ojalá *May Allah grant . . . If only . . . I wish (hope)*
olvidar *to forget*
oponerse a *to oppose, be opposed to*
perder *to lose*
prohibir *to prohibit*
quedar *to remain, to leave behind*
rogar *to beg*
romper *to break*

¿NECESITA REPASAR UN POCO?

Saber y conocer

Both *saber* and *conocer* mean **to know** in Spanish, but they are used in different contexts. **Saber** is used to indicate knowledge of factual information; knowledge of something by memory, such as a poem; knowledge of a language; and knowledge of how to do something. **Conocer** is used to indicate acquaintance with a person or place and familiarity with something, such as written material or a project.

¿Saben Uds. jugar al tenis? *(Do you know how to play tennis?* [knowledge of how to do something])

Conozco a Jorge muy bien. *(I know Jorge very well.* [acquaintance])

¿Sabes tú dónde vive Lupe? *(Do you know where Lupe lives?* [factual information])

¿Conoces la casa de Lupe? *(Are you familiar with Lupe's house?* [familiarity])

Sé esa canción muy bien. *(I know that song well.* [by memory])

Conozco esa canción. *(I'm familiar with that song.* [familiarity])

Los mandatos con Ud., Uds., y nosotros

In Chapter 3, you learned how to form the present subjunctive. Recall that the present subjunctive is formed by dropping the **-o** of the first person present indicative tense form and adding the **-e** endings for **-ar** verbs and the **-a** endings for **-er** / **-ir** verbs. Affirmative and negative formal commands *(Ud., Uds.)*

use the third person singular and plural forms of the present subjunctive.

tomar → tome(n)   → **Tome(n)** Ud(s). estas vitaminas.

beber → beba(n)   → **Beba(n)** Ud(s). más agua.

dormir → duerma(n) → **No duerma(n)** Ud(s). tanto.

As you learned in Chapter 6, object pronouns are attached to affirmative commands and placed immediately before the verb in negative commands.

Llámelo en dos horas.

No se acueste muy tarde.

The **nosotros** form of the present subjunctive is used to form **let's** commands or suggestions. When the pronoun **nos** of reflexive verbs is added to **affirmative** commands, the **-s** of the verb is dropped.

¡Salgamos ahora!

¡Levantémonos temprano!

¡No nos despidamos ahora!

¡OJO! To express **let's** commands, the phrase *vamos a* + infinitive may also be used: *Vamos a salir ahora.*

¡OJO! To express **let's go**, the indicative form *vamos* is used. The negative command uses the regular command form: *No vayamos.*

10 ¿Qué opina Ud. de...?

Objetivos funcionales

Cuando Ud. complete este capítulo podrá hacer lo siguiente en español...

- expresar emociones, sentimientos y duda
- expresar las hipótesis
- hablar del medio ambiente
- hablar de la política y del gobierno

Objetivos culturales

A través del capítulo, leerá y escuchará información sobre...

- la responsabilidad cívica en cuanto a lo político y lo humanitario

Enlace inicial

 ¡ESCUCHEMOS!

Play your Teacher Tape at this time. If you are using a machine with a counter, you may want to do the following before class. Find the spot on the tape where the segment begins. Set the counter on zero. During class, play the segment. To return to the beginning of the segment, rewind the tape until you reach zero on the counter.

Since the formation of hypotheses often requires that the students place themselves "in someone else's shoes," students will find themselves stretching beyond their immediate world to complete some of the exercises in this chapter. They will have to draw upon all of their background knowledge, use their imagination, and perhaps even invent a few responses in circumstances where they, as yet, have no experience. Such stretching activities have been balanced with those that enable students to talk about present realities in their lives.

For additional open-ended practice, ask students to take the view that the census is an intrusion by government into the affairs of private citizens. How will they then change the provided statements in exercise B and complete them?

Ud. va a escuchar una breve conversación entre Lupe y Eliana quienes hablan sobre la importancia del voto.

A. ¿De qué problemas hablan?   Ponga una **x** a la izquierda de cada problema del que hablan Lupe y Eliana.

_____ 1. el desempleo   _____ 4. la pobreza

_____ 2. los impuestos   _____ 5. la sobrepoblación

_____ 3. la educación   _____ 6. el estar sin hogar

B. ¿Comprendió Ud.?   Escuche la conversación una vez más. Con un/a compañero/a de clase, hable de las opiniones de Lupe y Eliana y escriba un resumen de tres frases.

¡LEAMOS!   Censo '90

Lea el artículo en la página 271 y haga los siguientes ejercicios.

A. El Censo.   La profesora Ventura recibió este anuncio en casa ayer. Se preguntó, «¿qué será esto?» Si Ud. estuviera allí con ella, ¿con cuáles de las siguientes respuestas le contestaría Ud.? Seleccione cuatro frases.

1. Bueno, parece que viene de la Oficina del Censo.

2. La policía quiere saber su dirección.

3. Hay que proveer la información que se pide, según la ley.

4. Es el aniversario del censo y le invitan a celebrar con una fiesta de gala.

5. Se agradece su ayuda.

6. Ud. recibirá un cuestionario por correo.

7. Todos los empleados del gobierno tendrán acceso a la información dada mediante el cuestionario.

B. Pensamientos sobre el censo.   La profesora Ventura lee el anuncio. ¿Qué piensa ella? Complete las frases a continuación.

1. Es interesante que se publique el anuncio en español. Será porque...

2. Cuando llegue mi cuestionario, lo contestaré inmediatamente porque...

¡Sabemos que podemos contar con usted!

Sus respuestas son confidenciales

La Oficina del Censo se está preparando para llevar a cabo el censo de población y vivienda de 1990. Los empleados del censo actualmente están compilando una lista de direcciones residenciales a través de toda nuestra nación. Usted recibirá un cuestionario por correo en 1990. Agradecemos su participación y la cooperación de las demás personas en su comunidad. El censo de 1990 conmemorará 200 años desde que se efectuó el primer censo en los Estados Unidos.

Todas las tareas preparatorias dirigidas al censo de 1990 son autorizadas mediante una ley* que protege la confidencialidad de sus respuestas. Esa ley, a la vez que protege el carácter confidencial de sus respuestas, también requiere que usted suministre la información solicitada. Únicamente empleados de la Oficina del Censo que han jurado proteger la confidencialidad de los datos —y nadie más—tendrán acceso a la información que usted provee.

Gracias por su cooperación al censo de 1990 – el Censo Bicentenario. Esto nos ayuda a garantizar que este censo sea el mejor en nuestra historia.

**Bureau of the Census
Washington, D.C. 20233**

D-31(P) (8-87)

GPO : 1987 (0) – 190-807

•Título 13, Código de los Estados Unidos, Secciones 141, 193 y 221.

contar con: *to count on*; vivienda: *housing*; se efectuó: *was carried out*; mediante: *by means of*; suministre: *furnish*; han jurado: *have sworn*; provee: *provide*

3. Se usa esta información para...
4. Me imagino que preguntarán...
5. Completar el cuestionario es una responsabilidad cívica porque...

¿NECESITA REPASAR UN POCO?

At the end of this chapter, you will find a brief review of the following structures:

- las frases con **si** para expresar posibilidad en el futuro
- el futuro para expresar probabilidad en el presente o en el futuro

Review the information as needed and complete the corresponding exercises in the workbook.

Enlace principal

CULTURA A LO VIVO

> EL ESPECTADOR trabajará en bien de la patria con criterio liberal y en bien de los principios liberales con criterio patriótico
>
> FIDEL CANO

Una de las libertades garantizadas en los Estados Unidos es la libertad de la prensa. En algunos países hispanos, los redactores de periódicos no tienen esa libertad, y la censura puede ser muy estricta. Dos ejemplos de la censura que Ud. podría investigar son la censura de parte de los derechistas hacia los izquierdistas en Chile o en Nicaragua donde en los últimos años los izquierdistas censuraron los periódicos de la derecha.

Lea la selección corta del periódico colombiano **El espectador** y conteste las preguntas a continuación.

1. ¿Por qué existe el periódico colombiano **El espectador**?
2. Si Ud. fuera el / la gerente de un periódico nuevo, ¿qué propósito le pondría?
3. ¿Qué responsabilidad tienen los periódicos con el público?
4. ¿Cree Ud. que la prensa puede influir en la sociedad? ¿Cómo?

VOCABULARIO Y EXPRESIONES ÚTILES

SI UD. QUIERE SOLICITAR UNA OPINIÓN, PUEDE DECIR...

¿Qué piensa / opina Ud. de...?

Mire, ¿cree que hay ventajas / desventajas (*advantages / disadvantages*)...?

¿No cree que es verdad?

No me sorprendería si... (+ **imperfect subjunctive**)

ALGUNAS RESPUESTAS A UNA OPINIÓN EXPRESADA

Puede ser que tenga Ud. razón... (*It may be that you are right. . .*)

Pues, a pesar de eso... (*Well, in spite of that. . .*)

Sin embargo / No obstante... *(Nevertheless. . .)*

¿Quién sabe...?

¡Qué va! *(Are you kidding?)*

¡Quién lo creyera! *(Who would've thought it!)*

Pronostico *(I predict)* que...

A lo mejor *(Maybe. . .)*

Menos mal que... *(Fortunately. . .)*

De todos modos *(Anyway. . .)*

Por mi parte / En mi opinión...

Concedo que (+ **indicative**)... *(I concede / grant that. . .)*

Le apuesto a que (+ **indicative**)... *(I bet you that. . .)*

Me horroriza que... (+ **subjunctive**)

No me importa un bledo. *(I couldn't care less.)*

¡No se meta conmigo! *(Don't challenge me on that!)*

¡Se equivoca! *(You're mistaken / wrong!)*

¡Estoy harto/a de esa locura / tontería / estupidez (esas estupideces)! *(I'm fed up with those crazy ideas!)*

Me opongo a lo que dice.

PARA HABLAR DEL MEDIO AMBIENTE (ENVIRONMENT)

—Es menester *(necessary)* que conservemos *(we conserve, save)* los recursos *(resources)* naturales y que no desperdiciemos *(we don't waste)* las fuentes *(sources)* de energía.

—Y además hay que prevenir *(to prevent)* la contaminación del agua, del aire y de la tierra a fin de que *(so that)* no haya una escasez *(shortage)* de las fuentes.

Es menester is used less frequently than *es necesario*, and is included here because it is used in this chapter's GRAN PREMIO segment in the workbook. This expression provides students with an easily learned term that can add variety to their Spanish.

—Para conservar la tierra, tenemos que reciclar *(to recycle)* el aluminio, el vidrio *(glass)*, el papel y el plástico. Es muy importante el reciclaje *(recycling)*.

—Tenemos la responsabilidad de separar la basura para poder reciclarla. Esta responsabilidad va junto con la de las compañías comerciales de prevenir derrames de petróleo *(oil spills)* y otras acciones contaminadoras.

—Claro. No queremos un medio ambiente contaminado.

—Si esperamos sobrevivir *(to survive)* en un mundo sobrepoblado *(overpopulated)*, debemos conservar la energía para evitar *(avoid)* una crisis. Sobre todo *(Above all)* se recomienda que apaguemos *(we turn off)* las luces cuando no las necesitamos.

OTROS PROBLEMAS QUE ENFRENTA (FACE) LA SOCIEDAD

la pobreza *(poverty)*

el hambre *(hunger—feminine)*

el estar sin vivienda [hogar] *(homelessness, to be homeless)*

las drogas *(drugs)*

la sobrepoblación *(overpopulation)*

el desempleo *(unemployment)*

los impuestos *(taxes)*

el crimen *(crime)*

el costo de la vida *(cost of living)*

Laura Cruz, maestra: El problema de salud, principalmente. Hay muchas personas que no tienen planes médicos o que no trabajan y, sinceramente, los servicios que se están ofreciendo son bastante deficientes.

Mayra López, estudiante UPR: La prioridad debe ser la reforma educativa porque el futuro de nuestro país está en manos de los estudiantes. Si la educación sigue como está, el futuro irá declinando en vez de mejorar.

A. *Definiciones.* Imagínese que Ud. tiene que explicarle las siguientes palabras a un/a hispanohablante. ¿Cómo se las explicaría Ud. en español?

Modelo: el desempleo
El desempleo se refiere a la escasez de trabajo para la gente.

1. la sobrepoblación
2. los recursos naturales
3. el medio ambiente
4. el reciclaje
5. la pobreza
6. los impuestos
7. la crisis de energía
8. desperdiciar las fuentes de energía

B. *¡Qué va!* Cuando hablamos de la responsabilidad cívica, muchas veces no estamos de acuerdo. ¿Cómo responde Ud. a las opiniones siguientes? Utilice una variedad de expresiones para responder a cada una.

Modelo: ¿Separar la basura? ¡Es pura locura!
Pues, por mi parte, creo que es muy necesario para evitar una escasez de los recursos naturales.

1. Creo que las escuelas tienen la responsabilidad de prevenir el uso de las drogas.
2. El gobierno tiene el derecho de controlar el número de niños que tiene cada familia para evitar la sobrepoblación.
3. Los empleados deben jubilarse a la edad de 60 años para dar más trabajo a los jóvenes.
4. Debemos mandarles a los que desperdician los recursos naturales que paguen una multa.
5. Solamente las clases altas deben pagar los impuestos.
6. Los criminales tienen derechos también.

C. *¿Qué opinan Uds. de...?*   Trabaje con dos o tres compañeros/as de clase. Den sus opiniones sobre los siguientes temas. Después hagan una sugerencia que pueda empezar a resolver cada problema. Compartan sus ideas con los otros grupos. ¡No se olviden de usar las expresiones del capítulo para expresar sus sentimientos y sus opiniones!

Have groups share opinions with each other. Encourage them to use the expressions presented in the chapter.

Modelo: el hambre
Creemos que el hambre es un problema muy grave por todo el mundo. Es triste que haya tanta gente sin comida. Le sugerimos al gobierno que le dé más dinero a la gente hambrienta y menos dinero a las fuerzas militares.

1. la contaminación del aire
2. la pobreza
3. el costo de la vida
4. el crimen
5. las drogas
6. el desempleo

HABLAR DE LA POLÍTICA Y DEL GOBIERNO

Remind students of useful vocabulary from Chapter 7 such as: *paro obrero, terrorismo, secuestro, trámite,* etc.

la democracia

el totalitarismo

el socialismo

la monarquía

la dictadura

el comunismo

Un plebiscito en Santiago de Chile.

Several sentences below are taken directly from the EL GRAN PREMIO segment in this chapter.

In 1970, in Chile, then one of South America's longest standing democracies, Salvador Allende was the Presidential nominee of a heterogeneous left-wing coalition (*conjunto/coalición*), and narrowly won a plurality of votes (31%).

el plebiscito *(popular election)*

los logros *(achievements)* de los líderes

el golpe de estado *(coup, overthrow of a government)*

derrotar *(to overthrow)* un gobierno

la censura *(censorship)*

el presupuesto militar *(military budget)*

el conjunto / coalición de varios partidos políticos

En una democracia la forma más efectiva de opinar es hacerlo con la papeleta (electoral) *(ballot)*.

Con el voto, premiamos a los funcionarios *(civil servants, government officials)* que cumplen con su deber *(fulfill their obligation)* y castigamos *(we punish)* a los que no lo hacen.

Uno de los enemigos más grandes del sistema democrático es la apatía *(apathy, indifference)* de los ciudadanos *(citizens)*.

Para votar es necesario inscribirse *(to sign up)* primero en el registro de votantes *(voter registration)*. ¿Está Ud. inscrito/a?

Una democracia garantiza los derechos humanos *(human rights)*, la libertad de palabra [expresión] *(freedom of speech)* y de prensa *(of the press)*.

Los ciudadanos ejercen *(exercise)* su derecho de expresarse por medio de *(by means of)* manifestaciones *(demonstrations)* y huelgas *(strikes)*.

Los sindicatos *(unions)* apoyan *(support)* los intereses de los trabajadores y llevan a cabo *(carry out)* varios planes para ellos.

A. *Definiciones.* Imagínese que Ud. tiene que explicar las siguientes palabras a un/a hispanohablante. ¿Cómo se las explicaría Ud. en español?

Modelo: la democracia
Es un sistema de gobierno en que la gente elige a sus líderes en unas elecciones.

Note realia of calendar: This is reminding people in Córdoba, Argentina when to vote, and to vote the blue and white candidate list (#3). The ballot has blue and white symbols on it to help non-literate voters find the list.

1. la libertad de prensa
2. el comunismo
3. la papeleta electoral
4. la monarquía
5. la huelga
6. la manifestación
7. el sindicato
8. el golpe de estado

B. *Las ideas políticas.* La política es otro tema que evoca opiniones muy distintas de cada persona. ¿Qué dice Ud. sobre cada opinión que sigue?

Modelo: El voto es la forma más efectiva de premiar a los funcionarios buenos y de castigar a los malos.
Bueno, puede ser que tengas razón, pero te apuesto a que algunos de los malos llegan a ser elegidos de todos modos.

1. Te equivocas si piensas que los candidatos malos también son premiados.
2. Pues, a pesar de eso, la apatía nos quitará el voto si no lo ejercitamos.
3. No me sorprendería si la mayoría de nuestros amigos no estuvieran inscritos.
4. Pero, mira, el registro de votantes es patriótico.
5. ¡No te metas conmigo en el control totalitario! Me horroriza que impongan la censura de la prensa.
6. Estoy harto/a de esas estupideces de no votar.

C. ¿Y Ud.? Hable con un/a compañero/a de clase sobre las siguientes opiniones políticas. Uno/a de Uds. defenderá cada opinión, y el / la otro/a expresará la contraria. Después, compartan sus ideas con otros/as compañeros/as de clase.

1. Los sindicatos siempre ayudan a los trabajadores.
2. Los EE.UU. debe aumentar su presupuesto militar.
3. Los EE.UU. no debe meterse en los asuntos de otros países.
4. El gobierno no debe permitir huelgas.
5. Una ventaja importante del socialismo es que todos tienen trabajo y lo que es necesario para vivir.
6. Debemos oponernos a la censura de la libertad de palabra.

D. *Tres candidatos*. En el país de Tetralandia van a elegir al primer ministro en sus primeras elecciones. Hasta ahora el país ha sido una monarquía que mantenía buenas relaciones internacionales, pero los programas domésticos sufrían. La gente pide reformas en los derechos humanos, los impuestos, el presupuesto militar, el transporte interno, la salud, la vivienda, y más. Tres candidatos se presentan como primer ministro. Lo que representan sigue a continuación. Imagínese que Ud. habla como Informante A, B o C con un/a reportero/a sobre el candidato que Ud. apoya en las elecciones de Tetralandia.

> **Reportero/a:**
>
> Find out which candidate the interviewee would consider ideal for a high political post.
> Find out why the interviewee thinks as he / she does.

> **Informante A, B y C:**
>
> Tell the interviewer:
>
> - your prediction about the outcome of the election
> - your candidate's view on human rights and problems in society
> - your view on the importance of voting

Candidato	Libertad Larra
Educación	doctorado en biología; especialista en las selvas y la producción de hongos para comida

After students have stated and defended an opinion, try this strategy to make a debate more visual and to involve the entire class: After the initial presentation of arguments by each debate panel, the classmates who listened and were persuaded by opinion A go to one side of the room to stand with the person(s) who stated and defended that opinion. Those who agree with opinion B go to the other side. Class members then offer supporting statements in addition to those expressed by the original defender of that opinion. Another set of arguments is offered by the original panel, and the class members indicate their changed opinions by moving to the side of the room representing the opinion to which they have been persuaded.

Each student will probably hold a variety of opinions on the topics suggested. Encourage them to use the expressions from the vocabulary in these interviews, e.g., *no te metas conmigo...*, *te equivocas...*

Experiencia	profesora, alcalde de una ciudad de 2000 personas
Sus valores	programas para proteger el medio ambiente y rebajar los impuestos

* * *

Candidato	General Raúl Garza
Educación	escuela primaria
Experiencia	militar muy logrado, héroe popular, jefe de la Guardia Especial del rey anterior
Sus valores	mantener las buenas relaciones internacionales, mejorar las carreteras y el transporte interno

* * *

Candidato	Ingeniero Atelio Contreras
Educación	Estudió arquitectura tropical en los EE.UU.
Experiencia	Arquitecto de más de 35 edificios en varias ciudades del país; padre de familia; soldado decorado
Sus valores	programas para resolver el estar sin vivienda, para construir lindos edificios y, así, eliminar el desempleo

GRAMÁTICA FUNCIONAL

EXPRESAR EMOCIONES, SENTIMIENTOS Y DUDA CON EL SUBJUNTIVO

You have already practiced using the present and imperfect subjunctive (1) with impersonal expressions, to express perceptions *(Es necesario que llegue a tiempo)*; (2) with adverbial clauses, to describe conditions under which something might happen or might have happened *(Almorzaremos cuando llegue Marta)*; (3) with adjective clauses, to describe nonspecific or non-existent referents *(Busco un libro que sea interesante)*; and (4) to persuade, dissuade, and express a desire or command *(Le prohibieron que saliera)*. The subjunctive is also used after expressions of emotional reaction or doubt, such as the following:

Review the expressions presented in Chapter 9 that are useful in expressing opinions and hypotheses: *oponerse a, proponer, aprobar, ojalá, preferir, desear, querer, esperar.*

alegrarse de que... *(to be happy that. . .)*

enfadarse de que... *(to be angry that. . .)*

horrorizarse de que... *(to be horrified that. . .)*

molestarse de que... *(to be bothered that. . .)*

sentir que... *(to be sorry, regret that. . .)*

sorprenderse de que... *(to be surprised that. . .)*

temer [tener miedo de] que... *(to fear that. . .)*

¡Qué lástima / pena / vergüenza que...! *(What a shame, pity, disgrace that. . .!)*

Me alegro de que hayas votado. (*I'm happy that you voted.*)

Se horrorizó de que su hijo se hubiera convertido en derechista. (*She was horrified that her son had become a right-winger.*)

The following verbal expressions that express relative certainty take the indicative:

creer (*to think, to believe*)

pensar (*to think*)

no dudar (*not to doubt*)

no negar (*not to deny*)

The following verbal expressions that express doubt take the subjunctive:

no creer (*not to think, believe*)

no pensar (*not to think*)

dudar (*to doubt*)

negar (*to deny*)

Pienso que lo que dices es verdad. (*I think what you say is true.*)

No creo que Sergio sea candidato. (*I don't think that Sergio is a candidate.*)

When used in questions, these same four verbs (*creer, pensar, dudar, negar*) may take either the indicative or subjunctive depending on whether or not doubt exists in the mind of the speaker:

¿Crees que ese candidato **es** fraudulento? (The speaker is neutral on the question of the candidate's integrity.)

¿Crees que ese candidato **sea** fraudulento? (The speaker wishes to cast doubt or expects a negative reply.)

¡OJO!   The expressions *menos mal que...* (fortunately) and *a lo mejor...* (perhaps) are followed by the indicative:

Menos mal que Jorge no **es** izquierdista. (*Fortunately, Jorge is not a leftist.*)

A lo mejor el Presidente **anima** a los votantes. (*Maybe the President will encourage the voters.*)

The expressions *quizá(s)* and *tal vez*, which both mean **perhaps** or **maybe**, take the subjunctive if the speaker is in doubt and the indicative if no doubt is conveyed:

El candidato dijo que el presidente llegaba hoy. **Quizás está** en la ciudad. *(The candidate said the President was arriving today. Perhaps he is in the city. [I think he is].)*

El presidente pensaba llegar hoy. **Quizás esté** en la ciudad.
(The President planned to arrive today. He might be in the city. [I'm not sure.])

¡Practiquemos! . . . .

A. *Las reacciones.*   En una reunión social, Ud. habla con un/a estudiante internacional. Ud. se opone a lo que dice él / ella. Use una variedad de expresiones.

Modelo: Yo creo que la libertad de prensa no es muy importante.
Me horrorizo de que hayas dicho tal cosa.

1. El gobierno debe dar un suplemento de sueldo a cada ciudadano.
2. La inscripción militar obligatoria es un castigo a los jóvenes.
3. No es menester defenderse con las armas.
4. Es cierto que el medio ambiente está contaminado.
5. Te apuesto a que habrá otra huelga del sindicato.
6. Por mi parte, pronostico que tendremos menos trabajos el año que viene.
7. El gobierno debe aumentar el presupuesto militar.
8. Es imposible resolver el problema de la sobrepoblación.

Since these are challenging exercises, you may wish to assign them as written homework before students are expected to speak about them.

B. *¿Qué cree Ud.?*   Dé sus opiniones de los temas a continuación. Comparta sus opiniones con otros/as compañeros/as de clase, empleando el subjuntivo o el indicativo según el caso.

Modelo: las armas nucleares: Creo que...
Creo que no necesitamos más armas nucleares.

1. la guerra nuclear: Temo que...
2. el presupuesto militar: Dudo que...
3. la inscripción militar: Pienso que...
4. el presidente de los EE.UU.: Menos mal que...
5. las elecciones próximas: Espero que...
6. los sindicatos: ¡Qué lástima que...!
7. los impuestos: A lo mejor...
8. el cuidado médico: Quizás...

C. *Ud. y su mundo.* Hable de sus sentimientos y dudas en cuanto a su mundo personal. Complete cada frase a continuación utilizando un tiempo pasado en el indicativo o subjuntivo como sea adecuado.

1. La semana pasada me alegré de que...
2. En cuanto a mis clases el semestre / trimestre pasado, dudaba que...
3. En el último examen menos mal que...
4. En la universidad el semestre / trimestre pasado, era terrible que...
5. ¡Qué lástima que mi amigo/a (no)...
6. En cuanto a mi compañero/a de cuarto, ¡qué pena que...!
7. En cuanto a mi familia el mes pasado, yo tenía miedo de que...
8. Cuando yo era niño/a, no dudaba que...

Students may use the sentence beginnings given in Exercise B.

D. *Actividad en parejas.* Hable con un/a compañero/a de clase sobre los siguientes temas. Compartan sus opiniones con otros en la clase.

1. la estabilidad de los gobiernos del mundo
2. las próximas elecciones
3. la adicción a las drogas
4. el desempleo
5. los derechos humanos
6. la igualdad entre los hombres y las mujeres
7. el costo de una educación universitaria
8. la inflación

HABLAR MÁS DEL PASADO CON EL CONDICIONAL Y EL CONDICIONAL PERFECTO

El condicional
You have already used the conditional tense to express polite requests and invitations:

¿Podría traerme un café, por favor? *(Could you bring me a coffee please?)*

¿Le gustaría acompañarme a un baile? *(Would you like to go to a dance with me?)*

The conditional is formed by adding the following endings to the infinitive:

yo	**-ía**	opinaría
tú	**-ías**	opinarías

él / ella / Ud.	**-ía**	opinaría
nosotros/as	**-íamos**	opinaríamos
vosotros/as	**-íais**	opinaríais
ellos(as) / Uds.	**-ían**	opinarían

The verb stems that are irregular in the future tense are also irregular in the conditional:

poner	**pondría**	querer	**querría**
tener	**tendría**	saber	**sabría**
venir	**vendría**	haber	**habría**
salir	**saldría**	caber	**cabría**
poder	**podría**	decir	**diría**
		hacer	**haría**

Stress the fact that the imperfect, not the conditional, expresses the idea of **would** as a synonym of **used to**, referring to a habitual past action:
De niña, jugaba con muñecas (As a child, I **used to play** with dolls.)

The conditional most often refers to an anticipated event or situation that was to occur after another happening in the past. It represents the "future time of the past" and corresponds to what **would happen** in the past:

Pensábamos que su candidato **ganaría** las elecciones. *(We thought that your candidate would win the election.)*

This usage of the conditional often occurs in indirect discourse to report what someone said in the past. The main verb of reporting *(decir, contar, informar, anunciar,* etc.) is in a past tense, and the verb in the conditional describes the future event / situation that is still to take place (from the standpoint of the past). Compare the following:

Present: Me dice que **ganará** el candidato hispano. *(He tells me that the Hispanic candidate will win.)*

Past: Me dijo que **ganaría** el candidato hispano. *(He told me that the Hispanic candidate would win.)*

The conditional is also used to conjecture or wonder about events in the past:

—Lupe no estaba en la fiesta. ¿Dónde **estaría**? *(Where would she have been?)*

—**Estaría** en la oficina hasta muy tarde. *(She was probably at the office until very late.)*

See the next grammar section.

The conditional is used to hypothesize about events / situations in the present or future.

No votaríamos por él en ningún caso. *(We wouldn't vote for him in any case.)*

El condicional perfecto

The conditional perfect describes an event / situation that **would have happened** by a specific point in the past if something else hadn't intervened. Like the conditional, it also can be used to denote past probability. The conditional perfect is formed with the conditional of *haber (habría, habrías, habría, habríamos, habríais, habrían)* plus the past participle:

Sin nuestro apoyo, ese candidato nunca **habría ganado.**
(Without our support, that candidate never would have won.)

Ella **habría aceptado** el puesto sin decírselo a nadie.
(She must have accepted the position without telling anyone about it.)

¡Practiquemos! ....

A. *¿Qué dijeron?*   Memo y Lupe hablan de las elecciones en su pueblo. ¿Qué información le dio Memo a Lupe? Describa qué dijeron durante la conversación cambiando las frases al pasado según el modelo.

Modelo: Dicen que el candidato visitará a todos los ciudadanos.
Dijeron que el candidato visitaría a todos los ciudadanos.

1. Me cuentan que el candidato vendrá a nuestra ciudad.
2. Anuncian que votarán mañana.
3. Dicen que los funcionarios saldrán pronto.
4. Nos informan que tendremos que quedarnos aquí.
5. Dicen que veremos unas manifestaciones.
6. Dicen que anunciarán los resultados en seguida.
7. Nos dicen que ganará nuestro candidato.

B. *Probablemente...*   Imagínese que Ud. es periodista y que tiene que escribir un artículo sobre una funcionaria importante de su ciudad. Ud. quiere saber lo que hizo ella ayer. Alguien le dijo que vio a la funcionaria en los siguientes lugares. ¿Qué hacía ella probablemente en cada lugar? Exprese las probabilidades con el condicional.

Modelo: el restaurante
Almorzaría en el restaurante.

1. el almacén
2. la universidad
3. el gimnasio
4. el hospital
5. el teatro
6. su oficina
7. el aeropuerto

C. ¿Qué haría Ud.? ¿Qué haría Ud. en las siguientes situaciones? Comparta sus opiniones con otros/as compañeros/as de clase. ¡No se olvide de usar el condicional!

1. Ud. acepta una invitación a cenar con un/a amigo/a. El próximo día un hombre muy guapo / una mujer muy bonita le hace otra invitación para la misma noche.

2. Ud. gana $1,000 en la lotería.

3. Ud. piensa graduarse este semestre / trimestre. Su consejero/a le dice que necesita un crédito más.

4. Ud. sale a cenar con un/a amigo/a. Al llegar al restaurante, encuentra a su novio/a con otra mujer / otro hombre.

5. El hombre / la mujer ideal le pide a Ud. que se case con él / ella la semana próxima.

6. Ud. tiene una cita importante con un/a chico/a pero le falta bastante dinero.

7. Ud. regresa a casa después de ver una película y encuentra que alguien le ha robado el dinero, la computadora y el televisor.

8. Su novio/a le dice que quiere salir con otras personas.

D. Ud., el / la funcionario/a eficaz. Imagínese que Ud. es el / la mejor funcionario/a que jamás ha existido en el gobierno. Haga una lista de sus logros que no habrían pasado sin el apoyo de Ud., según el modelo.

Modelo: Sin mi apoyo,... nosotros / prevenir los derrames de petróleo
Sin mi apoyo, no habríamos prevenido los derrames de petróleo.

1. la gente / reciclar el aluminio, el vidrio y el plástico
2. las compañías grandes / proteger el medio ambiente
3. nosotros, los funcionarios / recibir un aumento de sueldo
4. los ciudadanos / mantener la libertad de palabra
5. tú / evitar una escasez de recursos naturales

EXPRESAR HIPÓTESIS CON EL IMPERFECTO DEL SUBJUNTIVO Y EL CONDICIONAL EN CLÁUSULAS CON SI

You will recall that in the *¿Necesita repasar un poco?* section, you reviewed the formation of *si* clauses to express future possibility:

Si te inscribes, puedes / podrás votar. *(If you register, you can/will be able to vote.)*

We can also use the *si* clause to talk about hypothetical happenings—things that are contrary to fact or unlikely to occur. The *si* clause states the contrary-to-fact condition, while the main clause expresses the hypothetical result. We can express hypothetical conditions and results in present or future (If something were to happen / would happen now or in the future. . .) and past (if something had happened. . . / would have happened. . .).

	Si Clause	Main Clause
Present / Future Hypothesis	Imperfect Subjunctive	Conditional
Past Hypothesis	Pluperfect Subjunctive	Conditional

Si **te inscribieras, podrías** votar. *(If you registered / were to register, you could vote.)*

Si **te hubieras inscrito**, **habrías podido** votar. *(If you had registered, you could have voted.)*

¡OJO! Either clause may appear first in the sentence. The conditional is used only in the result clause.

Point out to students that in some areas of the Hispanic world, the pluperfect subjunctive is used instead of the conditional perfect in the main clause of hypothetical statements: *Si te **hubieras inscrito**, **hubieras podido** votar.*

¡Practiquemos! . . . .

A. Ud. y las hipótesis.   ¿Qué harían las siguientes personas si...? Haga frases completas, escogiendo de las frases en las dos columnas a continuación.

Modelo: yo: *Si no fuera estudiante, trabajaría y viajaría.*

Si clause	**Main clause**
ser rico/a	buscar empleo
no asistir a la universidad	conocer a mucha gente
no tener que trabajar tanto	estar alegre
hablar más idiomas	ir a un país hispano
poder viajar más	divertirse más
(no) estar casado/a	mudarse a ____
no ser perezoso/a	estudiar más

1. yo:
2. mis padres:
3. mi hermano/a:
4. mi compañero/a de cuarto:

5. mi profesor/a de español:

6. mis amigos y yo:

B. *Ud., el / la furioso/a.* Durante una charla televisada por un candidato político, Ud. se pone furioso/a con las promesas imposibles que ofrece. Complete sus reacciones a lo que dice el candidato según el modelo.

Modelo: Yo lograré un aumento de sueldo para cada ciudadano.
Si Ud. fuera el gobernador, el único aumento que lograría sería el suyo.

1. Yo buscaré la paz mundial.

2. Mis ministros y yo recibiremos una rebaja de sueldo.

3. Uds. pagarán menos impuestos.

4. Buscaré más negocios en el extranjero.

5. Nosotros viviremos en una tranquilidad total.

6. Los países extranjeros verán nuestros logros en los derechos humanos.

C. *Ud., el / la candidato/a.* Si Ud. fuera candidato/a, ¿qué promesas haría? Haga una lista de sus cinco promesas políticas según el modelo:

Modelo: *Si yo fuera el / la gobernador/a, eliminaría los impuestos completamente.*

D. *¿Qué habría hecho Ud.?* ¿Qué habría hecho Ud. bajo las siguientes circunstancias? Comparta sus opiniones con sus compañeros/as de clase. Utilice el condicional perfecto.

Modelo: What would you have done . . . if you hadn't been accepted to the university you're now attending?
Si no me hubieran aceptado en esta universidad, habría hecho solicitudes a otras universidades distintas.

What would you have done. . .

1. if you had failed several courses last semester / trimester?

2. if you had needed more money to register for classes last semester / trimester?

3. if you had met the ideal mate prior to the start of classes?

4. if you had been offered a good full-time job prior to entering the university?

5. if you had decided not to go to college?

6. if a relative had left you a lot of money last year?

📼 ¡ESCUCHEMOS UN POCO MÁS!

Ud. va a escuchar una conversación entre Fausto y Roberto. Fausto está quejándose de la relación entre el poder político y la responsabilidad para proteger el medio ambiente.

Antes de escuchar

In preparation for listening to this segment, answer the following questions in English.

1. What kinds of things do you think people might say to each other when they discuss politics?
2. What sorts of things can people do about the political situation in their country, city, state, etc.?
3. Brainstorm a list of Spanish words and expressions you already know that might be heard in this selection.

Después de escuchar

Play your Teacher Tape at this time. Remember to find the beginning of the segment before class and set your counter at zero to facilitate rewinding. You may want to play the segment more than once, or pause the tape occasionally to allow students the opportunity to replay mentally what they have heard.

On tape: *el litoral:* coast, shore.

A. ¿Comprendió Ud.?   Indique si las siguientes frases son verdaderas o falsas y corrija las oraciones falsas.

1. Fausto y Roberto se quejan del derrame de sangre en las guerras inútiles.
2. En la opinión de Fausto, todos los políticos hacen lo mejor que pueden.
3. Fausto cree que él mismo podría mejorar la situación si fuera presidente.
4. La gente escucharía a Fausto porque es un buen ciudadano con mucho civismo.
5. Fausto y Roberto se dan cuenta de que no pueden hacer nada puesto que les falta poder político.

B. ¡Discutamos!   Conteste las siguientes preguntas.

1. Para llevar a cabo su plan, Fausto y Roberto necesitan participar de lleno en su proyecto. Describa el proyecto que deciden hacer.
2. Haga una lista de todas las palabras que usan Fausto y Roberto para expresar acuerdo, desacuerdo, para quejarse y para persuadir.
3. ¿Cómo imagina Ud. que se llega a ser político profesional? ¿Cuáles serían los requisitos?
4. Si Ud. fuera el / la presidente/a de la república, ¿qué haría? Si Ud. fuera el / la presidente/a de una compañía petrolera, ¿qué haría?

ORGANIZAN COMITE DE AYUDA A POLICIAS Y FUNCIONARIOS ENCARGADOS DE LA SEGURIDAD

Mientras el huracán Hugo nos azotaba, la Policía de Puerto Rico y Funcionarios Encargados de la Seguridad cumplían con su deber, exponiendo sus vidas fuera de sus hogares y lejos de sus familias.

Y pasado el huracán continuaron prestando servicios a su pueblo ininterrumpidamente. Al igual que miles de familias en Puerto Rico, cientos de ellos han perdido hogares y propiedades como consecuencia de los estragos de este terrible huracán. ¡Es un cuadro desesperante para estos abnegados servidores públicos!

Ante esta situación, y por iniciativa del Presidente de la Asociación de Miembros de la Policía de Puerto Rico, José J. Taboada, se ha creado el Comité de Ayuda a Policías y Funcionarios Encargados de la Seguridad.

El mismo está integrado por el Lcdo. Ismael Betancourt Lebrón, Superintendente de la Policía, la Asociación de Miembros de la Policía, Police Medical Services, Poli-Coop, la Federación de Policías, el Cuerpo Organizado de la Policía, un grupo de esposas de policías, representantes de las Guardias Municipales, Vigilantes de Recursos Naturales, Oficiales de la Administración de Instituciones Juveniles, Oficiales de Custodia, la Asociación de Veteranos de la Policía y ciudadanos particulares.

El comité ya abrió su Centro de Recibo de Ayuda y está recibiendo todo tipo de contribución, tales como aportaciones de dinero en cheque o en efectivo, artículos del hogar, materiales de construcción y provisiones de carácter general.

ASOCIACION DE MIEMBROS DE LA POLICIA DE PUERTO RICO

---

encargados: *in charge of*; nos azotaba: *was hitting us*; exponiendo: *jeopardizing*; estragos: *destruction*; abnegados: *self-sacrificing*; integrado por: *made up of*; aportaciones: *contributions*

Antes de leer

In preparation for reading the article on page 289, look at the title and photo. Then answer the following questions in English.

1. What is this reading about?
2. Who is pictured in the photograph?
3. What additional information does the first paragraph provide?

Después de leer

A. ¿Comprendió Ud.?   Lea el artículo y conteste las siguientes preguntas.

1. ¿A qué desastre en Puerto Rico se refiere el artículo?
2. ¿Qué personas ayudaron a las víctimas de este desastre?
3. ¿Por qué dicen que estas personas son **abnegados servidores públicos**?
4. ¿Qué comité se ha creado y por qué?

B. ¡Discutamos!   Conteste las siguientes preguntas.

1. ¿Por qué es importante que existan comités como éste?
2. ¿Conoce Ud. a otro grupo de personas que ayude a la gente? Explique.
3. ¿Le gustaría a Ud. ser miembro/a de tal grupo? Explique.
4. Complete las siguientes frases.
   a. No dudo que el comité...
   b. Si hubiera existido el comité antes del desastre,...
   c. Si yo pudiera ayudar al comité,...

Enlace de todo

Para hacer esta sección, recuerde la gramática de repaso y la gramática funcional de este capítulo: las frases con **si** para expresar posibilidad en el futuro; el futuro para expresar probabilidad en el presente o en el futuro; el subjuntivo para expresar emociones, sentimientos y duda; el condicional y el condicional perfecto para hablar más del pasado y el imperfecto del subjuntivo y el condicional para expresar hipótesis. También es buena idea repasar el vocabulario presentado al principio de este capítulo antes de empezar.

¡IMAGINEMOS!

Alternative dramatization: Imagínese que Ud. trabaja con el censo, y tiene que entrevistar a dos personas, pidiéndoles algunos datos sobre su familia. Obtenga la información siguiente para cada persona: nombre, apellido, fecha de nacimiento, dirección, afiliación política, origen étnico, profesión, número de personas que habita en este domicilio. (You may want to provide conversation cards for your students that describe imaginary households, showing the information students will need to supply, much like the cards describing political candidates on pages 278–279.)

A. *Dramatizaciones.*   Prepare las siguientes dramatizaciones según las instrucciones.

1. Ud. está de visita en México. En una fiesta de cóctel, conoce a un funcionario. Háblele para aprender:

- cómo llegó a ser lo que es
- lo que hace en el gobierno
- qué piensa sobre el gobierno
- qué haría de una manera distinta si pudiera

Con un/a compañero/a de clase, Presente la conversación con este funcionario.

2. Imagínese que Ud. es presidente/a de la organización estudiantil de su universidad. Con otros dos oficiales de su gobierno estudiantil (sea el / la vicepresidente/a, el / la secretario/a, el / la tesorero/a) que son sus compañeros/as de clase, Ud. está planeando las próximas elecciones. Haga una lista de los temas de interés para los estudiantes de su universidad. Para cada tema, preséntenle a la clase dos puntos de vista. Determine qué punto de vista es el más popular para cada tema.

Modelo: las fechas para los exámenes finales
Punto de vista #1: *Muchos estudiantes prefieren sufrir los exámenes durante la última semana de clases.*
Punto de vista #2: *Muchos estudiantes prefieren tener una semana para estudiar antes de sufrir los exámenes finales.*

3. Con un/a compañero/a de clase, presente una entrevista con Oscar de la Renta o con otro/a hispano/a famoso/a. Incluyan Uds. unas preguntas como las siguientes: ¿Qué haría, si pudiera, para mejorar el mundo? ¿Qué profesión habría escogido si no hubiera sido lo que es?

La candidata nicaragüense Violeta Chamorro durante su campaña.

B. *Uds. son líderes.*   Trabaje con dos o tres compañeros/as de clase. Describan lo que harían Uds. si fueran líderes de un país imaginario que se llama Tetralandia. Por ejemplo, consideren los siguientes asuntos:

1. ¿Qué sistema político impondrían?

2. ¿Qué papel tomarían los ciudadanos en su gobierno?

3. ¿Qué importancia le darían Uds. a la defensa militar?

4. ¿Qué sistema económico habría?

5. ¿Qué harían para prevenir la sobrepoblación? ¿La pobreza? ¿El desempleo?

Ahora compartan sus ideas con otros en la clase.

C. *Una carrera como Robin Hood para los niños pobres.*   Hágale una entrevista a un/a compañero/a de clase que es (imaginémonos) millonario/a que ayuda a los niños pobres. Hágale preguntas como las de la entrevista en el Ejercicio A, número 3.

Oscar de la Renta:
El Robin Hood de los niños pobres

A Conocer a Oscar de la Renta es más que una experiencia, una sorpresa agradable y en algunos aspectos hasta insospechada. De la Renta es apuesto, sobrio, con esa espontánea elegancia propia del que desde los 17 años ha recibido entrenamiento académico en las renombradas universidades europeas.

B A De la Renta podemos confundirlo por su apariencia con un intelectual renombrado, en realidad quiso ser artista plástico, o con un empresario triunfador y esto, sin duda alguna, lo es. Porque este hombre que juega maravillosamente con líneas, texturas, colores y fragancias sabe, también, manejar cálculos de mercadeo y proyectos de promoción y venta. Esto es, Oscar de la Renta es el clásico artista del siglo XX.

C Todo lo anterior es la semblanza del hombre por fuera, sin embargo existe un De la Renta oculto al que tengo la pretención de imaginar que penetre en esta efímera entrevista que, aunque rodeada de público, se convirtió en íntima y personal, porque existió el nexo lógico de los que saben que el mundo necesita, con urgencia de cambios.

D J.I.- *Sr. de la Renta si ese poder que usted posee para crear belleza con telas, pinceles y fragancias lo poseyera para recrear el mundo socialmente ¿cómo lo haría?.*

E O. de la R.- Los problemas que en realidad más me preocupan son los problemas de la región de donde vengo, de los países de Latinoamérica. No existiría la pobreza, claro, y sí una división más justa de los bienes. Pero

Por Juana Isa

entiéndanme bien no creo en el comunismo, aunque sí creo en que hay que repartir lo que se ha recibido. He tenido mucha suerte en la vida, estoy agradecido de lo que he recibido y, sobre todo, de tener el placer de saberlo compartir.

F J.I.- *Sr. de la Renta, ¿cuáles son para usted los problemas fundamentales de nuestra América, la que recorre constantemente?.*

G O. de la R.- Gran parte de nuestros problemas vienen de la falta de entendimiento de los países anglosajones hacia los nuestros, la gran pobreza de algunas de nuestras regiones causada por no tener acceso a la educación; por un crecimiento incontrolado de la población y la emigración de los campos a las ciudades. Esto, para mí, son las causas fundamentales que hay que superar.

H J.I.- *Si Oscar de la Renta no fuera diseñador ¿qué le hubiera gustado ser?*

I O. de la R.- Originalmente quise ser pintor, cuando a los 17 años marché a España fue a estudiar pintura. En realidad mi primer amor fue la pintura. Fue un poco por necesidad que me convertí en diseñador, aunque nunca pensé abandonar definitivamente la pintura, sino compartir las dos cosas, pero la vida me enseñó que para hacer bien una cosa hay que hacer eso precisamente, sólo una cosa. El gran problema con el talento es que hay quien tiene dones especiales para hacer muchas cosas, lo que se llama vena artística, pero en realidad para lograr lo óptimo en algo hay que dedicarse sólo a ese algo, darle la concentración absoluta, y así fui dejando la pintura.

J J.I.- *¿Le ha tentado la política en algún momento?.*

K O. de la R.- No me interesa. En la República Dominicana me ofrecieron, hace unos años la Embajada de mi país en Washington y yo dije que me sentía mucho mejor embajador sin un puesto oficial; en realidad no me interesa la política, lo que me interesa es la gente.

L J.I.- *Dice que su primer amor fue la pintura...¿cuántos amores ha tenido desde entonces?.*

M O. de la R.- Bueno, profesionalmen-
te dos: la pintura y el diseño.

N —*Los otros se los reservó en una sonrisa.*

O J.I.- *¿Para qué tipo de mujer diseña?.*

P O. de la R.- Diseño para la mujer que lo puede comprar. El éxito de un diseñador es que haya demanda para lo que él diseña, en verdad creando lo que él diseña, en verdad creando

mis colecciones yo trato de enfocar, sin perder la razón de por qué diseño, esto es mi mensaje, estilos para diferentes tipos de mujer, aunque me he especializado en tallas pequeñas, pero trato de venderle a todo el mundo.

Q J.I.- *¡Y lo logra!.*

R O. de la R.- Concedo muy pocas entrevistas en español, por eso quiero, a través de Réplica, decir a la mujer

latina que siempre he admirado grandemente su gran sentido de la elegancia y, sobre todo, su gran femineidad, la que espero no pierda porque es lo que la caracteriza.

S Oscar de la Renta se me antoja un Robin Hood que se pasea entre los grandes del Jet Set sin que éstos lo hayan descubierto. □

---

insospechada: *unexpected*; apuesto (adj.): *elegant* (not to be confused with the verb *apuesto* = I bet); sobrio: *frugal*; renombradas: *famous*; empresario: *business person*; semblanza: *appearance*; por fuera: *from the outside*; posee (poseer): *tener*; pinceles: *artist's brushes or pencils (techniques);* bienes: *material goods*; repartir: *to distribute, to apportion*; recorre: *traverses, travels through*; superar: *to overcome*; marchar: irse; dones: aptitudes; vena: *inspiration*; tentado: *tempted*; Embajada: *Embassy*; reservó: *held in reserve*; mensaje: recado; sentido: *sense*; se me antoja: me parece

▶ *Pre-reading*

In preparation for reading this article, quickly skim over the title and subtitle. Then, answer the questions in English.

1. What do you think this reading is about?
2. What additional information does the subtitle provide?
3. What information does the format of the reading give you?
4. Brainstorm a list of Spanish words and expressions you might expect to find.

▶ *Skimming / Scanning*

Quickly skim through each paragraph and then match each main topic below with the letter of the appropriate paragraph: B, E, G, I, K, P, R.

_____ 1. Los problemas que ve de la Renta entre los hispanos y los anglosajones

_____ 2. Lo que piensa de la Renta sobre la política

_____ 3. Las muchas aptitudes que tiene de la Renta

_____ 4. Lo que piensa de la Renta sobre la mujer latina

_____ 5. Cómo mejoraría de la Renta la sociedad

_____ **6.** La razón por la cual de la Renta no siguió una carrera en la pintura

_____ **7.** Los tipos de mujeres para quienes de la Renta diseña la ropa

Now, find the information requested below by scanning the appropriate paragraphs listed. Answer in English or in Spanish.

1. Paragraph B: What are the various talents of de la Renta?

2. Paragraph E: How does de la Renta feel about the material possessions one has?

3. Paragraph G: According to de la Renta, what is the cause of the problems between the Latin and Anglo-Saxon populations?

4. Paragraph I: Why did de la Renta stop painting?

5. Paragraph M: What are de la Renta's two professional "loves"?

6. Paragraph P: According to de la Renta, what is the success of a designer?

▶ *Decoding*

Answer the questions below dealing with grammatical structures and vocabulary you will encounter when reading the entire article. This exercise will help you understand the content more easily.

1. Paragraph B: Identify the names of two professions.

2. Paragraph C: Identify the adjective for **hidden**. (Hint: Think of the synonym **occult** in English.)

3. Paragraph E: What is the verb appearing in the conditional tense?

4. Paragraph G: What is the cognate in Spanish for **Anglo-Saxon**?

5. Paragraph H: Identify the verb in the imperfect subjunctive and the verb in the pluperfect subjunctive. What form of the verb *haber* could substitute for *hubiera* in this sentence?

▶ *¿Comprendió Ud.?*

Después de leer esta entrevista por completo, conteste las siguientes preguntas.

1. ¿Cómo es la persona de Oscar de la Renta?

2. ¿Por qué se dice que de la Renta es el clásico artista del siglo XX?

3. Si de la Renta no hubiera llegado a ser diseñador, qué le hubiera gustado ser?

4. Según de la Renta, ¿qué se debe hacer en la vida para hacer bien una cosa?

5. ¿Cómo se ve de la Renta como político?

▶ *¡Discutamos!*

Conteste las siguientes preguntas.

1. ¿Cree Ud. que es válida la comparación entre de la Renta y Robin Hood? Explique.

2. Conteste las siguientes preguntas como si Ud. fuera Oscar de la Renta:

   a. Si Ud. fuera presidente de los EE.UU., ¿qué haría para ayudar a la gente del mundo?

   b. Si hubiera podido especializarse en otros campos, ¿qué habría estudiado y dónde?

3. ¿Conoce Ud. a otra persona que sea como Robin Hood? Descríbalo/la.

Temas para composiciones / conversaciones

1. Otro/a Robin Hood moderno/a

2. Una entrevista con Robin Hood

3. Cómo ayudaría a otras personas si yo pudiera

 ¡EL GRAN PREMIO!: ¿Puede Ud. hacerlo?

Ud. va a escuchar un editorial por radio que trata sobre el voto.

▶ *Antes de escuchar*

In preparation for listening to the segment, answer the following questions in English.

1. What importance do you think Americans give to their voting privileges?

2. Why do you think people are indifferent at times to exercising their right to vote?

3. Brainstorm a list of Spanish words and expressions you know already about this topic.

▶ *Primer paso*

Escuche el editorial por primera vez y escoja las respuestas correctas.

1. Con el voto premiamos a los funcionarios que...
   a. prometen hacer mucho.

   b. cumplen con su deber.

   c. no castigan a otros.

   d. ejercen sus derechos.

Play your Teacher Tape at this time. Remember to find the beginning of the segment before class and set your counter at zero to facilitate rewinding. You may want to play the segment more than once, or pause the tape occasionally to allow students the opportunity to replay mentally what they have heard.

Answers for EL GRAN PREMIO, Primer paso: 1. b; 2. a; 3. b; 4. d.

2. Uno de los enemigos de una democracia es…
    a. la apatía.

    b. el voto.

    c. el comunismo.

    d. el castigo.

3. Sólo una mínima parte de los que tienen el derecho de votar…
    a. sienten apatía.

    b. votan.

    c. se inscriben.

    d. no votan.

4. Según el locutor, para votar, es necesario primero…
    a. mostrar su tarjeta de identificación.

    b. recibir un número de identificación.

    c. escribirle al funcionario.

    d. inscribirse.

▶ *Segundo paso*

Escuche el editorial por segunda vez y conteste las siguientes preguntas.

1. En general, ¿de qué trata esta selección?

2. ¿Qué muestran las estadísticas en cuanto al número de personas que votan?

3. ¿Cuál es el mensaje de este editorial para los hispanos de Houston?

▶ *Tercer paso*

Escuche el editorial por última vez y escriba un resumen de por lo menos cuatro frases en español.

▶ *Discutamos*

1. ¿Qué opina Ud. del derecho de votar?

2. ¿Está Ud. inscrito/a en el registro de votantes? ¿Cuándo se inscribió por primera vez? Si no está inscrito/a, ¿por qué no?

3. ¿Conoce Ud. a alguien que no vote, aunque esté inscrito? ¿Por qué no ejerce su derecho?

4. Si Ud. fuera funcionario/a, ¿qué haría para animar a los ciudadanos a que votaran?

Vocabulario

Si Ud. quiere solicitar una opinión, puede decir...

Mire, ¿cree que hay ventajas / desventajas? *Look, do you think there are advantages / disadvantages?*

¿No cree que es verdad? *Don't you think it's true?*

No me sorprendería si... *It wouldn't surprise me if...*

Algunas respuestas a una opinión expresada

a lo mejor *maybe...*

apostar a que... *to bet that...*

conceder que... *to concede / grant that...*

de todos modos *anyway*

equivocarse *to make a mistake*

Estoy harto/a de esa locura / tontería / esa(s) estupidez(ces) *I'm fed up with those crazy ideas!*

menos mal que... *fortunately...*

No me importa un bledo. *I couldn't care less.*

¡No se meta conmigo! *Don't challenge me on that!*

pronosticar *to predict*

Puede ser que tenga Ud. razón... *It may be that you are right...*

Pues, a pesar de eso... *Well, in spite of that...*

¡Qué va! *Are you kidding?*

¡Quién lo creyera! *Who would've thought it!*

sin embargo [no obstante] *nevertheless*

Hablar del medio ambiente

a fin de que *so that*

apagar *to turn off (lights)*

el derrame de petróleo *oil spill*

desperdiciar *to waste*

la escasez *shortage*

evitar *to avoid*

las fuentes de energía *sources of energy*

el medio ambiente *environment*

Es menester que... *It's necessary that...*

prevenir *to prevent*

el reciclaje *recycling*

reciclar *to recycle*

los recursos naturales *natural resources*

sobre todo *above all*

sobrevivir *to survive*

el vidrio *glass*

Otros problemas que enfrenta la sociedad

el costo de la vida *cost of living*

el crimen *crime*

el desempleo *unemployment*

las drogas *drugs*

enfrentar *to face*

el estar sin vivienda [hogar] *homelessness*

el hambre (fem.) *hunger*

los impuestos *taxes*

la pobreza *poverty*

la sobrepoblación (sobrepoblado) *overpopulation (overpopulated)*

Hablar de la política y del gobierno

la apatía *apathy, indifference*

apoyar *to support*

castigar *to punish*

la censura *censorship*

el / la ciudadano/a *citizen*

el conjunto *coalition*

cumplir con *to fulfill*

el deber *obligation, duty*

la democracia *democracy*

los derechos humanos *human rights*

derrotar *to overthrow*

la dictadura *dictatorship*

ejercer *to exercise (a right)*

el / la funcionario/a *civil servant, bureaucrat*

garantizar *to guarantee*

el golpe de estado *coup, overthrow of a government*

la huelga *strike*

inscribirse *to sign up, to register*

la libertad de palabra [expresión] *freedom of speech*

de prensa *freedom of the press*

el / la líder *leader*

el logro *achievement*

llevar a cabo *to carry out*

la manifestación *political demonstration*

la papeleta electoral *ballot*

el plebiscito *popular election*

por medio de *by means of*

el presupuesto militar *military budget*

el registro de votantes *voter registration*

el sindicato *union*

Otras expresiones útiles

alegrarse de (+ subjunctive)... *to be happy that...*

creer que (+ indicative) *to believe that...*

dudar que (+ subjunctive)... *to doubt that...*

enfadarse de que (+ subjunctive)... *to be angry that...*

horrorizarse de que (+ subjunctive)... *to be horrified that...*

molestarse de que (+ subjunctive)... *to be bothered that...*

negar que (+ subjunctive) *to deny that...*

no creer que (+ subjunctive)... *not to think, believe that...*

no dudar que (+ indicative)... *not to doubt that...*

no negar que (+ indicative)... *not to deny that...*

no pensar que (+ subjunctive)... *not to think that...*

pensar que (+ indicative)... *to think that...*

¡Qué pena / lástima / vergüenza que (+ subjunctive)...! *What a pity / shame that...!*

sentir que (+ subjunctive)... *to feel that...*

Ser lógico / natural / terrible que (+ subjunctive)... *It is logical, natural, terrible that...*

sorprenderse de que (+ subjunctive)... *to be surprised that...*

temer [tener miedo de] que (+ subjunctive)... *to fear that...*

¿NECESITA REPASAR UN POCO?

Las frases con si para expresar posibilidad en el futuro

Present or future possibility can be expressed in sentences with *si* (if) clauses. The *si* clause states the condition under which a future event might happen, while the main clause describes the possible result:

Si Clause	Main Clause
Present indicative	Future or present indicative

Si pasa por aquí el huracán, destrozará (destroza) la casa. *(If the hurricane passes through here, it will destroy the house.)*

¡OJO! The future is never used in the *si* clause.

El futuro para expresar probabilidad en el presente o en el futuro

To express probability or speculation in a future or present context, use the future tense.

—¿Dónde está la profesora Ventura?
—Estará en clase. (—*Where is Professor Ventura?* —*She must be in class.*)

Alguien toca a la puerta. ¿Quién será? *(Someone is knocking at the door. Who might it be? / I wonder who it is?)*

VOCABULARIO BÁSICO

EL ALFABETO

Letter	Name of letter		
a	a	t	te
b	be, be grande	u	u
c	ce	v	ve chica, uve
ch	che	w	doble ve, uve doble
d	de	x	equis
e	e	y	i griega
f	efe	z	zeta
g	ge		
h	hache		
i	i		
j	jota		
k	ca		
l	ele		
ll	elle		
m	eme		
n	ene		
ñ	eñe		
o	o		
p	pe		
q	cu		
r	ere		
rr	erre		
s	ese		

LOS DÍAS DE LA SEMANA

lunes *Monday*
martes *Tuesday*
miércoles *Wednesday*
jueves *Thursday*

viernes *Friday*
sábado *Saturday*
domingo *Sunday*

Days of the week are not capitalized.

Hoy es jueves.   *Today is Thursday.*
el lunes   *on Monday*
los lunes   *on Mondays*

LOS MESES DEL AÑO

enero *January*   **julio** *July*
febrero *February*   **agosto** *August*
marzo *March*   **septiembre** *September*
abril *April*   **octubre** *October*
mayo *May*   **noviembre** *November*
junio *June*   **diciembre** *December*

Months of the year are not capitalized.

LAS FECHAS

¿Qué fecha es hoy?   *What's today's date?*

Use the ordinal number *primero* for the first day of the month and cardinal numbers thereafter. The article *el* always precedes the number:

Hoy es *el primero de* **octubre** *de* **1992.**   *Today is October 1, 1992.*
Es *el cinco de* **mayo.**   *It's May 5.*

EL TIEMPO

¿Qué tiempo hace hoy?   *What's the weather like today?*
Hace (muy) buen / mal tiempo.   *It's (very) nice / bad weather.*
Hace (mucho) calor / frío.   *It's (very) hot / cold.*
Hace fresco.   *It's cool.*
Hace (mucho) sol.   *It's (very) sunny.*
Hace (mucho) viento.   *It's (very) windy.*
Llueve (llover). / la lluvia   *It's raining (to rain). / the rain*
Llovizna (lloviznar). / la llovizna   *It's drizzling (to drizzle). / the drizzle*
Nieva (nevar). / la nieve   *It's snowing (to snow). / the snow*
Está despejado.   *It's clear.*
Está nublado.   *It's cloudy.*
Está soleado.   *It's sunny.*

el cielo	the sky
las nubes	the clouds
la neblina	the fog
la tormenta	the storm
los truenos	the thunder
los relámpagos	the lightning
¿A cuánto está la temperatura?	What's the temperature?
Está a 75 grados centígrados.	It's 75 degrees Centigrade.

LAS ESTACIONES DEL AÑO

la primavera	spring
el verano	summer
el otoño	fall
el invierno	winter

Seasons are not capitalized.

LA HORA

¿Qué hora es?	What time is it?
Es la una.	It's 1:00.
Son las dos.	It's 2:00.
Son las dos y cinco.	It's 2:05.
Son las cuatro y cuarto.	It's 4:15.
Son las seis y media.	It's 6:30.
Son las cinco menos veinte.	It's 20 till 5:00.
Son las siete menos cuarto.	It's 15 till 7:00.

Alternate expressions:
Faltan quince para las siete.	It's 15 till 7:00.
Son quince para las siete.	It's 15 till 7:00.

With exact clock time, use the expressions:
de la mañana	a.m. (morning)
de la tarde	p.m. (afternoon)
de la noche	p.m. (evening)
en punto	exactly, on the dot

When exact time is not stated, use the expressions:
por la mañana	in the morning
por la tarde	in the afternoon
por la noche	in the evening

Other expressions:

Es mediodía. / el mediodía	*It's noon. / noon*
Es medianoche. / la medianoche	*It's midnight. / midnight*
hoy	*today*
ayer	*yesterday*
esta mañana	*this morning*
esta tarde	*this afternoon*
esta noche	*tonight*
anoche	*last night*
¿A qué hora sales?	*At what time are you leaving?*
Salgo a las dos.	*I'm leaving at 2:00.*

LA FAMILIA

el / la abuelo/a	*grandmother / grandfather*
los abuelos	*grandparents*
el / la esposo/a	*husband / wife*
los esposos	*husband and wife*
el / la hermano/a	*brother / sister*
los hermanos	*brothers and sisters*
el / la hijo/a	*son / daughter*
los hijos	*children (sons and daughters)*
el padre / la madre	*father / mother*
los padres	*parents*
los parientes	*relatives*
el primo/a	*cousin* (male, female)
los primos	*cousins*

LAS NACIONALIDADES

argentino/a	*Argentinian*
boliviano/a	*Bolivian*
colombiano/a	*Colombian*
costarricense	*Costa Rican*
cubano/a	*Cuban*
chileno/a	*Chilean*
ecuatoriano/a	*Ecuadorian*
español/a	*Spanish*
guatemalteco/a	*Guatemalan*
hondureño/a	*Honduran*
mexicano/a	*Mexican*

nicaragüense	*Nicaraguan*
panameño/a	*Panamanian*
paraguayo/a	*Paraguayan*
peruano/a	*Peruvian*
puertorriqueño/a	*Puerto Rican*
dominicano/a	*Dominican*
salvadoreño/a	*Salvadorian*
uruguayo/a	*Uruguayan*
venezolano/a	*Venezuelan*
alemán / alemana	*German*
canadiense	*Canadian*
chino/a	*Chinese*
francés / francesa	*French*
inglés / inglesa	*English*
italiano/a	*Italian*
japonés / japonesa	*Japanese*
norteamericano/a (estadouni- dense)	*North American (from the U.S.)*
ruso/a	*Russian*

LOS COLORES

amarillo/a	*yellow*
anaranjado/a	*orange*
azul	*blue*
blanco/a	*white*
color café [marrón, pardo]	*brown*
gris	*gray*
morado/a	*purple*
negro/a	*black*
rojo/a	*red*
rosado/a	*pink*
verde	*green*

LA ROPA

el abrigo	*the coat*
la blusa	*the blouse*
los calcetines	*the socks*
la camisa	*the shirt*
la camiseta	*the T-shirt*

la corbata	*the necktie*
la chaqueta	*the jacket*
la falda	*the skirt*
los guantes	*the gloves*
las medias	*the pantyhose*
los pantalones	*the pants*
los pantalones vaqueros [bluyines]	*the jeans*
el reloj	*watch*
la ropa interior	*the underwear*
el sombrero	*the hat*
el suéter	*the sweater*
el traje de baño	*the bathing suit*
el vestido	*the dress*
los zapatos	*the shoes*

LAS PARTES DEL CUERPO

la boca	*the mouth*
el brazo	*the arm*
la cabeza	*the head*
la cara	*the face*
la espalda	*the back*
el estómago	*the stomach*
la mano	*the hand*
la nariz	*the nose*
los oídos	*the ears (inner)*
los ojos	*the eyes*
las orejas	*the ears (outer)*
el pelo	*the hair*
las piernas	*the legs*
los pies	*the feet*

LAS COSAS EN EL SALÓN DE CLASE

el bolígrafo	*the pen*
el borrador	*the eraser*
la cinta	*the audiotape*
el cuaderno	*the notebook*
el ejercicio	*the exercise*

el escritorio, la mesa	*the desk*
el laboratorio	*the language laboratory*
el lápiz (los lápices)	*the pencil(s)*
el libro	*the book*
el papel	*the paper*
la pared	*the wall*
el piso	*the floor*
la pizarra	*the blackboard*
la puerta	*the door*
el pupitre	*the student's desk*
el sacapuntas	*the pencil sharpener*
la silla	*the chair*
la tarea	*the homework*
el techo	*the ceiling, roof*
la tiza	*the chalk*
la ventana	*the window*

LAS PREPOSICIONES

a	*at, to*
al lado de	*beside*
alrededor de	*around*
antes de / después de	*before / after*
arriba de	*above*
cerca de / lejos de	*close to / far from*
con / sin	*with / without*
de	*of, from*
delante de / detrás de	*in front of / behind*
dentro de / fuera de	*inside of / outside of*
en	*in, at, on*
en vez de	*instead of*
encima de / debajo de	*on top of / under*
enfrente de, frente a	*facing*
entre	*between*
excepto, menos, salvo	*except*
hacia	*toward*
incluso	*including*
junto a	*together with*
para, por	*for*
según	*according to*
sobre	*on top of*

LAS COMIDAS Y LAS BEBIDAS

Para el desayuno — *For breakfast*

el cereal	*the cereal*
los frijoles	*the refried beans*
la jalea	*the jelly*
la mantequilla	*the butter*
el pan tostado	*the toast*
la tortilla mexicana	*the flat, pancake-like bread, made from cornmeal*

Las bebidas — *Drinks*

el agua (feminine)	*the water*
el café americano	*the North American coffee*
el café solo	*the black coffee*
la cerveza	*the beer*
la champaña	*the champagne*
el jugo	*the juice*
la leche	*the milk*
los refrescos	*the soft drinks*
el té caliente	*the hot tea*
el té helado	*the iced tea*
el vino tinto / rosado / blanco	*the red / rosé / white wine*

Las carnes — *Meats*

el bistec (biftec)	*the steak*
el jamón	*the ham*
el pollo	*the chicken*
las salchichas	*the sausage*
el tocino	*the bacon*

Las frutas — *Fruits*

la banana	*the banana*
la manzana	*the apple*
la naranja	*the orange*
la piña	*the pineapple*
las uvas	*the grapes*

Las legumbres	*Vegetables*
el arroz	*the rice*
el bróculi	*the broccoli*
la ensalada	*the salad*
la lechuga	*the lettuce*
el maíz	*the corn*
las papas (patatas, Spain)	*the potatoes*
el tomate	*the tomato*
la zanahoria	*the carrot*
El pescado y los mariscos	*Fish and shellfish*
el atún	*the tuna*
los camarones	*the shrimp*
la langosta	*the lobster*
las ostras	*the oysters*
las sardinas	*the sardines*
Los postres	*Dessert*
las galletas	*the cookies*
el helado	*the ice cream*
el pastel	*the pie, cake*
la torta	*the cake*
el yogurt	*the yogurt*
Algunos condimentos	*Some condiments*
el azúcar	*the sugar*
la crema	*the cream*
la pimienta	*the pepper*
la sal	*the salt*
la salsa	*the sauce, dressing*
la salsa picante	*the spicy sauce*
Los cubiertos	*Place settings*
la carta (el menú)	*the menu*
la cuchara	*the spoon*
la cucharita	*the teaspoon*
el cuchillo	*the knife*
el mantel	*the tablecloth*
la servilleta	*the napkin*
el tenedor	*the fork*

LOS NÚMEROS

Los números cardinales

0–31

cero	ocho	dieciséis	veinticuatro
uno	nueve	diecisiete	veinticinco
dos	diez	dieciocho	veintiséis
tres	once	diecinueve	veintisiete
cuatro	doce	veinte	veintiocho
cinco	trece	veintiuno	veintinueve
seis	catorce	veintidós	treinta
siete	quince	veintitrés	treinta y uno

40–900

cuarenta	doscientos(as)
cincuenta	trescientos(as)
sesenta	cuatrocientos(as)
setenta	quinientos(as)
ochenta	seiscientos(as)
noventa	setecientos(as)
cien / ciento	ochocientos(as)
	novecientos(as)

1000–1,000,000

mil
tres mil
diez mil
cincuenta mil
cien mil
un millón (de)
tres millones (de)

Use *y* in numbers 16–99.

Cien is used alone and before nouns and numbers larger than 100:
¿Cuántos libros hay? Hay **cien**.
cien estudiantes
cien mil

The number **one** and plural hundreds (200–900) agree in number and gender with the nouns they modify:
veintiuna sillas
cuatrocientas personas

The word for **one thousand** is *mil*; it is never used with *un*.

Mil becomes *miles* before a noun:
miles de estudiantes

The word for **one million** is *un millón*. Before a noun, use *un millón de / millones de*:
un millón de personas
tres millones de habitantes

Los números ordinales

primero (-a, -os, -as)	cuarto (-a, -os, -as)
segundo (-a, -os, -as)	quinto (-a, -os, -as)
tercero (-a, -os, -as)	sexto (-a, -os, -as)

séptimo (-a, -os, -as)   noveno (-a, -os, -as)
octavo (-a, -os, -as)   décimo (-a, -os, -as)

Ordinal numbers in Spanish are most commonly used for **first** through **tenth**; after **tenth**, cardinal numbers are usually used.

The ordinal numbers and their abbreviations agree in gender and number with the nouns they modify:

la **tercera** mujer
los **primeros** habitantes

The numbers *primero* and *tercero* shorten to *primer* and *tercer* before masculine singular nouns:

el **primer** capítulo
el **tercer** hombre

Abbreviations for ordinal numbers:
primero, tercero: 1^{rr}, 1°, 1^a, 1os, 1as; 3^r, 3°, 3^a, 3os, 3as
segundo and others: 2°, 2^a, 2os, 2as, etc.

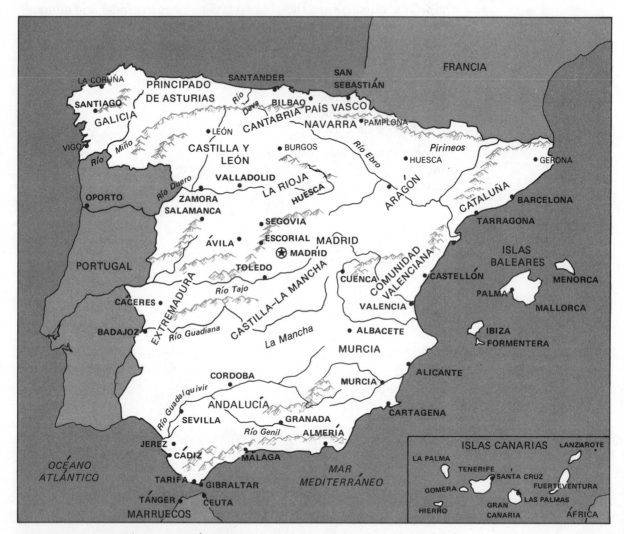

MAPA DE LA PENÍNSULA IBÉRICA

MAPA DE LATINOAMERICA

GLOSSARY

A

a to, at, on, by, for   2

abordar to board the plane   5

abrocharse to fasten   5

aburrir to bore   3

  aburrirse to get bored   4

acabar to end, run out   9

  acabársele to finish, run out   5

acampar to go camping   3

aceituna olive *(f)*   6

aconsejar to advise   9

acordarse (de) to remember   4

acostarse to go to bed   1

acuerdo agreement *(m)*

  de acuerdo O.K., agreed   9

adelantado/a early   5

administración management *(f)*   3

¿adónde? to where?   1

aduana customs *(f)*   5

aficionado/a fan *(m, f)*   3

afuera outside   4

  afueras de la ciudad the outskirts of town *(f pl)*   7

agencia de empleos employment agency *(f)*   3

agradecerle a alguien to thank someone   8

agua water *(f, but* **el** agua)   6

agua gaseosa carbonated water *(f)*   6

agua mineral mineral water *(f)*   6

aguacero downpour of rain *(m)*   7

agüita herbal tea (Chile) *(f)*   9

ahijado/a godson / goddaughter *(m, f)*   2

ahumados smoked fish *(m pl)*   6

ajo garlic *(m)*   6

alcachofa artichoke *(f)*   6

alegrarse (de) to be happy   10

alérgico/a allergic   9

algodón cotton *(m)*   6

almohada pillow *(f)*   5

aluminio aluminum *(m)*   10

ambulancia ambulance *(f)*   9

amígdalas tonsils *(f pl)*   9

análisis de sangre blood test *(m)*   9

ancho/a wide   6

andar en bicicleta to ride a bicycle   3

aniversario anniversary *(m)*   2

antemano: de antemano in advance   5

anteojos glasses *(m pl)*

  anteojos bifocales bifocals   2

antes (de) que before   5

antibiótico antibiotic *(m)*   9

anuncio de empleo job ad *(m)*   3

apagón power outage *(m)*   7

apatía apathy, indifference *(f)*   10

apéndice appendix *(m)*   9

aperitivo appetizer *(m)*   6

apetecer to long for, crave   6

  ¿Qué le(s) apetece? What appeals to you? 6

apio celery *(m)*   6

apostar a que to bet   10

apoyar to support   10

apretado/a tight   6

aprobar to approve of   9

apuntes classnotes *(m pl)*   1

árbol tree *(m)*   4

  subir a los árboles to climb trees   4

armaduras braces on teeth *(f pl)*   4

arquitectura architecture *(f)*   1

arreglar to arrange   1, to organize   4, to fix   5

arruga wrinkle *(f)*   2

asalto assault *(m)*   7

ascenso promotion *(m)*   3

asesinato assassination *(m)*   7

asistente de vuelo flight assistent *(m, f)*   5

asistir to attend   4

asma asthma (f, but **el** asma)   9

asustarse to get frightened   4

ataque attack *(m)*   7

  ataque cardíaco heart attack   7

  ataque al corazón heart attack   9

aterrizaje landing *(m)*   5

aterrizar to land   5

atletismo track *(m)*   3

atrasado/a late   5

aumentar to increase   7

aunque even though, even if   5

ayudar to help   7

azul marino navy blue   6

B

bachiller bachelor's degree (in some countries) *(m)*   1

bachillerato high school diploma *(m)*   1

bailador/a dancer *(m, f)*   8

bajarse de to get off (a bus)   5

baño bathroom (*m*)   5
  baño particular private
    bath   5
barba beard (*f*)   2
bautizo baptism (*m*)   2
beca scholarship (*f*)   1
biblioteca library (*f*)   1
bigotes moustache (*m
    pl*)   2
billete ticket (*m*)   8
bisabuelo/a great-grandfather
    / great-grandmother
    (*m, f*)   2
biznieto/a great-grandson /
    great-granddaughter
    (*m, f*)   2
boda wedding (*f*)   2
boleta report card (*f*)   1
boleto ticket (*m*)   8
bolsa stock market (*f*)   3
bolsillo pocket (*m*)   6
bomba bomb (*f*)   7
bombero fireman (*m*)   7
bombilla light bulb (*f*)   5
borrasca storm, squall
    (*f*)   7
bota boot (*f*)   6
botón button (*m*)   6
botones bellboy (*m*)   5
bronquitis bronchitis (*f*)   9
bucear to skin dive or scuba
    dive   3
buen good
  Buen provecho. Enjoy your
    meal.   6
bufanda scarf (*f*)   6

C
cabello hair of the head,
    people only (*m*)   2
cabina telefónica telephone
    booth (*f*)   8
cadera hip (*f*)   9
caer to fall   9
  caerle bien a alguien to
    like someone   3
  caerle mal a alguien to
    dislike someone   3

café con leche strong coffee
    with heated milk (*m*)   6
calefacción heat (furnace)
    (*f*)   5
calidad quality   6
  de mejor calidad of better
    quality   6
callarse to get quiet   4
calmarse to calm down   7
calvo/a bald   2
calzar to wear (certain size of
    shoe)   6
  ¿Qué número calza Ud.?
    What size shoe do you
    wear?   6
camarones shrimp (*m
    pl*)   6
cambiar to exchange   6
  cambiar de empleo to
    change jobs   7
cambio exchange, change
    (*m*)   6
camión truck (*m*)   4
campo country (*m*)   2
cansarse to get tired   4
cantante singer (*m, f*)   8
caracoles snails (*m pl*)   6
cárcel jail (*f*)   7
cargo charge (*m*)   5
  cargo adicional additional
    charge   5
caries cavity (tooth) (*f*)   9
cariño affection (*m*)   1
carne de res beef (*f*)   6
carne de cerdo pork (*f*)   6
carrera career (*f*)   1;
    race (*f*)   8
carretera highway (*f*)   7
casado/a married   2
casarse con to get
    married   4
caso: en caso de (que) in
    case   5
castaño/a brown,
    chestnut   2
castigar to punish   10
catarro cold (*m*)   9
caza hunting (*f*)   3
celeste sky blue   6

censura censorship (*f*)   10
centro estudiantil student
    union center (*m*)   1
cepillo toothbrush (*m*)   9
cereza cherry (*f*)   6
ceviche de pescado
    marinated fish (*m*)   6
cicatriz scar (*f*, **cicatrices**,
    pl)   2
cierto/a certain   3
cierre zipper (*m*)   6
cintura waist (*f*)   9
cinturón belt (*m*)
  cinturón de seguridad
    seatbelt   5
ciruela plum (*f*)   6
cirujano/a surgeon (*m, f*)   2
cita appointment (*f*)   9
  pedir una cita to make an
    appointment   9
ciudadano/a citizen (*m,
    f*)   10
claro/a light (in color)   2
clase class (*f*)   1
  clase turística tourist class
    5
cobrar to charge (a
    price)   5
cochinillo asado roasted
    suckling pig (*m*)   6
código code (*m*)   8
  código del país country
    code   8
  código de la ciudad city
    code   8
codo elbow (*m*)   9
cola tail (*f*)
  cola de caballo ponytail
    (*f*)   2
  hacer cola to wait in
    line   8
collar necklace (*m*)   6
comadre relationship between
    mother, godmother and /
    or godfather (*f*)   2
comerciante businessman /
    business woman (*m,
    f*)   2
comercio business (*m*)   3

¿**cómo?** how? 1

¿**Cómo no?** Why not? (Of course) 8

¿**Cómo te / le va?** How are you (informal / formal)? 1

¿**Cómo se deletrea?** How is it spelled? 8

compadre relationship between father, godfather and / or godmother (m) 2

compañía de seguros insurance company (f) 9

completo/a full (hotel) 5

composición paper (for a class) (f) 1

comprobante de equipaje baggage claim check (m) 5

compromiso commitment (m) 8

computación computer science (f) 1

comuna residential area, subdivision in Chile (f) 7

con with 2

¿**con qué frecuencia?** how often? 1

con tal (de) que provided that 5

conceder que to concede / grant that . . . 10

concurso contest (m) 8

conferencia lecture (f) 1; 3

confirmar to confirm 5

congreso conference (m) 8

conjunto band (m) 8; coalition 10

conocer to be familiar with 1

conocimientos knowledge (m pl) 3

conseguir to get / obtain 1

consejero/a adviser (m, f) 1

conservar to conserve 10

constipado/a congested, having a cold 9

construcción construction (f) 3

contabilidad accounting (f) 3

contador/a accountant (m, f) 2

contar to say, tell 7

contar chistes to tell jokes 4

¡**Es para contarlo!** That's really something to talk about! 7

¿**Qué cuentas?** What's new? 1

convertirse to become 4

cordero asado roasted lamb (m) 6

corona crown of a tooth (f) 9

corredor/a agent (m, f) 2

corredor/a de la bolsa stockbroker 2

corredor/a de bienes raíces real estate agent 2

correr un maratón run a marathon 3

cortar(se) to cut (oneself) 9

costilla rib (f) 9

costo de la vida cost of living (m) 10

creer to believe, think of 9

¡**No (me) lo creo!** I don't believe it! 7

¡**Ya lo creo!** I believe it! 7

crema de cangrejos cream of crab soup (f) 6

crimen crime (m) 10

criticar to criticize 1

cuadra block (f) 5

cuadrado/a square 2

cuadro square (m) 6; painting 8

a cuadros checkered 6

cuajada cottage cheese (f) 6

¿**cuál?** which? 1

cual(es)quiera whichever 5

cuando when 5

¿**cuándo?** when? 1

¿**cuánto/a(s)?** how much / many? 1

¿**Cuántos son?** How many are there (in your party)? 6

cuento de hadas fairy tale (m) 4

cuero leather 6

cuidar to take care of 3

cuidarse to take care of oneself 9

cuñada sister-in-law (f) 2

cuñado brother-in-law (m) 2

currículum vitae résumé (m) 3

curso electivo elective course (m) 1

curso requisito required course (m) 1

cuyo/a whose 2

CH

champiñón mushroom (m) 6

Chao Goodbye 1

¡**Chévere!** Great! (Caribbean) 8

chisme gossip (m) 7

choque wreck; fender-bender (m) 7

chorizo casero homemade sausage (m) 6

chuleta de ternera veal chops (f) 6

chuletita small chop (f) 6

D

dar to give

dar a luz to give birth 7

dar paseos take pleasure drives or walks 4

darse cuenta (de) to realize   4
de from, of, about   2
   ¿De veras? Really?   9
deber obligation, duty *(m)*   10
débil weak   9
decano/a dean *(m, f)*   1
decidirse to decide   6
decir to say, tell   7
   ¡No me digas! You're kidding!   7
declararse en huelga to go out on strike   7
dedos de novia ladyfingers *(m, pl)*   6
dejar to drop (a class)   1; to leave behind
   dejar un mensaje to leave a message   8
   dejar un recado to leave a message   8
democracia democracy *(f)*   10
demora delay *(f)*   5
dependiente sales clerk *(m, f)*   2
derecha right *(f)*   5
   a la derecha to the right   5
derecho law *(m)*   1; right   10
   derechos humanos human rights   10
derrame de petróleo oil spill *(m)*   10
derrotar to overthrow   10
desactivar to disarm (a bomb)   7
desastre disaster *(m)*   7
desayunar to have breakfast   1
descolgar el auricular to pick up the receiver   8
descomponer to break down   9
descompuesto/a out of order   8
desde since   7

desempleo unemployment *(m)*   10
desmayarse to faint   7
desocupar to vacate   5
despedida firing, layoff *(f)*   7
despedir to fire from a job   4
   despedirse de to say goodbye to   4
despegar to take off (a plane)   5
despegue take-off *(m)*   5
desperdiciar to waste   10
despertarse to wake up   1
después (de) que after   5
destino destination *(m)*   5
desventaja disadvantage *(f)*   10
devolver to return something   6
día feriado holiday *(m)*   4
diabético/a diabetic   9
dibujante draftsperson *(m, f)*   2
dibujos animados cartoons *(m, pl)*   4
dictadura dictatorship *(f)*   10
¡Dios mío! Good heavens!   7
Disculpe Excuse me, pardon me   5
diseño design *(m)*   1
divertirse to have fun   3
divorciarse to get divorced   4
doblar to turn   5
   doblar(se) to sprain (one's . . .)   9
doler to hurt   3
dolor pain *(m)*   9
   dolor agudo sharp pain   9
   dolor intermitente intermittent pain   9
¿dónde? where?   1
   ¿de dónde? from where?   1

dondequiera wherever   5
dormir to sleep   4
   dormir un ratito to take a nap   3
   dormirse to fall asleep   4
drogas drugs *(f, pl)*   10
ducharse to shower   4
dudar to doubt that   10
durazno peach *(m)*   6

E
edad age *(f)*   2
   de mediana edad middle-aged   2
ejercer to exercise (a right)   10
ejercicio aeróbico aerobics *(m)*   3
ejército army *(m)*   7
embarazada pregnant   9
empleo job *(m)*   3
emprendedor enterprising   2
empujar el botón to push the button   8
en in, on, into   2
enamorarse de to fall in love with   4
encaje lace   6
Encantado/a. Pleased to meet you.   1
encantar to delight, enchant   3
encías gums *(f pl)*   9
encinta pregnant   9
encontrar to find   1
   encontrarse to meet
   No se encuentra. He's / She's not here just now.   8
enfadarse to get angry   4
enfermarse to get sick   4
enojarse to get annoyed   4
enseñanza teaching *(f)*   1
enseñar to show   6
enterarse to inform oneself   7
entrada ticket *(f)*   8

entregar to hand in 1
entrenamiento training
　(*m*) 3
entrevista interview (*f*) 3
equipaje de mano carry-on
　luggage (*m*) 5
equipo team (*m*) 4
equivocarse to make a
　mistake 4
esbelto/a slender 2
escalofríos chills (*m pl*) 9
escalope scaloppini (breaked
　and fried cut of beef)
　(*m*) 6
escapar to escape 9
escaparate window
　(of a store) (*m*) 6
escasez shortage (*f*) 10
escojer to choose 1
escribir to write 3
escultura sculpture (*f*) 8
esencial essential 3
eso de that business of 3
espárragos asparagus
　(*m pl*) 6
especialista specialist (*m, f*)
　especialista en mercadeo
　marketing specialist 2
especializarse en to major
　in 1
espectáculo show (*m*) 8
espinacas spinach (*f pl*) 6
esquí skiing (*m*) 3
　esquí acuático water
　skiing 3
　esquí en las montañas
　snow skiing 3
　esquí en tabla surfing 3
esquina corner (*f*) 5
estacionamiento parking lot
　(*m*) 5
estacionar to park 5
estadística statistics (*f*) 1
estallar to explode 7
estampado/a de flores with
　little flowers 6
estatura stature (height)
　(*f*) 2
esto this (*neuter*)

esto de this business
　of 3
Esto no puede ser. That
　can't be. 9
estornudar to sneeze 9
estrecho/a narrow 6
estreno premiere (*m*) 8
estupidez(ces) craziness
　(crazy ideas)
　(*f / f pl*) 10
evitar to avoid 10
exagerar to exaggerate 7
exigir to require 9
explosión explosion (*f*) 7

F
facturar to check
　(suitcases) 5
facultad college (within a
　univ.) (*f*) 1
　Facultad de Bellas Artes
　College of Fine Arts
　(*f*) 1
　Facultad de Ciencias
　College of Science (*f*) 1
　**Facultad de Filosofía y
　Letras** College of
　Humanities (*f*) 1
faltar to need, to miss 3
fascinar to fascinate 3
ficha telephone token (*f*) 8
ficha de registro registration
　card (*f*) 5
fiebre (de heno) fever (hay
　fever) (*f*) 9
fila row (*f*) 5
filete steak or fish (*m*) 6
fin end (*m*)
　a fin de que so that 10
finanzas finance (*f pl*) 3
física physics (*f*) 1
flan baked custard with
　caramel sauce (*m*) 6
flequillo bangs (*m*) 2
frenos braces (on teeth)
　(*m pl*) 9
frente forehead (*f*) 2
fresa strawberry (*f*) 6
fresco/a fresh 6

fuego fire (*m*)
　fuegos artificiales
　fireworks (*m pl*) 8
fuente de energía source of
　energy (*f*) 10
fuerte strong 2
funcionar to function, work
　(equipment) 5
funcionario/a civil servant,
　bureaucrat (*m, f*) 10
fundir to burn out (light
　bulb) 5

G
gafas eyeglasses (*f pl*) 2
gambas ajillo shrimp in
　garlic sauce (*f pl*) 6
ganar to win the lottery 7
ganga bargain (*f*) 6
garantizar to
　guarantee 10
gerente manager (*m, f*) 2
glándulas hinchadas swollen
　glands (*f pl*) 9
glorieta traffic circle (*f*) 5
golpe hit, blow (*m*)
　golpe de estado coup,
　overthrow of a
　government 10
goma rubber; rubber band
　(game) (*f*) 4
gotas drops (*f pl*) 9
gozar de to enjoy 8
graduación graduation
　(*f*) 2
grano pimple (*m*) 4
grifo faucet (*m*) 5
gritar to shout 4
grupo sanguíneo blood type
　(*m*) 9
guardar cama to stay in
　bed 9
Guardia Nacional National
　Guard (*f*) 7
guía telefónica phonebook
　(*f*) 8
guisante pea (*m*) 6
gustar to like 3

gusto pleasure *(m)*   1
  El gusto es mío. The
    pleasure's mine.   1

H
habitación room *(f)*   5
  habitación simple single
    room   5
  habitación doble double
    room   5
**hace + time + que +
  preterite** ago   7
hace muy poco not long
    ago, recently   7
hacer to do, to make
  hacer cola to wait in
    line   1
  hacer juego con to match
    (clothing)   6
  hacer parada to stop   5
  hacerse to make of
    oneself   4
hambre hunger *(f, but* **el**
    hambre)   10
harto/a fed up with   10
hasta que until   5
heridos hurt, wounded
    (people) *(m pl)*   7
hermanastro/a stepbrother /
    stepsister *(m, f)*   2
hermano/a adoptivo/a
    adopted brother / adopted
    sister *(m, f)*   2
hígado liver *(m)*   9
hilo dental dental floss
    (m)   9
hombro shoulder *(m)*   9
hora hour *(f)*   1
  hora de llegada arrival
    time   5
  hora de salida departure
    time   5
horror horror *(m)*   7
  ¡Qué horror! How
    awful!   7
horrorizarse (de) to be
    horrified   10
huelga strike *(f)*   7
hueso bone *(m)*   9

huevo egg *(m)*   6
  huevos revueltos
    scrambled eggs
    (m pl)   6
huracán hurricane *(m)*   7

I
Igualmente. Likewise (Same
    to you).   1
imaginarse to imagine
  ¡Imagínate! Imagine
    that!   9
impermeable raincoat
    (m)   6
importar to be
    important   3
  No me importa un bledo.
    I couldn't care less.   10
imposible impossible   3
impuesto tax *(m)*   5; 6
impuestos taxes *(m pl)*   10
inseguro/a unconfident,
    unsure   2
  inseguro/a de sí mismo/a
    unconfident, unsure of
    himself / herself   2
incendio fire *(m)*   7
incluido/a included   6
inconsciente
    unconscious   9
increíble incredible   3
indigestión indigestion
    (f)   9
infarto al corazón heart
    attack *(m)*   9
infección infection *(f)*   9
  infección intestinal
    intestinal infection   9
  infección viral viral
    infection   9
informe paper (for a class)
    (m)   1
ingeniería engineering
    (f)   1
iniciativa initiative *(f)*   3
inodoro toilet *(m)*   5
inscribirse to sign up, to
    register   10
insomnio insomnia *(m)*   9

interesar to interest   3
inundación flood *(f)*   7
inyección injection *(f)*   9
ir to go   4
  irse to go away   4
izquierda left *(f)*   5
  a la izquierda to the
    left   5

J
jarabe para la tos cough
    syrup *(m)*   9
jornada workday *(f)*   3
  a jornada completa
    full-time   3
  a jornada parcial
    part-time   3
jubilación retirement *(f)*   2
jubilar to retire   7
judías verdes green beans
    (f pl)   6
jugar to play   3
  jugar a las damas to play
    checkers   3
  jugar a los naipes to play
    cards   3
  jugar al ajedrez to play
    chess   3
junto con together with   5

L
lacio/a straight (hair)   2
lamentablemente
    unfortunately   8
lana wool   6
langostinos crawfish
    (m pl)   6
largo length *(m)*   2
largo/a long   6
largura length *(f)*   2
laringitis laringitis *(f)*   9
lástima shame *(f)*   3
  Es una lástima. It's a
    shame.   3
  ¡Qué lástima! What a
    shame!   9
lastimar(se) to hurt
    (oneself)   9
lectura reading *(f)*   1

lentes glasses *(m pl)*
  lentes de sol sunglasses *(m pl)*   2
levantar to lift   3
  levantar pesas to lift weights   3
libertad freedom *(f)*   10
  libertad de expresión freedom of speech   10
  libertad de palabra freedom of speech   10
  libertad de prensa freedom of press   10
libre free
  estar libre to be free, unoccupied   8
librería bookstore *(f)*   1
licencia de manejar driver's license *(f)*   5
licenciatura bachelor's degree + *(f)*   1
líder leader *(m, f)*   10
línea line *(f)*   8
  línea compartida party line   8
  línea particular private line   8
lino linen *(m)*   6
lío mess, fight *(m)*   7
liquidación sale *(f)*   6
  estar en liquidación to be on sale   6
literatura literature *(f)*   1
lo it, him
  lo de the business about   3
  lo que that which   3
locura craziness (crazy ideas) *(f)*   10
lógico/a logical   3
logro achievement *(m)*   10
lomo tender cut of pork or beef *(m)*   6
lotería lottery *(f)*   7
lucha fight *(f)*
  lucha libre wrestling   3
lucro profit *(m)*   3
lugar place *(m)*
  lugar de temporada para

  turistas tourist resort *(m)*   3
lunar beauty mark *(m)*   2

LL
llamada phone call *(f)*   8
  llamada por cobrar collect call   8
llenar fill out (a form)   3
llevar to wear; to carry, bring
  llevar a cabo to carry out   10
  llevar a pasear al perro to walk the dog   3
  llevarse to take something   6
  llevarse bien con to get along well with   3
llorar to cry   4
llover to rain   1

M
madrastra stepmother *(f)*   2
madrina godmother *(f)*   2
maestría master's degree *(f)*   1
malo/a bad   3
maleta suitcase *(f)*   5
manejar to drive   7
  manejar con exceso de velocidad to drive over the speed limit   7
manga sleeve *(f)*   6
  manga corta short sleeve   6
  manga larga long sleeve   6
manifestación political demonstration *(f)*   10
  manifestación de protesta protest march   7
marcar to dial   8
  marcar directamente to call direct   8
mareado/a dizzy   9
mariscos shellfish *(m pl)*   6
materia material, course, subject *(f)*   3

matrícula tuition; registration *(f)*   1
matricularse to register   1
matrimonio marriage, a married couple *(m)*   4
medio/a half
  medio ambiente environment *(m)*   10
  medio/a hermano/a half brother / half sister *(m, f)*   2
mediano/a average   2
medicina medicine *(f)*   3
medir to measure   9
  ¿Cuánto mide Ud.? How tall are you?   9
mejilla cheek *(f)*   2
mejor better
  a lo mejor maybe   10
melocotón peach *(m)*   6
menester necessary   3
menos less; minus
  a menos que unless   5
  menos mal que fortunately   10
mensaje message *(m)*   8
mentira lie *(f)*   7
mercadeo marketing *(m)*   1
meter to put, insert, place   8
  meter la ficha to put in the telephone token   8
  meterse con otro to pick a quarrel, challenge   10
  ¡No se meta conmigo! Don't challenge me on that!   10
mientras while   5
mocoso/a ill-bred, grubby   4
moda fashion *(f)*   3
  estar de moda to be stylish   6
modelo style *(m)*   6
molestar to bother   3
  molestarse to be bothered   10
molestia trouble *(f)*   8
mono/a cute   4

montar a caballo to ride
horseback   3
moreno/a brunette   2
morir to die
morirse de hambre to die
of hunger   6
mostrador counter (of a store)
(m)   6
Mucho gusto. Pleased to
meet you.   1
mudarse to move to a new
place   4
muela del juicio wisdom
tooth *(f)*   9
multa fine *(f)*   7
**ponerle a alguien una
multa** to give someone a
fine   7
muñeca doll *(f)*   4;
wrist   9
músico/a musician *(m, f)*   8
muslo thigh *(m)*   9

N
nariz nose *(f)*   9
nariz tapada stuffy
nose   9
nata cream *(f)*   6
natillas cream custard
(f pl)   6
natural natural   3
necesario necessary   3
negar to deny   10
nevar to snow   1
nieto/a grandson /
granddaughter *(m, f)*   2
no obstante
nevertheless   10
nota grade *(f)*   1;
receipt   6
noticias news *(f, pl)*   4
novela novel *(f)*   3
novela de aventuras
adventure novel   3
novela gótica romance
novel   3
novela policíaca police, spy
novel   3
nuera daughter-in-law *(f)*   2

nuevo/a new
¿Qué hay de nuevo?
What's new?   1
número equivocado wrong
number *(m)*   8

O
obra work *(f)*   8
obra de arte work of
art   8
obra de teatro play   8
obrero/a laborer *(m, f)*   2
ocio leisure *(m)*   3
ocurrir to happen, occur to
(an idea)   9
oír to hear   7
oír decir que... to hear
people say that . . .   7
Ojalá May Allah grant . . .
If only . . . I wish
(hope)   9
olvidar to forget   9
olvidarse (de) to
forget   4
ondulado/a wavy   2
operar to operate   9
opinar to think of, have an
opinion of   9
oponerse a to oppose, be
opposed to   9
órdenes: a sus órdenes at
your service   1
originar to get started,
originate   7
oro gold *(m)*   6
oscuro/a dark colored   6
ovalado/a oval-shaped   2

P
padrastro stepfather *(m)*   2
padrino godfather *(m)*   2
pantorrilla calf *(f)*   9
pantufla slipper *(f)*   6
papel paper *(m)*
papel higiénico toilet
paper   5
papeleta (electoral) ballot
(f)   10
paperas mumps *(f pl)*   9

para for; by; in order to; in
the opinion of
para que so that   5
¿para qué? for what
purpose?   1
parada (del autobús) bus
stop *(f)*   5
paraguas umbrella *(m)*   6
parar to stop   7
parecer to seem   3
¿No le parece? Doesn't it
seem that way to
you?   7
paro obrero work stoppage
(m)   7
parrilla grill *(f)*   6
a la parrilla grilled   6
parte part *(f)*
de parte de... It's . . .(person
who's calling)   8
¿de parte de quién? Who's
calling?   8
pasaje de ida y vuelta
round-trip ticket *(m)*   5
pasajero/a passenger *(m,
f)*   5
pasar to pass by; to happen;
to spend time
pasar por alguien to come
by for someone   8
Que lo pase bien. Have a
good time.   8
**Que pase un buen fin de
semana.** Have a nice
weekend.   1
pasillo aisle *(m)*   5
pasta dentífrica toothpaste
(f)   9
pastilla tablet *(f)*   9
patilla sideburn *(f)*   2
patinar to skate   3
patinar a ruedas to roller
skate   3
patinar sobre hielo to ice
skate   3
pavo turkey *(m)*   6
pecas freckles *(f, pl)*   2
pecho chest *(m)*   9
pedir to ask for, to order   1

pedir un turno to make an appointment   9
pedir una cita to make an appointment   9
pelear fight   4
pelirrojo/a red-haired   2
peluquero/a hairstylist (*m, f*)   2
pena pain, aggravation (*f*)   10
 ¡Qué pena! What a shame!   10
pensar to think   1
 pensar + infinitive to intend   1
 pensarlo to think about it   6
pepino cucumber (*m*)   6
perder to lose   9
Perdone Pardon me   5
periodismo journalism (*m*)   1
periodista journalist (*m, f*)   2
permitir to permit, allow
 Permítame presentarme. Let me introduce myself.   1
persona person (*f*)
 persona desconocida stranger   3
pesas weights (*f pl*)   3
pesar to weigh   9
 a pesar de in spite of   10
 ¿Cuánto pesa Ud.? How much do you weigh?   9
pesca fishing (*f*)   3
píldora pill (*f*)   9
pimientos rellenos stuffed peppers (*m pl*)   6
pintura painting (*f*)   8
 pintura mural mural   8
piscina municipal municipal swimming pool (*f*)   3
placer pleasure (*m*)   1
 Me da mucho placer... I'm very pleased to . . .   1
plancha grill (*f*)   6
 a la plancha grilled   6

plata silver (*f*)   6
plátano banana (green fruit, usually dried) (*m*)   6
platicar to chat   3
plato del día daily special (*m*)   6
plebiscito popular election (*m*)   10
pobre poor
 ¡Pobrecito! Poor thing!   9
pobreza poverty (*f*)   10
poder to be able to   1
 ¡No puedo más! I can't take it anymore!   9
policía police (*f*)   7
 policía municipal city police   7
póliza de seguros insurance policy (*f*)   9
pomada cream (*f*)   9
ponche punch (*m*)   6
poner to put   1
 ponerse to become, to get   4
por for; by; along; because of; through
 por casualidad by chance   5
 por desgracia unfortunately   5
 ¡Por Dios! For goodness' sake!   9
 por eso therefore   5
 por ejemplo for example   5
 por fin finally   5
 por lo general generally   5
 por lo menos at least   5
 por lo tanto therefore   5
 por medio de by means of   10
 por mi propia cuenta self-employed   3
 ¿por qué? why?   1
 por supuesto of course   5
 por último finally   5

porque because   1
preciso necessary   3
preferir to prefer   8
prenda clothing item (*f*)   6
preocuparse to get worried   4
presencia appearance (*f*)   3
prestaciones sociales employee benefits (*f pl*)   3
préstamo loan (*m*)   1
presupuesto budget (*m*)   10
 presupuesto militar military budget   10
prevenir to prevent   10
primero/a (primer) first
 primera clase first class   5
 primera comunión first communion   2
probar to try, to taste   6
 probarse to try on (clothing)   6
programador/a de computadoras computer programmer (*m, f*)   2
prohibir to prohibit   9
pronosticar to forecast   7; to predict   10
propina tip (*f*)   6
psicología psychology (*f*)   1
publicista public relations specialist (*m, f*)   2
puente bridge (*f*)   7
puerta gate (*f*)   5
pues well (a pause word)   10
puesto job, position (*m*)   3
pulmones lungs (*m pl*)   9
pulsera bracelet (*f*)   6
puntos stitches (*m pl*)   9

Q
que that, which   2
¿qué? what?   1
 ¡Qué barbaridad! How ridiculous!   9
 qué dirán what people will say (*m*)   7

INDEX

CREDITS

TEXT

p. 19 Escuela Normal de Veracruz, report card; pp. 21–22 «Televisión y su tiempo libre,» Nelson Meléndez Brau, *El Mundo*, 20 de noviembre, 1988 p. 34a–b; p. 31 Cartas a María Regina, *El Nuevo Herald*, Miami, 3 de noviembre, 1988 p. 2C; p. 45 «Celebran bodas de oro,» *El Mundo*, 7 de febrero, 1988 p. 26; p. 47 Concurso «Pasos a la Fama,» Cannon Mills, S.A.; pp. 48–49 «Mami te quiero,» María Soledad Gil, *El Mundo*, 14 de mayo, 1989, p. 34a; pp. 57–58 «Declaraciones íntimas: Severiano Ballesteros,» *Los domingos de ABC*, No. 1007, 23 de agosto, 1987 p. 3; p. 62 Cartoon, *Los domingos del ABC*, 23 de agosto de 1987, p. 18; p. 71 Job Ads *El Mercurio*, 24 de agosto, 1987; p. 75 «Señales de peligro,» *Cosmopolitan*, Año 16, No. 6, junio, 1988, p. 20, Editorial America, S.A.; pp. 78–79 «Los cinco deportes más difíciles del mundo,» *Muy interesante*, Año 5, No. 6, junio 1988, p. 39a–f; p. 106 «Noticias de la sociedad,» *El Mundo*, 28 de agosto, p. 33a; pp. 109–110 Cartoons from *Condorito*, Ernesto Moore, Ed. edición No. 186, p. 40; p. 120 "Smog", «Restricción,» *La Tercera*, 3 de septiembre, 1987, p. 5a–b; pp. 124–125 Registration and Parking Forms courtesy of Hotel Xalapa, Mexico; p. 137 Ad courtesy of Avis Rent-A-Car System, Inc.; p. 140 «Alternativas de alojamiento,» Karen Caldwell, *El Mundo* 4 de junio, 1989, p. 39a–c; p. 149 «Decálogo para una buena dieta,» *Epoca* 3 de abril, 1989 p. 3a; p. 153, 168 Menu courtesy of La Cocina de Sant Millán, Restaurante segoviano; p. 167 Ads, *Guía de Madrid*. Guía de Madrid es un suplemento de *Diario 16*; p. 170–171 «Diseños elegidos con pinzas,» *Volando*, Lan Chile, Año 2, No. 7, octubre, 1987, pp. 8–12; p. 181 «Breves del exterior,» *El Mercurio*, 24 de agosto, 1987, p. 3a; p. 195 *El Mundo*, Puerto Rico; p. 198 «Secuestradas dos niñas,» *El Colombiano*, 23 de agosto, 1988 p. 20A; p. 201 «Gilbert rumbo a R.D.,» Celeste Rexach Benitez, *El Mundo*, 11 de septiembre, 1988 p. 3; p. 189 *Cambio 16*, No. 802, 13 de abril, 1987, p.67; p. 190 *Tele Guía*, Año 36, No. 1868, 28 mayo–3 junio, 1988 p. 26; p. 197 *El Mundo*, 12 de marzo, 1989 p. 79; p. 212 Agenda cultural, *La Nación*, 24 de agosto, 1987, p. 12; p. 228 «Acampar: divertido y barato,» *La Nación* 21 de marzo, 1988, p.30; p. 232 «Grupo Alma Chilena presentó exitosa peña folklórica en Cambridge,» *El Mundo*, 10–16 mayo, 1990; p. 241 «El Chicle,» *Vitalidad*, No. 47, julio, 1989, p. 88; p. 251 «Biorritmos,» *Vitalidad*, No. 47, julio, 1989, pp. 92–93; p. 258 «Ansiedad,» Doctor Juan José Vidal, *Cambio 16*, No. 884, 7 de noviembre, 1988 p. 184; pp. 261–262 «¿Tiene Ud. un estilo de vida perjudicial?,» Dr. Rafael Escandon, *Corazón Sano*, p. 34; p. 272 *El Espectador*, 18 de septiembre, 1988, Colombia; p. 274 «Mi opinión,» *El Mundo*, 3 de marzo, p. 48, 1989; p. 293 «Oscar de la Renta: El Robin Hood de los niños pobres,» Juana Isla, *Replica*, XXI, No. 879, pp. 43–45; p. 299 *Afronta la vida, Carlitos*, Charles Schulz, Editorial Nueva Imagen.

AUDIO

Capítulo 1: Hispanic Information Service; Capítulo 2: La C.O.P.E., Spain; Capítulo 3: La C.O.P.E., Spain; Capítulo 4: Hispanic Information Service; Capítulo 5: Mexico; Capítulo 6: La C.O.P.E., Spain; Capítulo 7: La Voz de los Andes, Quito, Ecuador; Capítulo 8: Radio KLAT, Houston, Texas; Capítulo 9: Hispanic Information Service; Capítulo 10: Radio KLAT, Houston, Texas.

PHOTOS

Barbara Alper/Stock Boston 150 (top); Martha Bates/Stock Boston 5, 182; Stuart Cohen/Comstock 33 (top), 179; Russell Dian/Monkmeyer 104; Dennis Budd Gray/Stock Boston 242; Mike Mazzaschi/Stock Boston 29; Peter Menzel 33 (bottom), 59, 77, 120 (top), 147, 150 (bottom), 239, 242, 267; Peter Menzel/Stock Boston 56, 117, 200, 209, 217; Reuters/Bettman Newsphotos 185, 274, 290; Ulrike Welsh 1, 4, 90, 120 (bottom); photos courtesy of the Vaquer family 87, 88, 101.